史料　豪農古橋家の婚礼

江原絢子　増田真祐美

クレス出版

『史料　豪農古橋家の婚礼』目次

はじめに

本書は、豪農古橋家に残る江戸時代から近代の婚礼献立の翻刻を中心に編集したものである。古橋家は、解説に記したとおり、江戸時代から現在の愛知県豊田市稲武町にあり、名古屋と長野県飯田を結ぶ飯田街道沿いにある山間地域に位置している。

武士の儀礼食として室町時代に成立した本膳料理形式は、江戸時代後期には形を少しずつ変化させながら、農漁村地域の婚礼、葬儀などの儀礼食として普及した。とりわけ豪農、豪商といわれた家の儀礼食は、たとえ海から遠く離れた地にあっても、海魚類が多く使われていた。

一つの家の代々の長期間にわたる儀礼食の具体的な献立が残される例は、多いとはいえないことや史料を読むにも時間を要することなどから、その実態に関する研究は多くはない。

古橋家では、文化四年から大正期に至るまでの一〇〇年以上の当主やその家族の婚礼献立と関連史料を伝えてきた。何世代にもわたり引き継がれてきた農山村の儀礼食の実態とその変化や各献立における階層差、交際範囲などを知る貴重な史料として今後に生かされるべきものといえよう。婚礼の全体像を把握するためには、献立だけではなく、その周辺の史料である「婚礼祝儀受納帳」「婚礼御客帳」「御客座敷割帳」のほか諸経費、書簡なども必要と思われるが、古橋家の史料にはその多くが残されている。

本書は三章で構成されている。

第一章は、古橋家の歴史と初代当主から婚礼と関連のある八代目の当主の概要を述べ、代表的な婚礼を取り上げてその特徴について解説した。また、婚礼に関する史料の目録を掲載したが、その後、あらたに発見された史料についても追加目録として加えた。

第二章は、翻刻した史料のリストと各献立の翻刻を掲載した。本書の中心部分である。また、原史料のなかでその一部を紹介した。

第三章は、古橋家の史料を用いた三種の研究を紹介した。さらに、資料館・図書館などに所蔵されている地域の婚礼献立史料を調査し、目録として掲載した。

豪農古橋家の婚礼献立をまとめるに至った経緯を紹介しておきたい。古橋家に残された膨大な文書を整理することになったきっかけについては、解説に記している通りであるが『古橋家文書目録　第一集』の序に、当時財団法人古橋会理事長だった古橋茂人氏が回想しているほか、芳賀登編『豪農古橋家の研究』でも研究会の主宰を務めた芳賀氏が詳述している。一九六一年からはじまった第一回の「古橋家文書研究会」以降の史料整理と調査の内容、歴史学を中心とした研究者が入れ替わりながら毎年参加したこと、同研究会が財団法人古橋会の事業の一つとして位置づけられたことなどが記されている。その間、史料を用いた共同研究がおこなわれ、各研究者による多くの研究業績が蓄積された。

私が研究会にはじめて参加したのは一九九〇年夏のこと。研究者や院生などのために、私が勤務していた東京家政学院大学家政学部の学生に食事づくりを依頼したいとの申し出の相談も兼ねてた参加だった。文書研究会の発端となった芳賀登氏と木槻哲夫氏は、一九八八年に本学に創設された人文学部教授として就任され、同年から科研費による飛騨研究の仲間に入れていただいていた縁があったからでもある。

翌年から夏の一〇日間、二人の学生を中心に私や参加者などが手伝い、一日三食の食事作りを続けることとなった。古橋茂人氏の奥様、千嘉子夫人は、偶然、本学院の専門学校卒業生だったことも学生には身近な存在となった。大先輩から多くを学び、卒業後も継続して参加してくれた人もあった。

私は、家族の協力により毎夏参加できたものの、食事作りと研究会の二刀流は忙しく厳しかった。しかし、原文書を手に取り、整理・翻刻ができたこと、多くの優れた研究者の方々から直接学ぶことができたことは、何にも代え難い貴重な経験となった。食文化研究は、文書研究会の中ではやや異質な分野だったが、暖かく迎えられて程なく溶け込み、二〇一二年に会が閉じるのを見届けるまで、二〇年以上参加を続けた。

増田は、私よりずっと後に、本学院の家政学部の学生として研究会に参加し、周囲の研究者の助けを借りながら婚礼献立を翻刻し、それをもとに修士論文を完成させた。その後、私たちは、『古橋家文書目録　第三集』の婚礼・葬儀の史料に関する部分を担当することになり、毎夏、史料を確認し、目録や解説を作成した。その頃から、婚礼献立の翻刻をまとめたいと考え、千嘉子夫人に相談し快諾された。しかし、それから間もなく茂人氏に続いて夫人も逝去され、そのまま時が過ぎてしまっていた。

ある年、『古橋懐古館だより』という冊子が届いた。一般財団法人古橋会が史料の管理・整理・閲覧なども始めたとのニュースを知った。そこで、もう一度、まとめたいとの思いが強くなり、ご相談したところ、快諾が得られた。以前、お世話になったクレス出版にも快諾いただいたので、長年の希望が実現することとなった。古橋茂人・千嘉子ご夫妻のお導きと感謝している。

二〇二四年九月末、一〇年以上ぶりに史料の確認のため、二人で古橋家の資料館を訪ねた。以前、私たちが宿泊し、史料調査をした古い建物は取り壊され、そこに新しい資料収蔵庫があったが、古橋懐古館の懐かしい建物は残されていた。

毎夏、研究会に集った方々のなかにはすでに泉下の客となった方も多い。しかし、建物の跡に立つと、仲間たちの会話がついこの間のことのように聞こえてくる気がした。千嘉子夫人との何気ないおしゃべりも懐かしい。本書は、以上のように多くの方々との出会いと助言の結果、なんとか完成できたといえよう。心から感謝申し上げる。

なお、本書の解説は江原が、翻刻は増田が主として担当したが、二人で何度も確認をおこなった。史料の閲覧や撮影、藤井智鶴氏の論文掲載の許可をいただいた古橋会およびその手続等に迅速に対応いただいた学芸員、張艶様のご厚意に感謝申し上げる。また、本書の刊行をご快諾いただきお世話になったクレス出版の代表取締役社長柴田昌伸様に御礼申し上げる。

本書が、とくに山間地域における儀礼食研究の基礎資料として少しでも役立つなら幸いである。

江原　絢子

二〇二四年一〇月

第一章　豪農古橋家婚礼史料の解説および目録

一　古橋家史料の所在と歴代当主

古橋家史料の所在

古橋家の史料は、現在、一般財団法人「古橋会」（愛知県豊田市稲武町タヒラ八番地）において整理・保存・公開されている。

昭和三五年（一九六〇）、芳賀登、木槻哲夫の二人の研究者が古橋家を訪ねたことをきっかけとし、二人を中心とした研究者メンバーによる「古橋家文書研究会」の共同調査がはじまった。以来、平成二四年（二〇一二）に研究会が閉じられるまで、約五〇年間調査が続けられた。その後、古橋会において所蔵資料のさらなる整理、保存が続けられている。

一八世紀半ば、古橋家が居を構えた三河国稲橋村は、三河と信州の国境、海抜四〇〇メートルの四周を峰々に囲まれた山間の地域にあった。江戸中期以降に発展した、信州飯田から足助、岡崎に至る中馬街道の道筋にあった。この街道は、三河湾から塩などを馬の背に乗せて山間部に運ぶ道として栄えた。古橋家でも馬を所有し、味噌の醸造、油店を開くなど村内の商人としての活動もおこなった。

古橋家と歴代当主

古橋家の婚礼献立の史料は、歴代の当主の婚礼が多い。そこで、史料の解説の前に古橋家について、芳賀登編『豪農古橋家の研究』(1)、古橋茂人著『古橋家の歴史』(2)、古橋家文書研究会編『古橋家文書目録　第三集』(3)

を中心に紹介しておきたい。

古橋家は、飛騨国（現岐阜県北部）の古橋三八郎が始祖とされている。その子孫古橋源蔵は、その子源治郎義元（のちに源蔵を襲名）とともに飛騨を出て美濃国（現岐阜県南部）恵那郡中津川に新しい町が開けているのを知って移住した。義元が飛騨の匠としてすでに頭角を現していたので、そのまま寒村で終わらせることを惜しんだためという。源治郎は、父の死後も農耕の傍ら、匠の棟梁としてもその力を発揮し、さらに中津川の旱魃を救うために、水を引くなどの事業をおこなった。結婚して四人の子どもをもうけたが、その長男義次が、三河古橋家初代古橋源六郎となった。

その後、当主は、代々源六郎の名を引き継ぎ、豪農として名主を務め、植林、製茶、養蚕を興し、村のために尽力してきた。

初代義次から本書で扱う婚礼献立にかかわる八代当主道紀までの概要は次のとおりである。

初代　義次（正保四年〜元文三年七月二五日）行年九〇歳

古橋源治郎義元長男　樹功院寂翁玄證居士

初代の源六郎（義次）は、恵那郡茄子川の復興に力を貸すため、弟又造とともに茄子川に移住した。義次は旅の途中、三河国（現愛知県）設楽郡稲橋村を訪れたとき、村の醸造業の不振を知り、友人たちとの共同事業を起こしたが、後に純益を分配し共同経営を打ち切った。その後、義次は、茄子川を弟又造に譲り、稲橋村に移り住むことになった。享保二年（一七一七）、稲橋村に本籍を移し、酒・質業を営んだ。

義次の食事は、日常は一汁程度と粗末であったが、家族や杜氏、従業員と一緒に祝う年末年始の膳には、当時の山村には珍しい伊勢海老と塩鰹をつけることを恒例とし、正月三日の祝い膳の雑煮には里芋、昆布、ごぼう、青菜、焼き豆腐の五種を用いることを定めた。また、農村でも江戸後期には、玄米を精米して常食とすることがひろがったが、昔を忘れないようにと、田植えの祝い膳には、小糠味噌、田作り、干し菜の味噌汁とし、酒も澱を用いた。

二代　経仲《つねなか》（元禄一一年～明和三年一二月六日）行年六九歳
　初代義次の弟、古橋源二郎長男で義次の養子　瑞珠院円翁玄妙居士

初代義次は独身だったため、義次の弟源二郎の長男兵蔵を養子に迎え、二代経仲となる。百姓代となり、歴代の中でももっとも経営が伸長し、古橋家が豪農として発展する基礎を築いた。

三代　義伯《よしあき》（享保一七年～安永六年五月一九日）行年四六歳
　経仲二男　明性院俊翁玄良居士

三代義伯は、長男が夭折したため経仲の二男幼名清九郎が源六郎を襲名した。二九歳で庄屋に選出された。また、二度の大火に出会いながらも、従来踏臼で行っていた精米を水車による精米に切り替えるなど村のために尽力した。

四代　義陳《よしのぶ》（宝暦五年～文政一〇年三月二五日）行年七一歳
　義伯二男　明覚院正翁玄禎居士

四代義陳は、幼名清四郎、兄とは双生児だったが兄が早世し、父も急逝したため、若くして家督を継ぎ、四代目源六郎を称した。しかし、経営の行き詰まりから事業を縮小せざるを得なかった。その後、地域になかった味噌の醸造を義陳自ら製造法を研究して創始するとともに、名主として村政に力を尽くした。寛政一一年（一七九九）に備蓄貯蓄の法が布かれた際、義陳は隣接の武節町村の小木曽利左衛門などとともに稲橋村をはじめ二六ケ村の事務を担当し、その法の普及、奨励を行った。

また、百姓の年貢の引き下げの陳情に江戸に出向き、引き下げと金納が許可されるなど村政に尽力したが、やがて名主を辞した。

義陳の食事は質素で、老後の夕食は、大根粥、葱ときらずの雑炊、湯豆腐の三品を一夜ずつ交代で食し、月に一度、素麺に豆腐を細切りにしたものを混ぜて煮つけたものを食した。そばも好物だったという。

五代　義教《よしのり》（安永八年～嘉永元年七月二二日）行年七〇歳

義陳長男　祐岩院郭翁玄甫居士

五代義教は、義陳の長男として稲橋村に生まれたが、生後七年で両親が離別し、継母知可に育てられ、寂しい子ども時代を送った。知可の実子清四郎と義教の家督相続をどちらにするかなどの問題もあったが、結果的には義教が五代源六郎を称した。名主としても長く務めたが、文政三年（一八二〇）に辞して隠居した。残されているもっとも古い婚礼献立（文化四年）は、義教と加乃の婚礼である。

六代　暉皃《てるのり》（文化一〇年三月二三日～明治二五年一二月二四日）行年八〇歳

義教二男

六代暉皃は、幼名を唯四郎と称した。当時古橋家の経済状態は行き詰まっていた。父義教は暉皃に家政の一切を託し、暉皃は、六代目源六郎となり、家政改革に取り組んだ。酒、味噌など資本のいる経営を縮小し、白木、油類の販売を中止し、家財や牛馬を競売にあてるなど家の再建に努めた。酒屋と農業をすすめながらも林業に目を向けた。

飢饉対策として領内富裕者に呼びかけ米を購入し、無利子五年賦で貸与するなど村民を飢饉から救うことに奔走した。いっぽう、村落共同の山林の植林について「百年計画の植樹法」を作るなど様々な家政と村政に力を注いだ。

暉皃の婚礼は、久迩、奈加、伊知との婚礼献立が残されている。

七代　義真《よしざね》（嘉永三年一一月二八日〜明治四二年一一月一三日）行年六〇歳

暉皃二男　顕功院天應義真居士

七代義真は幼名英四郎。暉皃の最初の妻久迩は長男武四郎出産後逝去したため、奈加と再婚して生まれたのが義真である。明治元年、一九歳で稲橋村名主となり、同五年に家名の源六郎を父暉皃から譲り受け、都留と結婚した。義真は、父暉皃とともに全国に先駆けて郷学明月清風校を興した。さらに、補習学校、県立農業学校、工業学校の設立を建議するなど、明治以降の近代化のなかで教育や勧業に関して地域の貢献を続けた。また、郡区制の改正により北設楽郡が設置され、北設楽郡長に任じられ、郡政発展に貢献した。

八代　道紀《ちのり》（明治一四年六月一日～昭和二〇年一二月二九日）行年六五歳

義真長男

八代道紀は、幼名は、祖父暉皃の幼名と同じ唯四郎。東京に遊学し帰郷後は、酒造、味噌・たまりの醸造に加え、農耕、養蚕、製茶、植林などの家業に精進した。父義真の死後、家督を相続し、源六郎を襲名した。また、三二歳の時、稲橋村武節村組合村長に当選した道紀は、二つの村を合併して稲武町を設置し、初代町長に就任し、地方自治と公益に貢献した。

二　婚礼献立史料の種類と年代

古橋家の儀礼食に関する史料は、婚礼、葬儀及び回忌、年中行事、通過儀礼などに関するものと多岐に渡るが、ここでは婚礼献立を中心に解説する。

婚礼献立は、約二〇点が確認されるが、それぞれの婚礼に伴う史料も残されていることが多い。例えば「御祝儀受納帳」、「御客座敷割帳」、「諸入用費帳」などで、婚礼の規模、客の背景や交際圏など、婚礼の祝儀の内容、婚礼の費用などを知る貴重な史料となる。

婚礼献立が残されているのは、文化四年（一八〇七）、五代源六郎義教の婚礼献立がもっとも古く、文政三年（一八二〇）、源六郎の弟清四郎の婚礼が続き、さらに六代暉皃、その弟信四郎の婚礼、暉皃の長女の養子縁組、七代義真の婚礼など、当主を中心とした婚礼および当主の兄弟姉妹についての史料がある。

時代で見ると、江戸時代では、文化、文政、天保、弘化、嘉永、安政、万延の婚礼、明治時代以降では、明治二年から大正八年までの婚礼献立がみられる。

今回翻刻した史料は、具体的な婚礼献立がある史料を中心としたが、一部、婚礼に関する史料も紹介した。献立は、その前の献立を引き継いだ形が多くみられるが、時代の変化により献立形式や料理書の影響と思われる新たな料理も知ることができる。食材などを知るうえでも貴重であるだけでなく、当時、階層の違いによりその献立の内容が異なることを具体的に知ることができる点でも貴重である。

三　婚礼の饗応食の形式

室町時代に武士の饗応食として成立した本膳料理は、本膳と呼ぶ一の膳を中心に料理を配置し、饗応の種類によりその膳の数は、二～七膳まで変化し、料理の材料やその内容も相手の階層により異なった。江戸時代には、本膳料理はかなり簡略化されたが、この儀礼食はステータスを示す料理でもあった。

本膳料理形式といわれる饗応食の形式は、個別に盛られる饗膳（膳部）の前後に酒と酒肴を伴う一連の食事形式である。地域や時代によりその形式は、必ずしも同じではないが、一般には、まず酒礼（酒の儀礼）が執り行われる。式三献と呼ばれた儀礼で、武士の出陣などでも行われた儀礼でもある。婚礼では後に三々九度の盃という言葉も使われたので、現在はそちらのほうがわかりやすいかもしれない。膳部の途中で酒が出されることが多く、中酒とも呼ばれた。その後は酒宴となる。膳部が個人盛を特徴とするのに対して酒宴の酒肴となる料理は、吸物などを除けば、大皿や鉢、硯蓋など大きな容器に盛られ、取り分けて供されることが多い。

本膳料理形式は、江戸時代後期には、全国の農村地域にも広まり、婚礼、葬儀などの代表的な儀礼食として各地で利用され、地域によっては、一九五〇年代頃まで使われた。

本膳料理形式で実施された婚礼献立は、各地域に残されている。私共が調査した山間地域を中心とした婚礼献立の史料と所蔵先リストを第三章に紹介した。

四　古橋家の婚礼献立の特徴とその変化

古橋家においても婚礼献立は、基本的には本膳料理形式で行われたことが読み取れる。しかし、近代以降になると変化がみられる。本膳料理の成立以降に形成された茶の湯に伴う懐石料理、江戸時代の料理屋の発展により成立した会席料理なども全国に広まったので、次第にそれらの形式を取り入れた婚礼が実施されるようになり、古橋家の婚礼にも変化がみられる。

飛驒国、美濃国の同様の婚礼献立をみると、江戸期までは、いずれも本膳料理形式を用いていたが、明治になると食事となる膳部のあとに置かれていた酒宴の部分が食事の前に置かれる料理屋の会席料理の形式をとる家もみられるようになる。

甲斐国（現山梨県）、信濃国（現長野県）などの婚礼献立も同様で、次第に酒宴のほうに重きが置かれ、食事の部分は、「飯、汁、二菜、香の物」や「平（煮物）、そば」など、簡略化されていく様子がみられる。古橋家では大正五年（一九一六）の献立から同様の変化がみられ、翌大正六年では、ホテルでの披露宴がおこなわれている。

また幕末の婚礼では、当時出版されて流行していた『江戸流行料理通』などの料理書を参考にしたと考えられる料理が新しく採用されている点も指摘しておきたい。伝統を重んじる家の婚礼献立は、代々続いた料理を継承していることが多いが、次第に新しい視点を求めるようになったことや料理屋への委託に比重が置かれるようになったことも変化の要因と考えられる。

このことについては、増田・江原「婚礼献立にみる山間地域の食事形態の変遷―江戸期から大正期の家文書の分析を通して―」（第三章）を参照いただきたい。

また、他地域の農村部の婚礼献立については、『山の民の民俗と文化』のなかの「益田郡中呂の大前家の儀礼食」[4]において飛騨の豪農の婚礼献立を論じたが、秋山照子『近世から近代における儀礼と供応食の構造』[5]では、讃岐地方の仏事と婚礼に関する研究の中で献立に関する詳細な調査と分析がおこなわれている。その他、福島、秋田、山梨などについての論文がみられる。[6]~[8]

五　婚礼献立の事例と概要

各献立のリストは、翻刻の章（二章）に紹介してあるので、ここでは特徴ある献立例を中心に解説する。

（一）　五代当主義教の婚礼献立　（文化四年）

文化四年（一八〇七）、五代義教と妻加乃の婚礼披露の献立を記した「婚礼料利献立帳」では、二月二八日から三月二日まで、本膳料理形式の献立が記されている（献立は三月三日まで続くが三日は本膳料理ではない）。

その献立は、客の階層などにより異なる。大きく分けると、二の膳つきの献立と本膳（一の膳）のみと考えられる献立がみられる。各献立には、日付ごとに壱番から三番までの番号に加えて、い印～ろ印などが付されている。しかし、同じ、い印やろ印でもその内容は異なっており、その区分方法のちがいはそれほど明確とはいえない。

全体では、一五組に分けて饗応膳が用意されている。しかし、その料理の内容からみると、本客の献立が他と大きく異なるが、他の二の膳つき献立は、一部の魚が異なるものの、かなり類似している。いっぽう、本膳のみと考えられる献立は、平や坪の位置が異なるが、内容的にはほぼ類似している。大きく分類すると四種類程度のランク別の饗応膳が用意されたといえよう。

「二月二十八日　婚禮御客座鋪割控帳」の史料では、最後に五日間の饗応の人数を二四二人と記している。各献立の人数の合計とはやや異なるが、これだけ多くの饗応が行われた事実からも江戸後期の豪農の財力の大きさに驚かされる。

さて、二の膳つきの本膳料理に続く酒宴には、本客にのみ硯蓋、鉢、吸物などの数々の酒肴、後段までが供されている。しかし、他の献立には二九日の二の膳つき献立に吸物、鉢、硯蓋などがある程度で、座敷衆、若衆、女中、下人などには、組物のみしか見られない。供する対象により規模や内容を変えているといえよう。このような例は他地域でもみられ、本膳料理が客の階層に合わせて用意される役割を果たしていることがうかがえる。

もう少し具体的にみてみたい。ここでは二月二八日に本膳料理形式で開かれた本客の献立と三月一日の部屋壱番の献立を比較してみると、次のような違いがわかる。

二つの披露宴の流れは次の通りである。

本客：【酒礼】雑煮・吸物・冷酒→【膳部】本膳・二の膳（二汁七菜）→中酒、酒宴・酒肴→後段

部屋壱番：【膳部】本膳（一汁五菜）・酒肴

ただし、献立は同じようなものが省略されることもあるため、部屋壱番に酒礼が行われなかったとはいえない。

左記は、食事の部分である膳部の料理内容を二種の階層で比べてみたものである。一般的には、本膳（一の膳）には、「飯、汁、鱠、坪、香の物」が配置され、二の膳には「二の汁、平、猪口」、さらに本膳の向こう側に鯛の焼物など（向詰）が配置されるが、時代・地域により異なる場合もある。

本客の膳部

本膳：飯、羹（汁）（青菜・つみ入れ雁・いてふ大根・焼かわ）、鱠（せうか・大根・田作・あめ魚・霜わらび・□豆）、坪（めうと・椎茸・こもふ・にんじん・なまこ・つくいも）、かうのもの（香の物）

二の膳：二汁（ゆ・名よし・こんふ）、差味（わさひ　すすき子付・名よし・岩茸・大根・にんじん・うと・九年母・いり酒）、ささい貝焼

向詰：鯛

平（丸たまご・はんぺい・あんかけ）、千代久（味噌あへうと）

部屋壱番の膳部

本膳：飯、汁（青菜・くしら・いてふ大根・やきかわ）、鱠（わさび・うと・岩茸・にんじん・大こん・すき・九年母）、坪（かまほこ・かう茸・またか・にんしん・つとふ）、香もの
二汁（ゆ・牛房・かも・せり）、平（名よし・牛房・さといも）、千代久（うと）、組もの

本客の献立の膳部については、酒肴と食事の菜とをどのように考えるか、必ずしも明確ではないが、江戸時代の料理書『魚類精進早見献立帳』(9)（一八三四）などからみても、二汁七菜の献立と考えられる。いっぽう、部屋壱番の献立も二の汁があり、平と千代久（猪口）も置かれているので、二の膳付かと思われるが、向詰（焼物）はみられないうえ、献立の前には、「一汁五菜」と記されている。

これはなにを意味するのであろうか。鱠、坪、平、千代久（猪口）に通常は菜に加えない香の物を加えた「香の物とも一汁五菜」とも考えられるし、組物を加えて一汁五菜としているかもしれない。

ちなみに飛騨国中呂村大前家の婚礼では、天保期から明治期まで、本客にも一汁五菜の膳部が供されている。そこでは本膳のみの献立で、本膳には、「飯、汁、鱠、坪、香の物」がのせられ、曳而（引物）として、千代久（猪口）、平が置かれるほか、炙り物（焼物）も加えて、一汁五菜の膳部となっている。おそらく平や猪口は、酒肴としての意味もあったと思われるが、位置づけとしては膳部であろう。

室町時代の『四條流庖丁書』(10)にも引物（引テ）について、飯のおかずとして供すべき所だが今は境界が不明確となったという意味の記述がみられるので、飯のおかずと酒肴としての役割も担ったと考えられる。詳細は、今後の研究に期待したい。

ところで、二の膳まで記された献立は、二八日（二種）、二九日（二種）三〇日（二種）、三月一日（二種）、

三月二日（一種）の九種である。これに対し、本膳のみと思われる献立は七種供されている。二の膳の場合、中酒が平や千代久（猪口）の前に記されているので、平や猪口も肴にして酒を飲んでいるともいえる。本膳のみの場合の献立にみられる二の汁は、吸物代わりとも考えられる。

本客は、雑煮など酒礼から始まり、膳部も二の膳に加え、中酒・酒宴の酒肴が一五種以上に及び、そばなどの後段まで供されている。いっぽう、部屋壱番は、本膳のみの膳に吸物（二汁）と酒が供され、階層差は明らかである。

食材のなかで魚介類に注目して見ると、鯛、すずき、名よし（ぼら）など海魚が多く使われ、鯉、ふな、あめの魚（やまめヵ）の淡水魚がみられ、魚ではないが鯨が汁物に使われている。かまぼこ、なまこなどもみられる。ほかに、動物性食品は雁、鴨がみられる。出世魚の名よし、すずきは、どの階層でも使われていたが、鯛は本客などの焼物（向詰）に使われていた。また、差味（さしみ）があるのは、二の膳まである献立であった。このように、食材、料理にも差がみられる。

二の膳の料理には、差味（さしみ）や生盛のような生の魚料理が供されている。海から遠く離れた山間地域でさしみを提供するためには工夫が必要である。この時期の史料にそれがわかるものはないが、後述する嘉永五年の史料にみられる。文化四年の史料のさしみも魚に塩をして運び、塩抜きして利用したと考えられる。

海から遠く離れた同家で、日常にほとんど食すことはないこれらの材料を用意することも家のステータスを示す一つであろう。

このように、婚礼など饗応食では、食材の選択を含め、各家のステータスシンボルとして可能な限り準備した上、食材の選択やその料理に差をつけることで、対象となる客の階層を示していたといえよう。

（二）義教の弟清四郎の婚礼献立（文政三年）

清四郎の献立は、文政三年（一八二〇）三月二六・二七日の二日間の献立が残されている。雑煮、吸物などの酒の儀礼、それに続く本膳料理、さらにその後に催される酒宴の酒肴が材料とともに記されている。清四郎の婚礼でも二の膳まで用意されている。さらに詳しいことは、義教の婚礼と弟の婚礼献立を比較した小論（第三章）を参照いただきたい。

（三）六代当主暉皃の婚礼献立（天保六年・天保一五年・万延二年）

天保六年（一八三五）、六代当主暉皃と久迹の婚礼は、本膳のみで一汁五菜の献立となっている。天保四年（一八三三）にはじまった飢饉は、その後天保七、八年にかけて全国を襲ったため、その影響もあり、暉皃が家政改革に着手した頃であったこととの関連も考えられる。しかし、酒宴の酒肴は、かなり豪華であった。妻久迹は、結婚五年後、産後の肥立ちが悪く天保一一年（一八四〇）に亡くなった。

暉皃は、天保一五年、後妻奈加を迎えている。その婚礼も本膳のみの献立であった。いずれも酒宴には、吸物、硯蓋、組もの、丼などの酒肴が用意されているが、一般的な器にはみられない蛤形の漆器が使われていることが特徴的といえる。

奈加は、安政二年（一八五五）に没し、暉皃は、三度目の妻伊知と万延二年（一八六一）に結婚した。この婚礼も本膳料理は、本膳のみ一汁五菜である。この三回の婚礼の時期に古橋家の状況は変化しているので、招待客の人数も変化している。なお、人別帳では、奈加は「かね」と記されている。奈加はおそらく通称であろう。その後も同様の例がみられる。

このような変化と古橋家の事情などとの関係について婚礼を通して確認し、さらに父義教の婚礼との比較をした小論がある。第三章を参照いただきたい。ただ、献立の料理や位置づけの表示にはやや誤解と思われる点もみられるので、留意いただきたい。

(四) 暉皃の長女志奈(ひさ)の婚礼献立(嘉永五年)

嘉永五年(一八五二)、暉皃の長女志奈(人別帳では、ひさと記載)と仁三郎の養子縁組が行われた。志奈は数え一五歳であった。「嘉永五子年四月仁三郎縁談相談相整記録」(以下「記録」と称する)には、献立もあるが、養子縁組の経緯や役割、費用なども記され、婚礼の全体の流れがわかる点でも興味深い史料である。同史料を用いた縁談成立の経緯と結納については第三章の小論を参照いただきたい。

この婚礼では、二の膳つきの本膳料理が供され、酒礼の酒肴として、典型的な雑煮、田作り、数の子などが出されている。本客については、三ツ組の盃が用意され、儀礼的盃事がおこなわれている。「記録」により、本客の献立を紹介してみると左記の通りである。

酒礼：雑煮(焼とふふ・花かつを・青菜・牛房・里いも・こんふ・もち)、鉢(田作)、鉢(数の子)、小皿(白賀子附豆)

熨斗、三宝(かちくり・こんふ)、三宝(三ツ組土器)、八寸(巻寿留女)、吸物(小貝)

祝盃相済諸品引而本膳献立

祝盃が済み、酒肴は引かれて、次に本膳料理が供される。ここでは二の膳まで出されている。

本膳：飯・汁（つみ入・竹の子）・鱠（日出鶴大根・田作）、坪（わさひ・敷あん・沖石かまぼこ・ちょふな豆）、香のもの

二膳：二汁（花柚・小あめの魚・しゅんさい）、差味（けん青梅・わさひ附・しじれ独活・岩たけ・木うり・ひらめ・茗かたけ・紅生姜・しそ・いり酒）

向詰：鯛

平（漬しめし・すすき・生松露麩・かいわりな・新牛房）

千代久（初茄子・きんこ）

途中、中酒となり、その後、酒宴が続き、吸物が出され、硯蓋、鉢、丼などの器に盛られた酒肴が一五種程度も次々出される。とくに吸物は何度も出されている。酒肴の代表でもある吸物は味噌吸物、すまし吸物などがあった。また、別の日の献立には、暉兒の婚礼でも使われた蛤形の漆器に玉子焼き、漬け鳥、梅肉あえ独活などの料理が盛られている。

「記録」には、「心得方」として、材料の調達や調理の準備などについても記されている。材料の魚には、鯛やひらめ、すずきなどの海魚類やその加工品がみられるが、それらは熱田（現名古屋市）などで購入している。「心得方」の中に魚の塩出しがあり、細かく説明されている。水に塩を入れて塩出しをすれば生魚でも傷みがないとも記している。十一日につかう魚は、一〇日八ツ半（一五時頃）頃水に入れ、朝水を替え出すとある。

ひらめは弱い魚のため、塩出し後二枚におろすなどとも記されていることから、塩をして運んでいたことがわかる。

以上の料理献立は、予定された献立表とは一部異なっている。例えば本膳の豆について、あめの魚にて仕上げるつもりだったが、油にて揚げた豆にあんかけをしたと説明している。いっぽうで二の汁の具、酒宴の酒肴の料理には何度かあめの魚が使われている。また、水のものとして葛そうめんが予定されているが、出来なかったのでこれをやめて有りの実（梨）とかんてんと記されるなど、材料の入手の状況で予定した献立が変更されたことがうかがえる。献立に削除と思われる記述があることも多い。

この婚礼は、費用もかけた盛大な婚礼でもあったが、その後破談となったようで、安政五年（一八五八）に志奈は再婚したようだ。

（五）暉皃の長女志奈（ひさ）の婚礼献立（安政五年）

安政五年（一八五八）一月の婚礼は、祝儀受納帳をはじめ、座敷割帳、献立、結納入用、婚礼諸入用控など文書が揃っており、本膳料理は二の膳まである。婚礼御祝儀受納帳のひとつの表書きに古橋ひさの名が見える。志奈（ひさ）の二度目の婚礼と考えられる。仁三郎と同様他の婚礼より盛大な婚礼であった。

しかし、志奈は、翌々年の万延元年（一八六〇）、二十三歳で没しており、安政六年の人別帳では、ひさの名が付箋で消されている。暉皃は長男義真が幼く病弱であったために、長女にそろばんや習字を習わせ、女ながら期待していたこともあり、その落胆は大きかったという。そのためか、このときの婚礼は前回よりさらに盛大な婚礼となった。「前日廿一日献立」など、年月日が記されない献立が何点か残されているが、日付や内容から見て安政五年の記録と考えられる。

（六）明治・大正期の婚礼献立

明治期以降の婚礼に関わる文書は、明治二年（古橋浦四郎）、五年（義真と都留）、一二年（古橋清興）、三一年（義真長女加乃）、三六年（義真二女志う）、明治四三年（義真長男道紀）、大正五年（義真四女志げ）、大正六年（義真二男卓四郎）、大正八年（川村貞四郎）と続いている。

七代義真と都留の婚礼は、『古橋家の歴史』によれば、明治五年（一八七二）一一月一九日と記されている。しかし、調査した範囲では、義真の婚礼と思われる献立は、年月日の記載がなく、しかも裏紙に下書メモとして記されており、二の膳の献立、材料とその量、婚礼準備の係りなどについても記されている。いっぽう受納帳など明治五年と六年に類似の史料がみられるので、改めて清書し直したとも考えられるが、調査時点では清書されたと思われる献立は見つからず詳細は不詳であった。翻刻を試みたが、この位置づけがはっきりしなかったこと、紙幅の都合もあり掲載からは省いた。

さらに明治三一年の義真の長女加乃の婚礼、明治三六年、次女じう（重）の婚礼献立は、いずれも本膳のみの婚礼である。

大正五年（一九一六）の義真四女しげの婚礼は、それまでの献立とは異なり、酒宴とその酒肴が先にきている料理屋の形式として成立した会席料理の形がみられる。他地域の献立も明治三〇年代以降、このような形式が主流になっていく。

また、大正六年（一九一七）の義真の二男卓四郎の婚礼は、式を神社であげ、披露宴は「和洋旅館　名古屋ホテル」でおこなわれている。西洋料理の献立が残されている。しかし、同時に酒宴を中心とした会席料理の献立もみられる。両者の関係には他の資料について調査が必要で明らかに出来なかったため、翻刻は省略した。このように、婚礼の宴会の形も変化し、次第に外部化していく様子がうかがえる。

なお、今回の原稿がほぼ完成したとき、他の婚礼史料が古橋会によって新たに発見されたことを知った。そこで、古橋会のご好意により、『古橋家文書目録』第三集を加筆修正した目録に加え、追加分目録の項目の一部を省略して掲載した。さらに、追加史料で発見された義真（明治六年）の婚礼献立および道紀（明治四三年）の婚礼献立について、その一部を翻刻し最後に追加献立として加えた。義真の婚礼献立の表紙には、「明治六年十一月吉日」とあり、前年の清書と考えるのも難しい。義真の長男道紀の戸籍にある母つる（都留　靏）は、明治五年一一月一九日に入籍と記載されている。しかし、「明治六年十一月　日誌」の史料に「明治六年癸酉十一月靏披露」とあり準備なども記されている。。さらに、明治五年とされる書簡に養子にいった暉皃の弟、小木曽利左衛門逝去へのお悔やみ状がある。八月とはあるが年度は不詳である。これらのことと婚礼、披露の年度や日程が関係しているのかどうかは、今回明らかにならなかった。いずれにしても書簡類を含め、関連の史料をさらに精査する必要があろう。

参考文献

（1）　芳賀登編『豪農古橋家の研究』雄山閣出版　一九七九
（2）　古橋茂人『古橋家の歴史』財団法人古橋会　一九七七

（3）古橋家文書研究会編『古橋文書目録』第三集　財団法人古橋会　二〇一〇

（4）江原絢子「益田郡中呂の大前家の儀礼食」芳賀登編『山の民の民俗と文化　飛驒を中心にみた山国の変貌』雄山閣出版　一九九一

（5）秋山照子『近世から近代における儀礼と供応食の構造―讃岐地方の庄屋文書の分析を通して―』美巧社　二〇一一

（6）津田和加子「江戸期堀切家の婚礼献立の変遷」『桜の聖母短期大学紀要』四三　二〇一九

（7）成田亮子・加藤和子「秋田県能代市小林家の婚礼献立について」『東京家政大学博物館紀要』一〇　二〇〇五

（8）依田萬代他「甲州市川家の婚礼献立の変遷」『山梨学院短期大学研究紀要』三一　二〇一一

（9）池田東籬亭編『魚類精進早見献立帳』『翻刻江戸時代料理本集成』第九巻　臨川書店　一九八〇

（10）「四條流庖丁書」（一九八九年以前）『群書類従』第十九輯、群書類従刊行会

六　婚礼目録

（一）婚礼目録

『古橋文書目録』第三集をもとに、加筆修正した。

番号	年月日	西暦	表題（内容）	差出人（作成者）	受取人	形態	数量	備考
一	文化四年二月二八日～三月三日	一八〇七	婚禮料利献立帳　料理方			竪	一	四代義陳の長男義教の婚礼
二	文化四卯年二月吉日	一八〇七	婚禮御餞御祝儀受納帳　古橋兵蔵	古橋義陳控		横	一	古橋兵蔵…五代義教　祝儀の名称と送り主御取持役割諸祝儀並礼等之覚
三	文化四年丁卯二月吉日	一八〇七	婚禮御客帳　古橋兵蔵	古橋源六郎義陳		横	一	
四	（文化四年カ）二月二八日	一八〇七	婚禮御客座鋪割控帳			横	一	客数　〆弐百四十弐人とある
五	文政三辰年三月吉日	一八二〇	清四郎婚姻小入用帳			横	一	清四郎…四代義陳の二男
六	（文政三年）	一八二〇	清四郎御祝儀受納帳			横	一	祝儀には酒・半紙などが多い
七	文政三辰年三月吉日	一八二〇	婚禮献立帳			竪	一	
八	文政三年三月吉日	一八二〇	清四郎婚礼御祝儀受納帳			横	一	

九	（文政三年カ）辰三月吉日	一八二〇	御客座鋪割控帳		横	一	
一〇	天保六年未年二月一一日～一三日	一八三五	婚禮料利献立帳　料理方		竪	一	六代暉皃と久迩の婚礼
一一	天保六年未年二月吉日	一八三五	婚禮御祝儀受納帳　古橋唯四郎		横	一	
一二	天保六乙未年二月吉日	一八三五	婚禮御客帳　古橋唯四郎		横	一	暉皃の婚礼　客の名簿
一三	天保六乙未年二月一一日	一八三五	婚禮御客帳		横	一	
一四	天保一五年辰年三月	一八四四	婚禮披露御祝儀請納帳	古橋源六郎	横	一	暉皃（三二歳）とかね（二八歳）の婚礼　天保一五年の人別帳より確認　通称奈加
一五	天保一五辰年三月一一日	一八四四	婚禮料利献立帳　料理方		竪	一	
一六	天保一五辰年三月一一日	一八四四	慶事諸入用控		横	一	
一七	（天保一五年）三月一一日～一二日	一八四四	披露御客座鋪割控帳		横	一	
一八	弘化五戊申年三月	一八四八	信四郎披露諸入用控	暉皃控	横	一	暉皃の弟信四郎、天伊と結婚
一九	弘化五年三月二八日	一八四八	婚禮料利献立帳　料理方		竪	一	

二〇	嘉永二酉年九月晦日	一八四九	津し祝盃諸入用控		横	一	
二一	嘉永二酉年九月晦日	一八四九	慶三郎江御餞別並津し祝盃祝儀控	暉皃	横	一	酒・風呂敷・半紙・手拭い
二二	嘉永二酉年九月晦日	一八四九	津し祝盃料利献立帳　料理方		竪	一	
二三	嘉永二酉年九月晦日	一八四九	津し祝盃御客座鋪割帳		横	一	
二四	嘉永二酉年九月	一八四九	津し祝盃記録	六代目暉皃	竪	一	
二五	嘉永五子年四月	一八五二	仁三郎縁談相整候記録	（暉皃カ）	竪	一	式三献　客土産　一一日、一二日、一三日　当日の役割、式三献などの担当者名をあげて、丁寧に述べている
二六	嘉永五子年四月一一日より	一八五二	料利献立帳　料理方		竪	一	暉皃長女ひさ（志奈）の養子縁組　二の膳付　盛大な婚礼
二七	嘉永五子年四月吉日	一八五二	仁三郎引取祝儀入用控	古橋暉皃	横	一	四月一一日
二八	嘉永五子年四月一一日	一八五二	御祝儀受納帳		横	一	
二九	嘉永五子年一二月吉日	一八五二	兼蔵引取御祝儀受納帳		横	一	
三〇	安政三辰四月二四日	一八五六	料理献立帳　料理方		竪	一	（本客）式三献…本膳…中酒…後段

三一	安政三丙辰四月二四日	一八五六	婚姻受納帳	古橋源六郎		横	一	
三二	安政三辰年四月二四日	一八五六	御客座敷割帳			横	一	
三三	安政四丁巳年六月五日	一八五七	婚禮料理献立帳　料理方			竪	一	
三四	安政四丁巳年六月五日	一八五七	婚姻受納帳	古橋源六郎		横	一	
三五	安政四巳年六月五日	一八五七	御客座鋪割帳			横	一	
三六	（安政五年一月カ二一日）	一八五八	前日廿一日献立　料理方			竪	一	安政五年正月二一日新客献立帳と関連
三七	（安政五年一月カ二一日）	一八五八	前日廿一日献立　道具方			竪	一	安政五年正月二一日新客献立帳と関連
三八	（安政五年一月カ二一日）	一八五八	前日廿一日献立			竪	一	安政五年正月二一日新客献立帳との関連
三九	安政五年一月	一八五八	婚礼諸入用控			横	一	婚礼材料と価格
四〇	（安政五年一月カ）	一八五八	結納入用			横	一	
四一	安政五年一月二二日	一八五八	新客献立帳	古橋氏		竪	一	暉兒長女ひさの婚礼
四二	安政五年一月二二日	一八五八	新客献立帳　料理方用ひより	古橋氏		竪	一	
四三	（安政五年カ）	一八五八	新客献立			竪	一	安政五年の新客献立帳と類似

四四	（安政五年カ）	一八五八	（献立）			状	一	
四五	安政五年一月吉日	一八五八	婚禮御祝儀受納帳	古橋控		横	一	
四六	安政五戊午年一月二二日	一八五八	婚禮御祝儀受納帳　古橋ひさ			横	一	安政五戊午四月二五日写
四七	安政五午年一月吉日	一八五八	婚禮御客帳			横	一	
四八	安政五午年一月吉日	一八五八	御客座鋪割帳			横	一	
四九	（安政五年カ）	一八五八	ひざなおし献立			状	一	
五〇	申九月		御膳部入用控			横	一	
五一	万延二年二月一六日	一八六一	いち披露御祝儀受納帳			横	一	暉皃と伊知の婚礼
五二	万延二酉年二月一六日	一八六一	いち披露料理献立帳			横	一	
五三	万延二年二月一六日	一八六一	いち披露御客座敷割帳			横	一	
五四	未詳（江戸期カ）		慶事小入用覚	古橋氏		横	一	
五五	己明治二年二月二二日	一八六九	料理献立帳　古橋浦四郎			横	一	古橋浦四郎の婚礼
五六	己明治二巳年二月二二日	一八六九	披露御客帳　古橋浦四郎			横	一	
五七	明治二年二月二二日	一八六九	御客座敷割帳　古橋浦四郎			横	一	

五八	己明治二巳年 二月二三日	一八六九	披露諸入用着類覚帳 古橋浦四郎			横	一	
五九	(明治二年カ)申 一一月一七日	一八六九	覚(領収書)	角屋留八	古橋源六郎様	状	一	
六〇―一	壬申(明治五年) 九月二六日始	一八七二	古橋義真婚礼日誌			竪	一	
六〇―二	一一月一九日		覚(嫁入りの件)			状	一	
六一			書簡(貴家縁方につき)	中津川 管井守之助	古橋暉皃	状	一	袋一括
			書簡(結納品につき)	間 半兵衛	古橋老大人	状	一	結納目録を付す
			書簡(間杢左衛門息女鶴の婚姻の件で挨拶につき)	間 半兵衛	古橋様	状	一	
			書簡(金融通願うにつき)	池田屋伊兵衛	古橋源六郎	状	一	
			書簡(小木曽氏死去につきお悔やみ)	管井守之助	古橋英四郎	状	一	
			書簡(式の際の床飾りにつき)	清臣	古橋義真	状	一	
			書簡(縁談の義は承知した旨等)	市川升十・升七	古橋浦四郎	状	一	
			書簡(金子今しばらく拝借につき)	靍見勘助	古橋源郎九	状	一	
			書簡	市川升十・川村伊八	古橋暉皃	状	一	虫損のため剥がれず内容不明

			書簡（縁談の儀につき、仕法の件につき）	川村伊八・市川升七	古橋源六郎・浦四郎	状	一	
六二	壬申（明治五年）	一八七二	壬申（金銀出□□）（袋のみ）			袋	一	
六三	（明治五年）九月二六日	一八七二	題なし（結納）			状	一	義真と都留の婚礼　結納と婚礼のメモ
六四	（明治五年一一月一九日）	一八七二	題なし（詞）			状	一	古橋義真結婚の時
六五	明治五壬申年一一月一九日	一八七二	古橋義真驢受納簿			横	一	
六六	明治六酉年三月二三日	一八七三	古橋鶴初通ひ土産簿			横	一	
六七	（明治六年カ）三月二三日	一八七三	記（諸費用明細請求書、領収書）	岡田伊三郎	古橋様	竪	一	二枚
六八	（明治六年）一月一四日	一八七三	（覚）（角留払内訳）	伊三郎		状	一	
六九	明治五壬申年一一月一九日	一八七二	御客座鋪割帳　古橋義真			横	一	
七〇	明治五年申一〇月	一八七二	慶事諸入用			横	一	
七一	（明治五年カ）一一月三日	一八七二	（御客献立メモ）			横	一	
七二	明治六年一一月一四日～二〇日	一八七三	御婚禮佐加奈代價簿		岡崎　角屋留八	横	二	

七三	（明治六年カ）	一八七三	（御客帳・献立）			横	一	裏紙に明治六年八月以降の紙を使用している　御客帳簿一括　都留の婚礼献立カ　買い物の覚え書きカ　裏紙が婚礼の献立（二の膳付）
七四—一	明治六癸酉年一一月一六日	一八七三	婚禮御祝儀受納帳　古橋義真			横	一	義真婚礼
七四—二	（明治六年カ）	一八七三	婚禮御祝儀記		古橋氏	横	一	
七五	明治六酉年一一月吉日	一八七三	古橋義真婚姻披露入用帳			横	一	
七六	（明治六年カ）一九日	一八七三	（献立メモ・買い物メモ）			状	二	古橋義真と都留　献立メモ、買い物メモ
七七	（明治六年カ）	一八七三	（婚礼献立・役割・諸道具簿）			横	二	横一、竪一
七八	（明治六年カ）一五日～一九日	一八七三	（都留婚礼献立カ）			状	八	袋一括
七九	己明治一二卯年九月一九日	一八七九	婚禮受納帳　古橋清興			横	一	
八〇	明治一五年二月二一日	一八八二	佐藤氏婚礼諸入費帳			横	一	
八一	（未詳）		佐藤氏婚礼式日誌			竪	一	
八二	明治一五年一二月一七日改	一八八二	婚姻諸入費取調帳			横	一	

八三	明治三一年三月一四日	一八九八	古橋加乃門出親類目録・目録・覚書・諸覚控帳	古橋家		横	一	
八四	明治三一年三月一四日	一八九八	御客帳			横	一	
八五	明治三一年三月一四日	一八九八	古橋加乃門出献立役割控帳			横	一	
八六	明治三一年三月一四日	一八九八	門出諸入費控帳古橋加乃			横	一	
八七	（明治三一年カ）	一八九八	（人足・荷物・門出・献立）			状	一	義真長女加乃の婚礼　人足・荷物・門出・献立
八八	（明治三一年カ）	一八九八	（覚）（御客・役割）			竪	二	竪一、状一
八九	（明治三一年カ）	一八九八	（嫁入支度の着物メモ）			横	一	
九〇—一	（明治三一年）五月一四日	一八九八	（領収書）	桔梗屋栄七	古橋様	状	一	
九〇—二	（明治三一年）三月二日	一八九八	（嫁入呉服等）			状	一	袋一括
九〇—三	（明治三一）三月一六日	一八九八	（料理材料領収書）			状	一	
九〇—四	（明治三一年カ）三月二日	一八九八	（領収書）	柏屋庄八	古橋様	状	一	
九〇—五	（明治三一年カ）三月三日	一八九八	書状（調達の着物類の確認につき）	武五郎	今四郎	状	一	
九〇—六	（明治三一年）三月二日	一八九八	（領収書）	銭久	山本様	状	一	

九〇―七	（明治三一年）三月二日	一八九八	買物（領収書）	銭久（愛知）	山本様	状	一	
九〇―八	（明治三一年）五月一四日	一八九八	（請求書）		山本様	状	一	
九〇―九	（明治三一年カ）三月五日	一八九八	（領収書）	柏屋庄八	古橋様	状	一	
九〇―一〇	未詳		（計算メモ）			状	一	
九〇―一一	（明治三一年カ）	一八九八	買もの扣（呉服、化粧品等）			竪	一	
九〇―一二	（明治三一年）三月八日	一八九八	（領収書）	桔梗屋店良助	古橋様	状	一	
九〇―一三	（明治三一年カ）三月三日	一八九八	（買物・請求書）		上様	状	一	
九〇―一四	（明治三一年三月カ）	一八九八	（支出メモ）			状	一	
九一	（明治三一年カ）	一八九八	（領収書）村田屋→古橋様他二〇枚			状	二〇	古橋加乃門出
九二	（明治三一年カ）	一八九八	（婚礼祝儀メモ）			横	一	古橋加乃門出カ
九三	（明治三一年カ）	一八九八	（領収書袋のみ）			袋	二	古橋加乃門出書類（料理）呉服等領収書の袋はあるが、中身なし
九四―一	明治三一年三月一五日	一八九八	御贐御祝儀受納帳 古橋加乃			横	一	二冊の一（明治三一、三六）
九四―二			御贐御祝儀受納帳 二女古橋志う			横	一	二冊の一（明治三一、三六）

九五	明治三六年一〇月	一九〇三	諸事控		都留	横半	一	婚礼祝儀カ　差出人　都留
九六	明治三六年一一月	一九〇三	御客帳　二女古橋志う門出		古橋家	横	一	義真二女志う（重）婚礼
九七	明治三六年一一月三〇日	一九〇三	古橋じう門出親類目録・覚書・諸覚控帳		古橋家	横	一	
九八	明治三六年一一月三〇日	一九〇三	二女古橋志う門出諸入費控帳			横	一	
九九	明治三六年一一月三〇日	一九〇三	二女古橋志う門出献立役割控帳		古橋家	横	一	
一〇〇	明治三六年一一月三〇日	一九〇三	（献立）（本座敷）			状	二	本座敷　二番　三番　女中　子供　役割　献立　買物　婚礼御客・料理献立等
一〇一	明治三六年一一月	一九〇三	（袋題）二女古橋志う門出書類在中			袋	一	
一〇二―一	明治三六年一一月二七日	一九〇三	書簡（二女じう縁談につき）	間杢右衛門	古橋源六郎	状	一	
一〇二―二	明治三六年一一月二七日	一九〇三	書簡（息女縁談を祝うにつき）	安藤進平	古橋源六郎	状	一	
一〇二―三	明治三六年一一月二八日	一九〇三	書簡（双方への祝儀の件につき）	古橋今四郎	古橋唯四郎	状	一	
一〇二―四	（明治三六年）一一月三〇日	一九〇三	書簡（縁談を祝うにつき）	鶴見数五郎	古橋源六郎	状	一	婚礼欠席
一〇二―五	一一月三〇日		書簡（縁談を祝うにつき）	吉川芳太郎	古橋源六郎	状	一	
一〇二―六	一一月三〇日		書簡（息女結婚につき）	吉川さい	古橋おつる	状	二	

一〇二―七	一一月		書簡（息女良縁を祝うにつき）	松浦貞住	古橋源六郎	状	一	
一〇二―八	一二月二日		書簡（息女婚姻を祝うにつき）	間　五兵衛	古橋源六郎	状	一	
一〇二―九	一二月二日		書簡（御令嬢結婚を祝うにつき）	宮崎勝馬	古橋源六郎	状	一	
一〇二―一〇	一二月三日		書簡（息女婚姻を祝うにつき）	山本愛三郎	古橋老臺	状	二	
一〇二―一一	明治三六年一二月四日	一九〇三	書簡（御令嬢婚姻を祝うにつき）	舞坂　荒川源次郎	古橋源六郎	状	一	
一〇二―一二	明治三六年一二月四日	一九〇三	書簡（結婚式の返礼品をいただきお礼の旨）	岡田辰次郎	古橋源六郎	状	一	
一〇三	（明治四三年六月四日）	一九一〇	（覚書・親類目録・結納目録等）			竪	一	道紀の婚礼についての覚書　親戚目録　結納目録　食なし　挙式明治四三年一二月四日
一〇四	明治四三年一二月四日	一九一〇	婚禮祝儀受納帳　古橋道紀			竪	一	
一〇五	明治四三年一二月	一九一〇	婚禮諸入用支払調帳	古橋源六郎道紀		横	一	
一〇六	不詳（明治カ）		（婚礼御客　献立）			横	一	
一〇七	大正五年一二月	一九一六	古橋しげ婚儀覚帳			横	一	
一〇八	大正五年一二月吉日	一九一六	御贐祝儀受納帳　古橋しげ			竪	一	

一〇九	大正五年一二月吉日	一九一六	古橋志げ首途御客並献立帳	古橋家		横	一	義真四女しげ婚礼
一一〇	大正六年三月一五日	一九一七	婚禮祝儀受納帳　古橋卓四郎			横	一	
一一一―一	大正六年	一九一七	書簡（過日の結婚披露宴は古橋家としては派手であった旨）	丹羽郡布袋町　古橋卓四郎	古橋源六郎	状	一	
一一一―二	（大正六年）	一九一七	メモ（式場来列・御客性名）			状	二	
一一一―三	（大正六年）	一九一七	（台所道具）			状	一	
一一一―四	（大正六年）	一九一七	（古橋卓四郎祝儀）			状	一	義真二男　古橋卓四郎の婚礼
一一一―五	大正六年三月	一九一七	（結婚式申込書）			状	一	
一一一―六	（大正六年）三月一五日	一九一七	書簡（披露宴を欠席する旨）	名古屋　阪本	古橋卓四郎	状	一	
一一一―七	（大正六年）三月一九日	一九一七	（領収書）	仁右衛門	古橋様	状	一	
一一一―八	三月一九日		（領収書）名古屋ホテル			状	三	
一一一―九	三月一一日		御献立　仁右衛門			状	一	会席
一一一―一〇	大正六年三月一七日	一九一七	献立　名古屋ホテル			状	一	西洋
一一一―一一	（大正六年）	一九一七	結婚式印刷物　神宮奉齋会愛知本部			状	一	

一一二	大正八年五月吉日	一九一九	川村貞四郎結婚御祝品受納控	古橋氏		横	一	差出人　古橋氏
一一三―一	（未詳）		（禮酒順）			横	二	横一、竪一
一一三―二	（未詳）		（婚礼呉服の書上げ）			竪	一	二枚
一一三―三	（未詳）		（結婚式）式次第			状	一	
一一三―四	（未詳）二月三日		（御祝儀の件　書簡）	間	古橋様	状	一	
一一三―五	（未詳）		（献立）	稲橋　田中屋		状	一	献立婚礼など
一一三―六	（未詳）		（惣仕切）	三の平	古橋様	状	一	
一一三―七	（未詳）		（献立）			横	一	
一一三―八	（未詳）		覚（受納帳）			横	一	
一一三―九	不詳		覚（養子婚礼費用書上）			状	一	
一一三―一〇	一〇月		書簡（披露宴の日程を決めた旨等）	岩村山村斎次郎	稲橋村古橋源六郎浦四郎	竪	一	包紙あり
一一三―一一	未詳		（料理材料）			横	一	
一一三―一二	未詳		硯蓋献立			横	一	
一一三―一三	未詳		（献立覚）			横	一	
一一三―一四	未詳		名古屋官町玉源		古橋源六郎	横	一	
一一三―一五	（年不詳）九月二九日		覚（買物）	御神事宿当番中		横	一	
一一三―一六	未詳		記（買物）			状	一	

一一三―一七	未詳		記（慶事買物控）			横	一	
一一三―一八	未詳		記（酒取り計らいにつき）	川手村　酒屋吉五郎	いなはし村　古橋源六郎	横	一	
一一三―一九	（未詳）		（献立）			状	一	献立、本膳献立
一一三―二〇	（未詳）		（本膳／二番）			状	一	
一一四	（未詳）		目録覚書（嫁入道具）			状	一	古橋じゅう明治三六年一一月三〇日カ　単衣、袷、羽織、綿入、襦袢、帯、つり袖
一一五	（年未詳）一一月一四日		さかな取調受取帳			横	一	
一一六	辰年（天保一五年）	一八三〇	小遣控	古橋かね		横半	一	
一一七	慶応二年二月一八日	一八六六	浦四郎婚礼諸入用			横	一	古橋家祝儀諸入費（二―一出産）の綴りにあり
一一八	明治一七年一一月一四日	一八八四	両日恵那郡東方村井口豊吉弟鶴吉当家へ貰受葛屋へ遣ス節入用			横	一	古橋家祝儀諸入費（二―一出産）の綴りにあり
一一九	明治一八年二月三日	一八八五	安藤彦吉武節松井友吉娘末津貰取ル節入用			横	一	古橋家祝儀諸入費（二―一出産）の綴りにあり

（二）追加目録

調査以降、古橋会による調査で新たに発見された史料

仮番号	年代	西暦	表題	形態	数量
一	廿二日		〔嫁入りの義双方安心している旨書状〕	状	一
二			〔暉兒、伊那県に召されるにつき祝詞〕	状	一
三	三月五日		〔御舎弟様御婚礼の御祝を申し上げる旨書状〕	状	一
四	大正七年一月十六日	一九一八	婚嫁祭祝詞	状	一
五			目録（結納品目録）	状	一
六	八月二日		〔かねて内談のあった嫁の儀につき飯田あたりの様子を伝える旨書状〕	状	一
七	（明治七甲戌四月一〇日出立）	一八七四	覚書（末広等品書付）	状	一
八			〔婚礼役割人名書付〕	状	一
九			目録（末広等品書付）	状（包紙共）	一
一〇			目路具（昆布等品書付）	状（包紙共）	一
一一			目録（するめ等品書付）	状（包紙共）	一
一二			覚（杉原等品書付）	状	一
一三	四月		目録（紬等品書付）	状	一
一四			〔塩多井等贈答品目録〕	状	一
一五			覚（帯等品書付）	状	一
一六			〔塩鯛等贈答品目録〕	状	一
一七			〔包紙、「目録」〕	状	一
一八			覚（羽二重等品書付）	状	一

一九			〔包紙、「目録」〕	状	一
二〇			目録（扇子等品書付）	状	一
二一			於穂愛（家内喜多留等品書付）	状	一
二二			目録（志ら賀等品書付）	状	一
二三			覚（真綿等品書付）	状	一
二四			目録（小袖綿等品書付）	状	一
二五	三月十一日		〔献立書付〕	状	一
二六	正月廿五日		覚（草履等品書付）	状	一
二七			覚（婚礼式次第書付）	状	一
二八	三月十一日		役割（役・人名書付）	状	一
二九	（明治七甲戌四月一〇日出立）	一八七四	目録（家内喜多留等品書付）	状	一
三〇			目録（足袋等品書付）	状	一
三一			〔裃等贈答品目録〕	状	一
三二			進上（家内喜多留等品書付）	状	一
三三			志ん上（こんぶ等品書付）	状	一
三四			覚（末広等品書付）	状	一
三五			進上（皆子餅等品書付）	状	一
三六			〔懇婦等贈答品目録〕	状	一
三七	正月廿二日		〔婚礼献立書付〕	状	一
三八	正月廿二日		〔婚礼役割人名書付〕	状	一
三九			〔親類姓名書付〕	状（包紙共）	一

四〇	二月十一日		〔婚礼役割人名書付〕	状	一
四一			〔婚礼献立書付〕	状	一
四二	明治四十三年十二月四日	一九一〇	結婚式次第	状	一
四三			結婚式入用品目	状	一
四四	（明治四三年）	一九一〇	〔婚礼役割人名書付一括〕	状	一
四五			教員出中（献立書付）	状	一
四六			〔婚礼献立書付〕	状	一
四七	癸酉十一月		役割（婚礼役割人名書付）	状	一
四八			〔熨斗・祝儀袋一括〕	状（包紙・ひも共）	一
四九			茂久録（熨斗等品書付）	状（包紙共）	一
五〇	明治六癸酉十一月吉日	一八七三	〔婚礼御客帳・婚礼御客献立付座敷割帳〕	横冊	一
五一	明治六癸酉十一月十六日	一八七三	婚礼御祝儀受納帳	横冊	一
五二	明治四十三年四月十五日発行	一九一〇	神前結婚のすすめ	竪冊	一
五三	明治四十二年六月三十日発行	一九〇九	神前結婚式	竪冊	一
五四			〔献饌目録等書付〕	状	一
五五	明治四十三年十二月四日	一九一〇	婚礼祝儀受納帳	横冊	一
五六			〔本膳・二番膳人数等書付綴〕	竪冊	一
五七	明治四十三年十二月吉辰	一九一〇	婚礼献立帳	横冊	一
五八			〔膳献立書付〕	状	一
五九	十一月十四日		〔打合せの必要があるので古木氏に聞いておいて欲しい旨書状〕	状	一

六〇			買物（鯛、銀杏等品名・数量書付）	状	一
六一			〔献立等書付一括〕	状	一
六二			〔婚礼式執行準備等書付〕	状	一
六三			役割（婚礼接待方等書付）	竪冊	一
六四	明治四十三年十二月廿八日	一九一〇	〔結婚祝いに華山画帖壱冊進呈する旨目録〕	状	一
六五	明治四十三年十二月吉日	一九一〇	目録（寿留女等贈答品目録）	状	一
六六			目録（銀杯贈答目録）	状（包紙共）	一
六七			〔神風記等綴〕	竪冊	一
六八			〔包紙、「古橋源六郎道紀、結婚式書類入」〕	状	一
六九	（四三年十二月）三日		〔御結婚の御祝を申上げる旨書状〕	状（封筒共）	一
七〇	（四三年）十二月廿日		〔御結婚の御祝を申上げる旨書状〕	状（封筒共）	一
七一			内用書（香たけ、木くらげ等食品名書付）	状	一
七二			高砂の姥の亀の舞ひになそらへて	状	一
七三			高砂の老翁の鶴の舞にになそらへて	竪冊	一
七四	（四三年）十二月九日		〔ご結婚の御祝いの品を御送りするので御笑納いただきたい旨書状〕	状（封筒共）	一
七五	十二月廿二日		〔古橋御尊姉様より婚礼祝をいただき宜しくお伝えいただきたき旨書状〕	状	一
七六	（四三年）十二月廿一日夕		〔反物御恵投へのお礼と振込金を青木さまへ差し出した旨書状〕	状（封筒共）	一
七七	十二月二十五日		〔御結婚の御祝を申上げる旨書状〕	状（封筒共）	一
七八			〔電報一括〕	状	一

七九	十二月三日		〔結婚式に御まねきいただいたが伝染病につき出席できない旨等書状〕	状（封筒共）	一
八〇	（四三年）十二月十八日		〔結構な品をいただき御礼の旨書状〕	状（封筒共）	一
八一			〔馬車、電報代金等書付綴〕	横綴	一
八二	（四三年一二月一七日）		〔御結婚のお祝いと粗品をご祝儀の印に送ったのでご笑納いただきたい旨書状〕	状（封筒共）	一
八三	（四三年）十二月十四日		〔御結婚の御祝を申上げる旨書状〕	状（封筒共）	一
八四	（明治四三年）十二月十六日	一九一〇	〔御慶賀のご饗応に預かり御礼の旨書状〕	状（封筒共）	一
八五			〔電報一括〕	状	一
八六	（四三年）十二月五日		〔御結婚の御祝を申上げる旨書状〕	状（封筒共）	一
八七	（四三年）十二月一日		〔御結婚の御祝を申上げ粗品を送ったので御笑納いただきたい旨書状〕	状（封筒共）	一
八八	十二月九日		〔御婚礼首尾よく整いお慶び申し上げる旨書状〕	状（封筒共）	一
八九	（四三年）十二月四日		〔婚礼を祝う旨書状〕	状（封筒共）	一
九〇	明治四十三年十二月七日	一九一〇	〔御結婚の御祝を申上げる旨書状〕	状（封筒共）	一
九一	明治四十三年十二月吉日	一九一〇	慶事酒溜控	横冊	一
九二	明治四拾三年十二月吉日	一九一〇	買物帳	横半冊	一
九三	明治四十三年十二月吉辰	一九一〇	買物帳	横半冊	一
九四	明治四十三年十二月吉辰	一九一〇	買物帳	横半冊	一
九五			〔人力車代金等書付〕	状	一
九六	十二月二日		〔御結婚の御祝いを受納いただきたい旨書状〕	状（封筒共）	一
九七	明治四拾参年十二月五日	一九一〇	〔御結婚なされ御祝申上げる旨書状〕	状（封筒共）	一

九八	明治四十三年十二月吉日	一九一〇	〔御結婚の御祝を申上げる旨書状〕	状（封筒共）	一
九九	（一二月七日）		〔御結婚なさり慶賀申し上げる旨書状〕	状（封筒共）	一
一〇〇	明治四十三年十二月	一九一〇	〔御結婚の御祝に酒相進上した旨書状〕	状（封筒共）	一
一〇一	十二月一日		〔御結婚式御案内いただき参列したき旨書状〕	状（封筒共）	一
一〇二	明治四拾三年十二月吉日	一九一〇	〔御婚礼祝いの書状〕	状（封筒共）	一
一〇三	十二月		記（うなぎ代等書付）	状	一
一〇四	十二月		記（酒代等書付）	状	一
一〇五	十二月廿四日		〔謝礼に関して伝える旨書状〕	状	一
一〇六	十二月廿九日		〔金百五十六円余を本店へ送る旨書状〕	状	一
一〇七			〔食品名・食器・数量等書付綴〕	横冊	一
一〇八	（明治四三年）	一九一〇	〔長持・酒等品代書付綴〕	横綴	一
一〇九	明治四十三年十二月	一九一〇	御目出度（鯛等品代・数量書付）	横冊	一
一一〇			覚（馬掛等割当人名・人数書付）	状	一
一一一			〔白砂糖等品名・人名等書付綴〕	横冊	一
一一二			〔人名等書付綴〕	横冊	一
一一三			目録（手拭等品名・人名等書付）	横冊	一
一一四			親類書（人名等書付）	状	一
一一五			覚（扇子等品名・人名等書付綴）	横冊	一
一一六			目録（酒等品名・人名等書付綴）	横冊	一
一一七			目録（風呂敷等品名・人名等書付綴）	横冊	一
一一八			目録（風呂敷等品名・人名等書付綴）	横冊	一

一一九			御相談之事（祝儀に関する相談事項書付）	状	一
一二〇			覚（人名等書付綴）	横冊	一
一二一			親類書（人名書付）	横冊	一
一二二			親類書（人名書付）	状	一
一二三			御相続之事（祝儀に関する相談事項書付）	横冊	一
一二四			〔風呂敷等品名・人名等書付〕	状	一
一二五			覚書（帯等品名・人名等書付）	状	一
一二六			目録（扇子等品名・人名等書付綴）	横冊	一
一二七			〔たまり等品名・人名等書付綴〕	横冊	一
一二八			〔扇子等品名・人名等書付〕	状	一
一二九			〔白紙〕	状	一
一三〇			覚書（真綿等品名・人名等書付）	状	一
一三一	明治四十三年十二月四日	一九一〇	婚礼御客座敷割帳	横冊	一
一三二	明治四十三年十二月四日	一九一〇	婚礼献立帳	横冊	一
一三三			祝詞（大前祝詞）	状	一
一三四			結婚式次第	竪冊	一
一三五	明治四十三年十二月足日乃吉日	一九一〇	神前新婚奉告祭祝詞	状	一
一三六			誓詞（大前誓詞）	状	一
一三七	明治四十三年十二月四日乃生日乃足日	一九一〇	神前新婚奉告祭祝詞	状	一

一三八			〔古橋源六郎氏結婚式を祝って詠んだ歌〕	状（包紙共）	一
一三九			〔古橋源六郎君、渡辺まき子訓婚儀を祝って詠んだ歌一括〕	状	一
一四〇	十二月　日		〔婚礼披露の宴を催すのでご参加いただきたい旨書状〕	状（封筒共）	一
一四一	（大正五年一月）	一九一六	〔目録・親類書等一括〕	状（包紙共）	一
一四二	明治三十四年五月一日	一九〇一	〔褒賞授与式御来臨の案内状〕	状（封筒共）	一
一四三			〔婚礼次第書付〕	状	一
一四四			〔結婚式席次書付〕	状	一
一四五	明治三十五年七月十二日	一九〇二	〔古橋長四郎の結婚式の祝詞〕	状	一
一四六	明治廿二年十二月足日乃生日	一八八九	〔信三郎の妹美年と清興の婚礼の祝詞〕	状	一
一四七			祝詞（井口鶴吉を古橋暉皃の養子として柄澤清平の娘に配偶するにつき）	状	一
一四八			祝詞（古橋清興古橋美年の婚礼につき）	状	一
一四九	己八月九日		〔御息女様婚礼用の三つ組盃は現在扱っていない旨等書状〕	状（包紙共）	一
一五〇	（宝暦九年～寛政八年）	一七五九～一七九六	〔婚礼入用等につき書付〕	状	一
一五一			親類書	横冊（包紙共）	一
一五二			〔源六郎敬道結婚関係一括〕	状・竪冊・横冊（封筒共）	一
一五三	明治四十三年十二月四日	一九一〇	古橋氏婚儀之次第	竪冊	一
一五四			覚（結納受取金等書付）	状	一
一五五			おしけ入用品（くり綿、木綿、羽二重等につき）	状	一

第二章　婚礼献立等の翻刻

凡例

（一）豪農古橋家に残されている婚礼献立のうち、文化四年から大正五年までの一七点の婚礼献立および関連史料について翻刻した。それに加え、新たに発見された史料二点の一部を翻刻した。
（二）翻刻した献立のうち、比較的状態の良い史料についてその原史料の一部を掲載した。
（三）翻刻は、二段組みとして表示した。原本の体裁はできるだけ尊重したが、一部については、位置を修正した。
（四）原則として原本のまま表記したが、人名、固有名詞などを除いて、漢字は原則として新字体に改めた。史料により、「牛蒡」「牛房」など異なる表記がある場合、原則として原本の表記に従った。
（五）虫食いで読めない場合、「ムシクイ」と表記し、文字の判読が困難な場合は、□で示した。また、誤字や脱字と考えられる部分には、（ママ）と加えたが、献立上、飯が省略されていると思われる箇所など明らかに省略や脱字などと思われる箇所には（飯欠カ）など注釈を加えた。
（六）史料により、変更箇所を○で囲ったもの、線で消してあるものなど、明らかに削除されたとみられる箇所は、今回の翻刻には原則として記述を省略した。

一　婚礼献立史料例

文化四年献立　本客一部

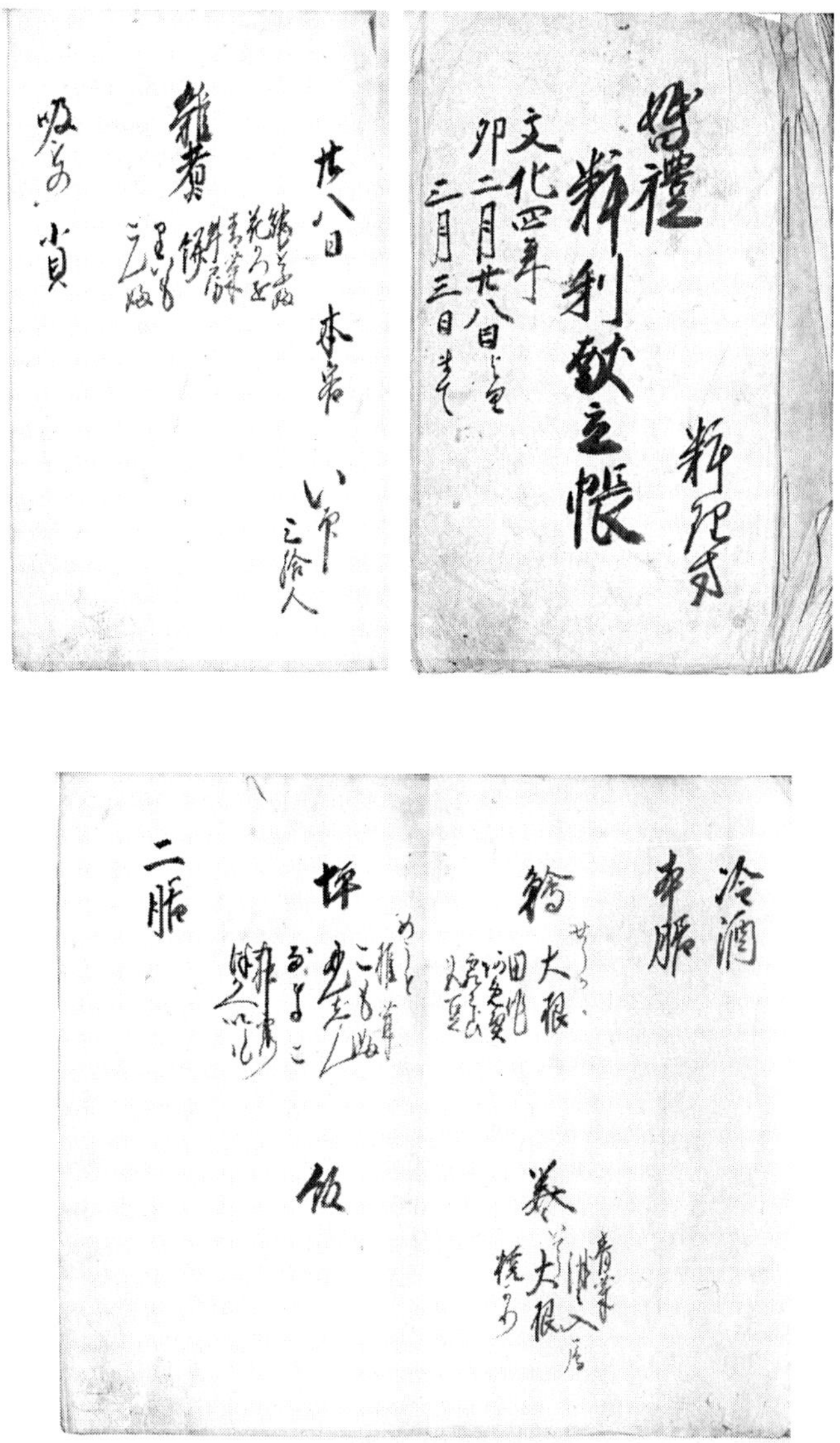

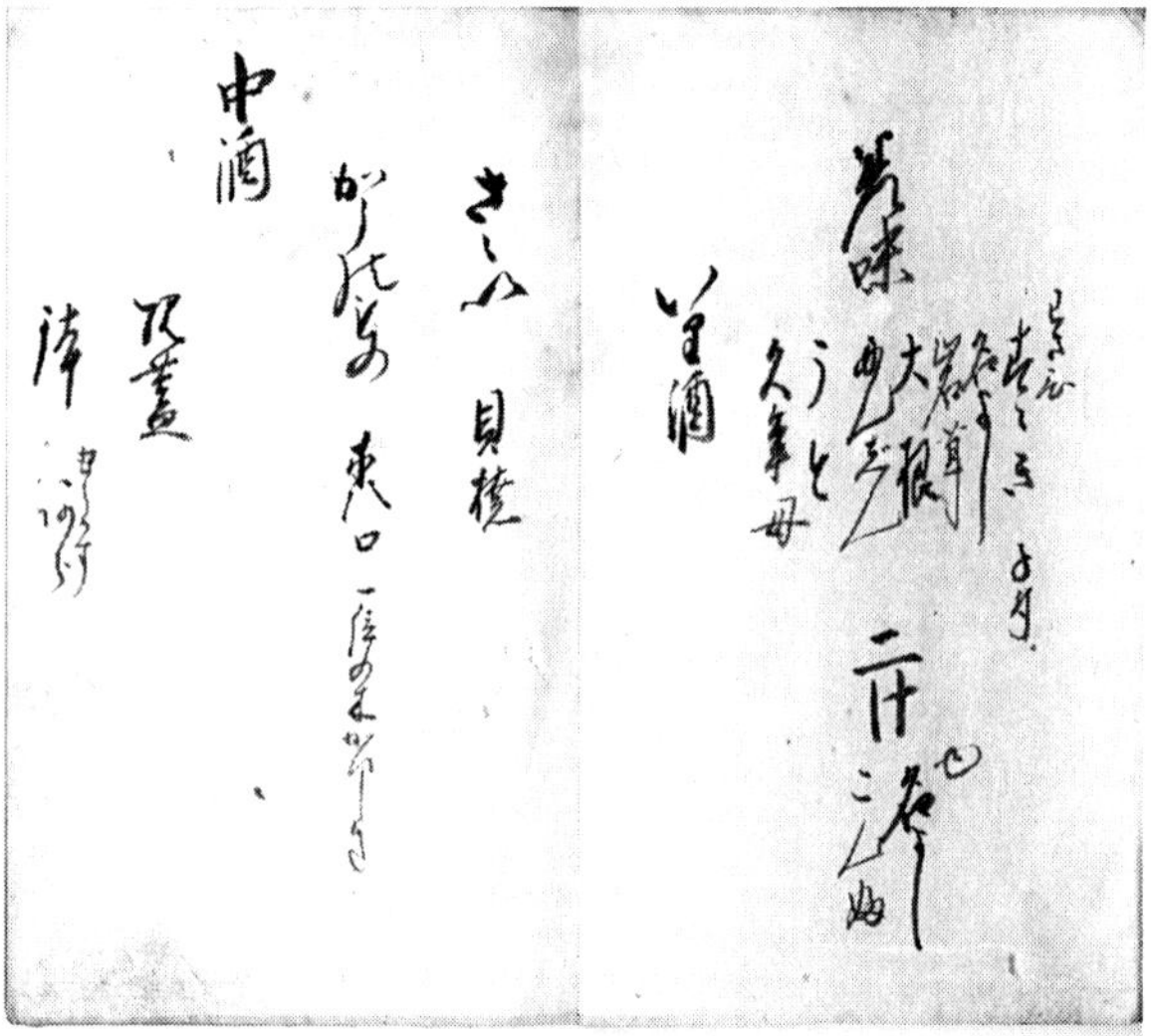

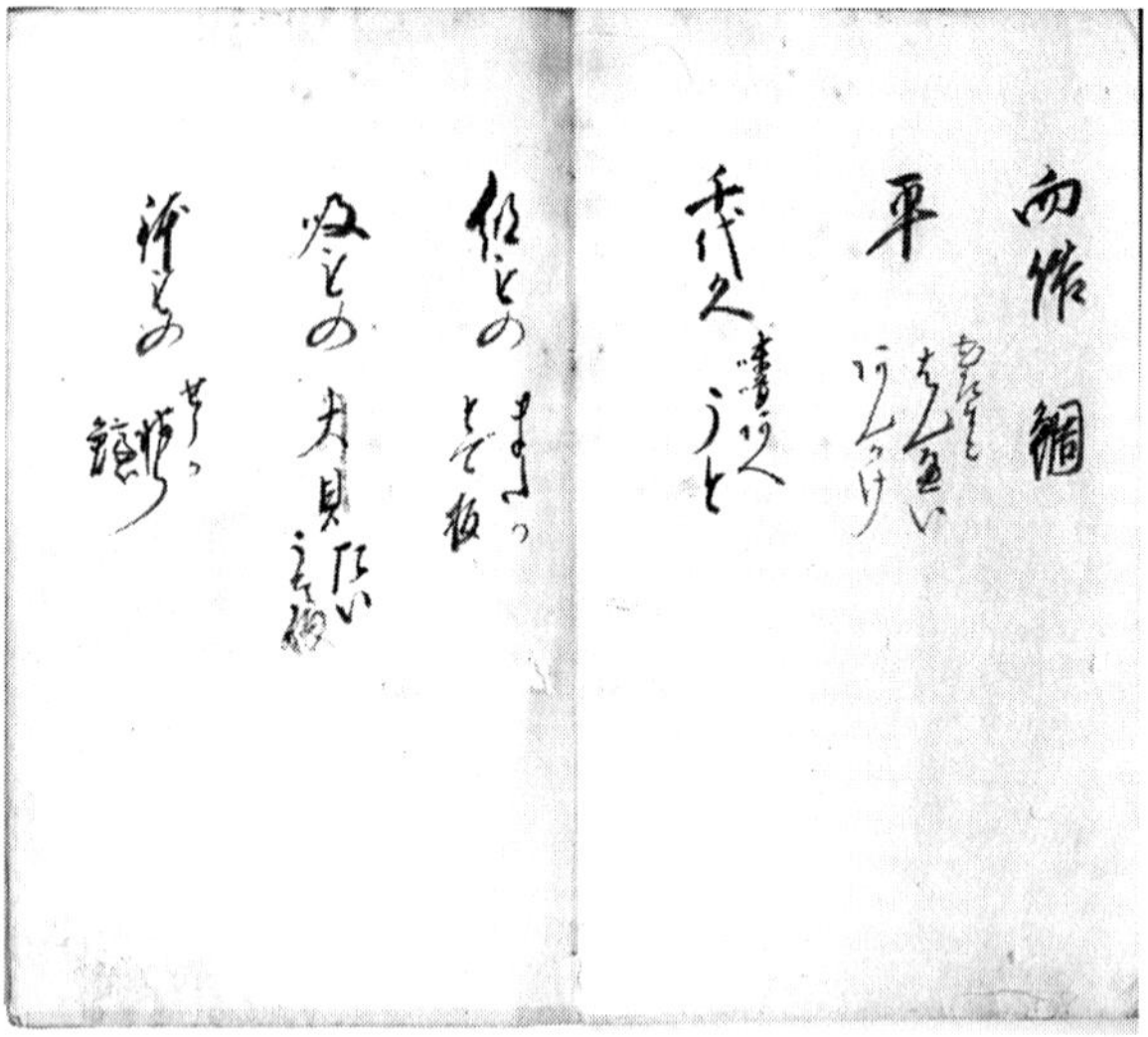

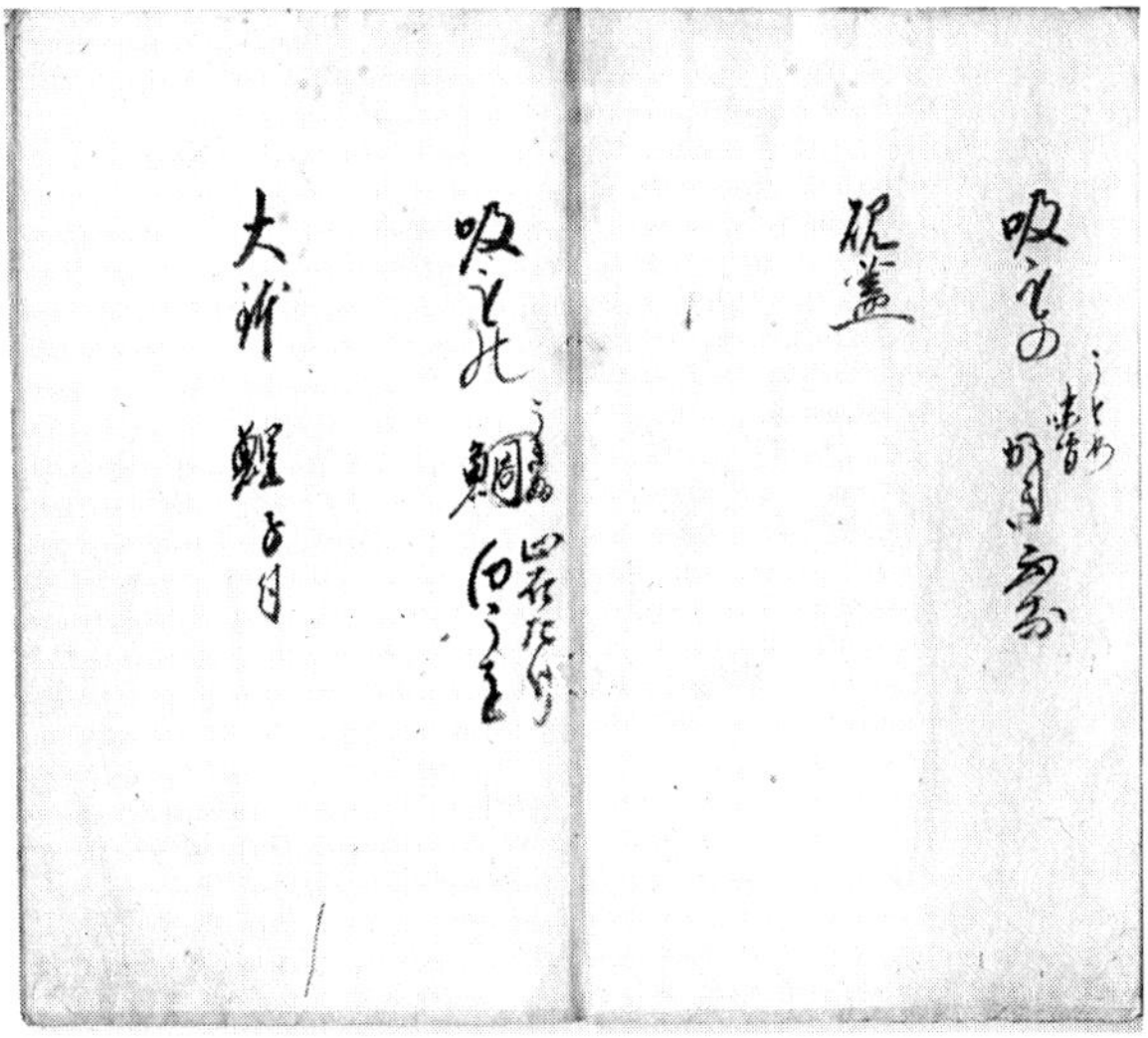

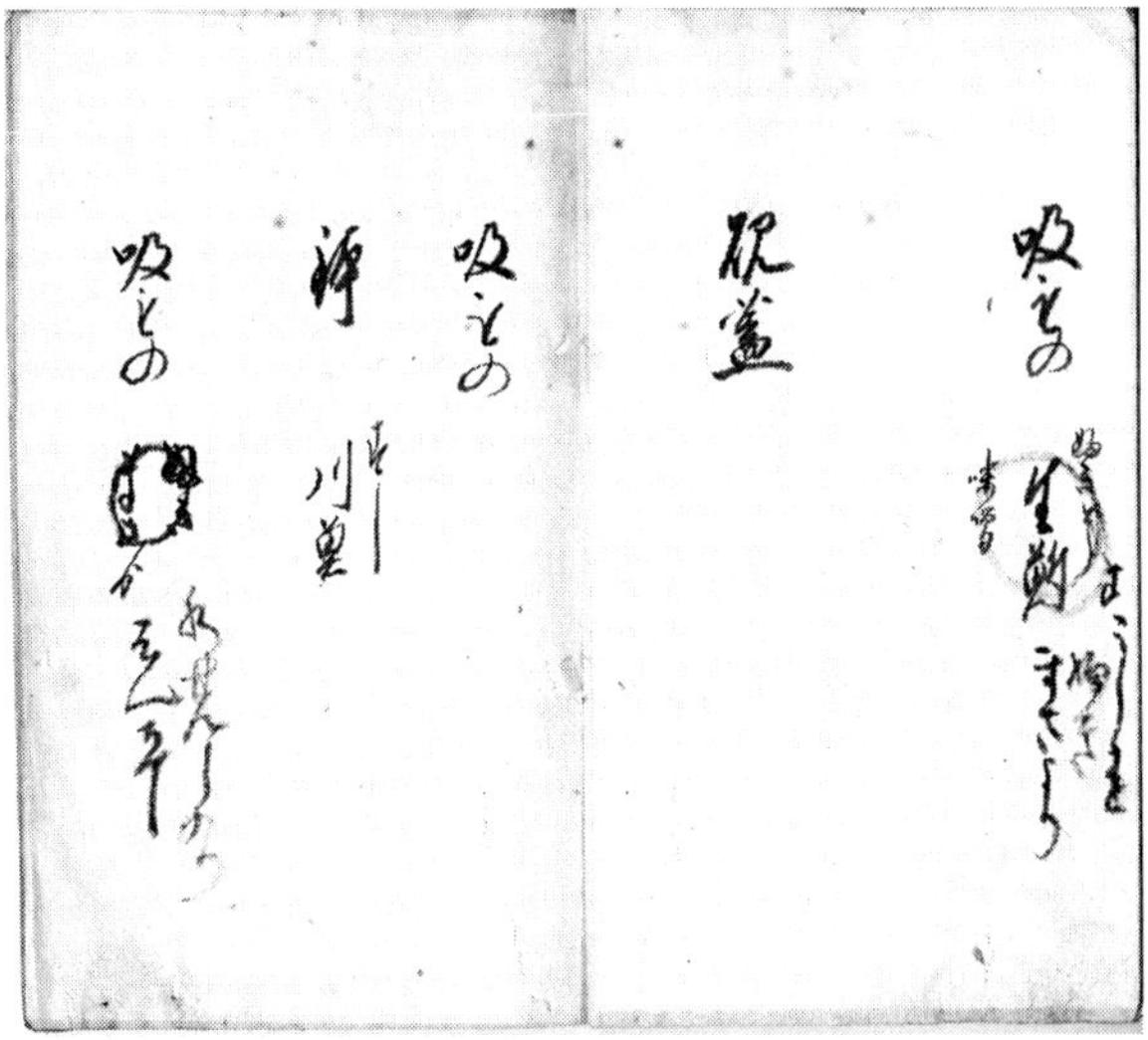

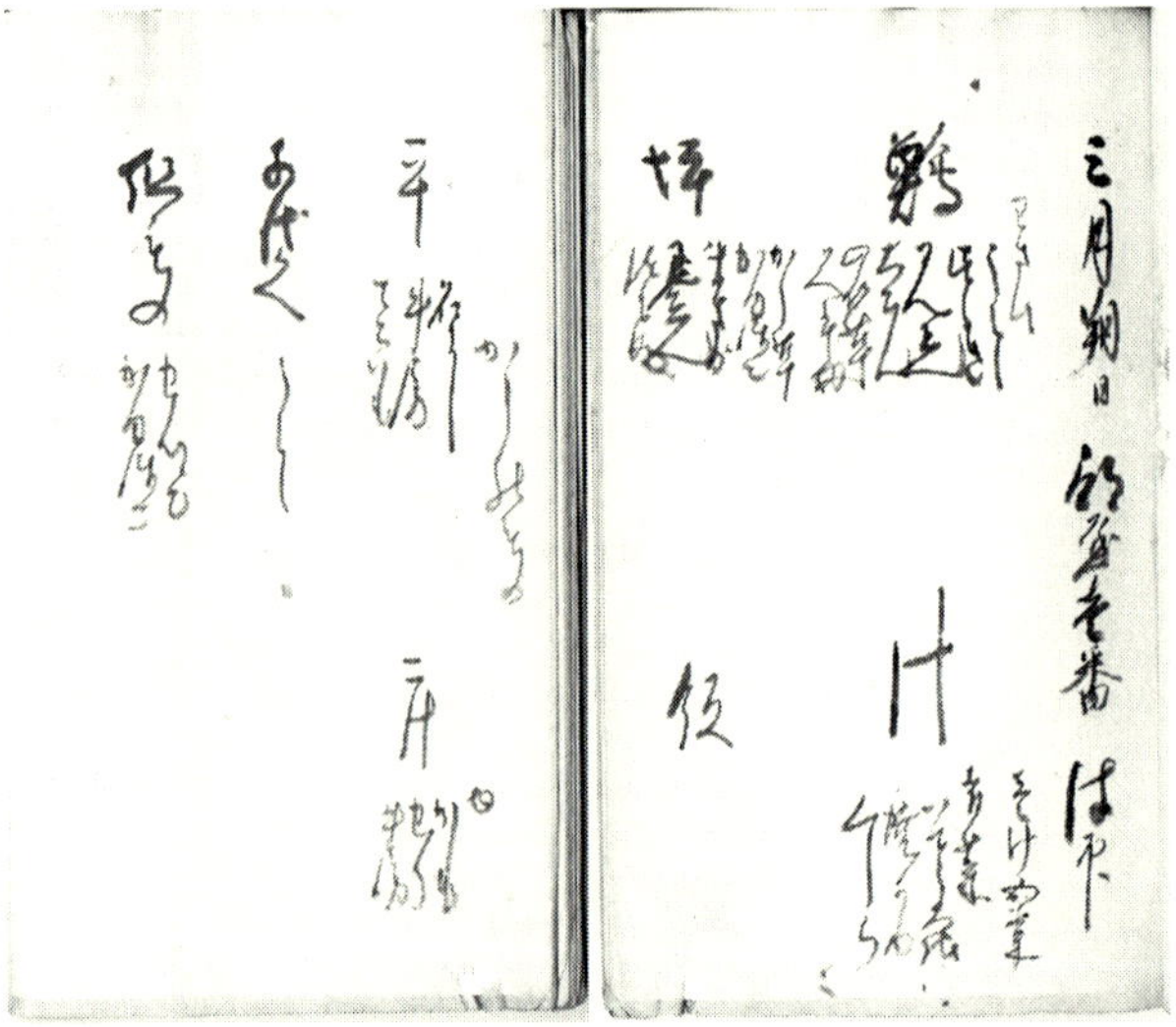

部屋壱番　全

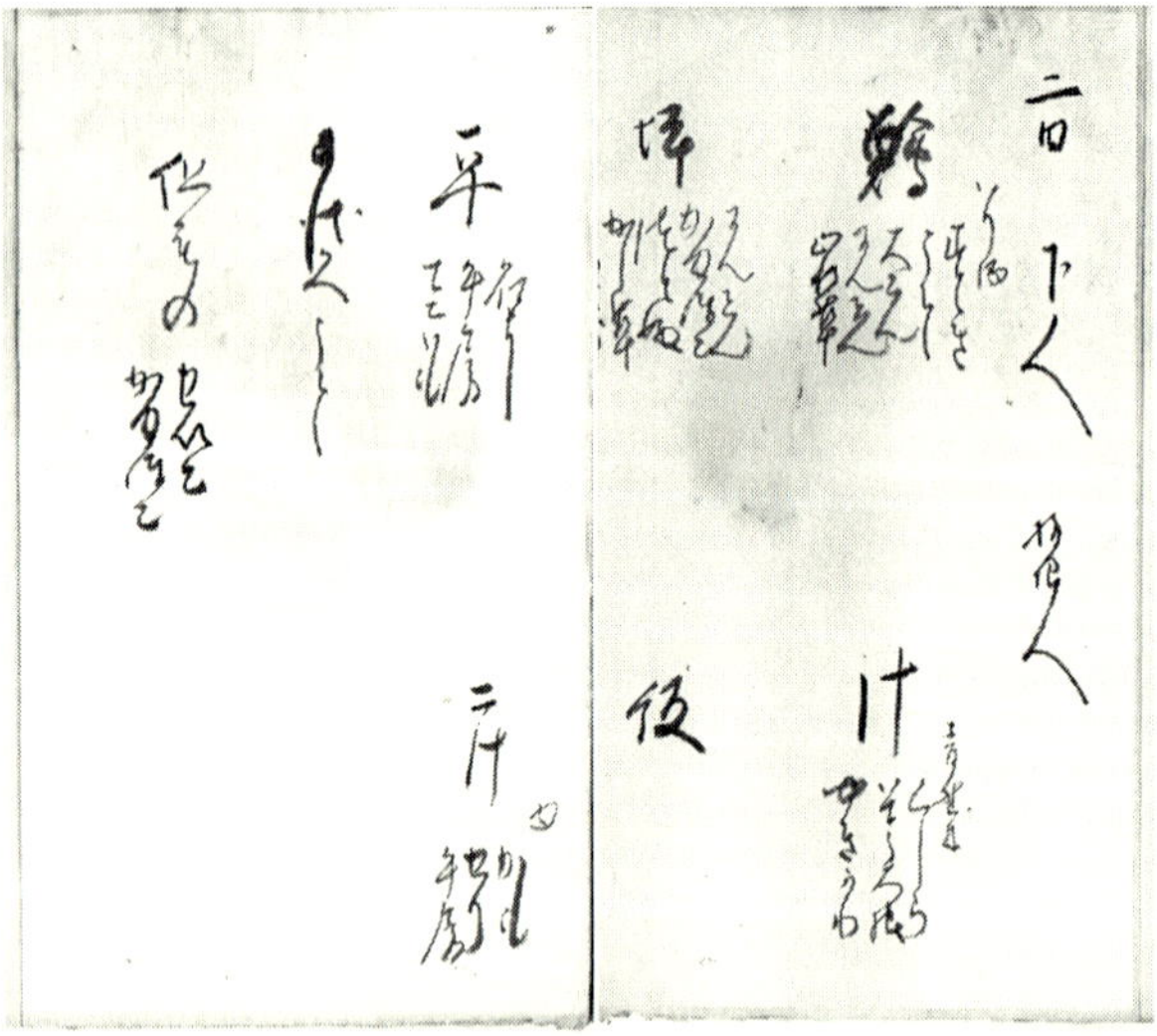

下人　全

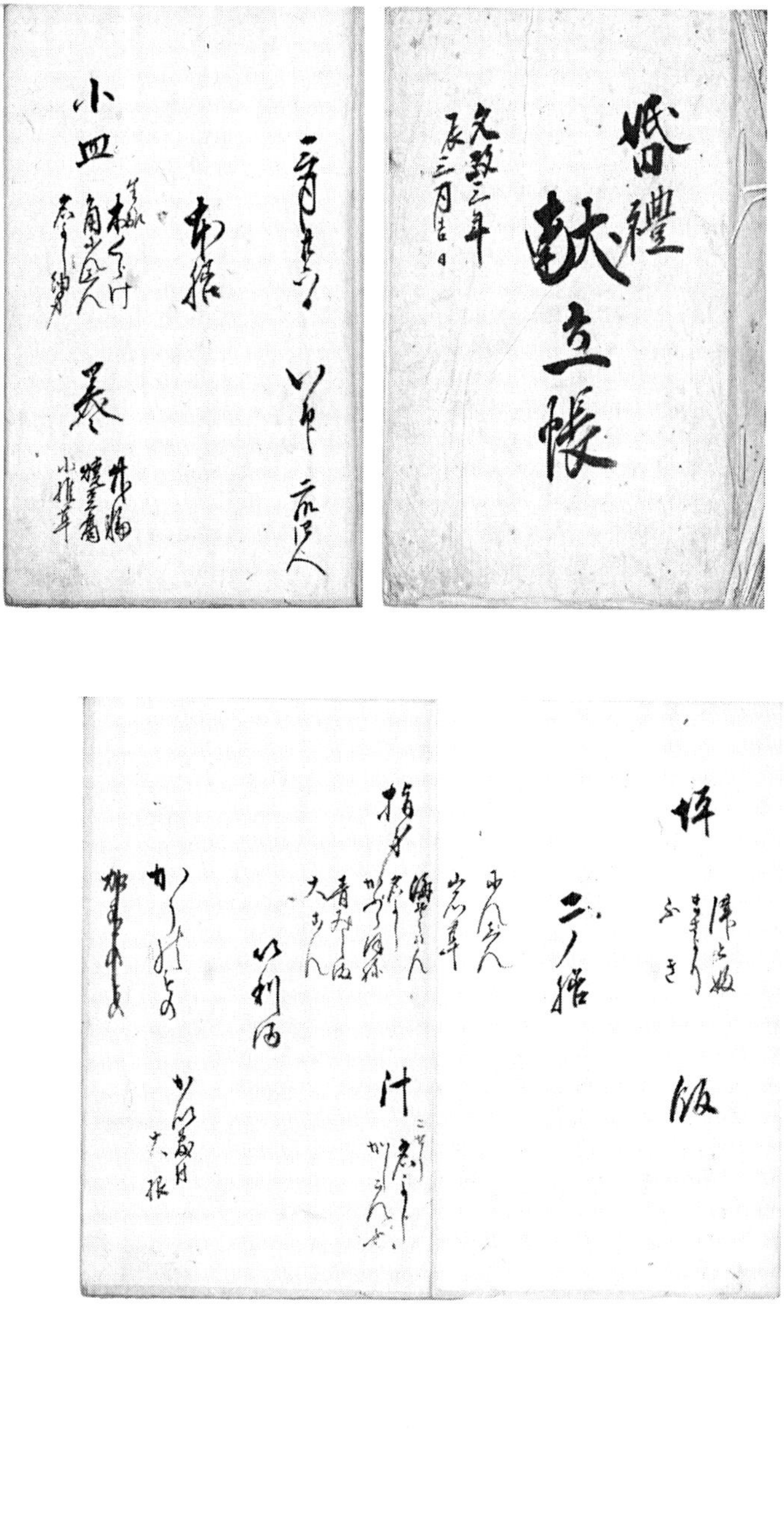

文政三年献立　一部

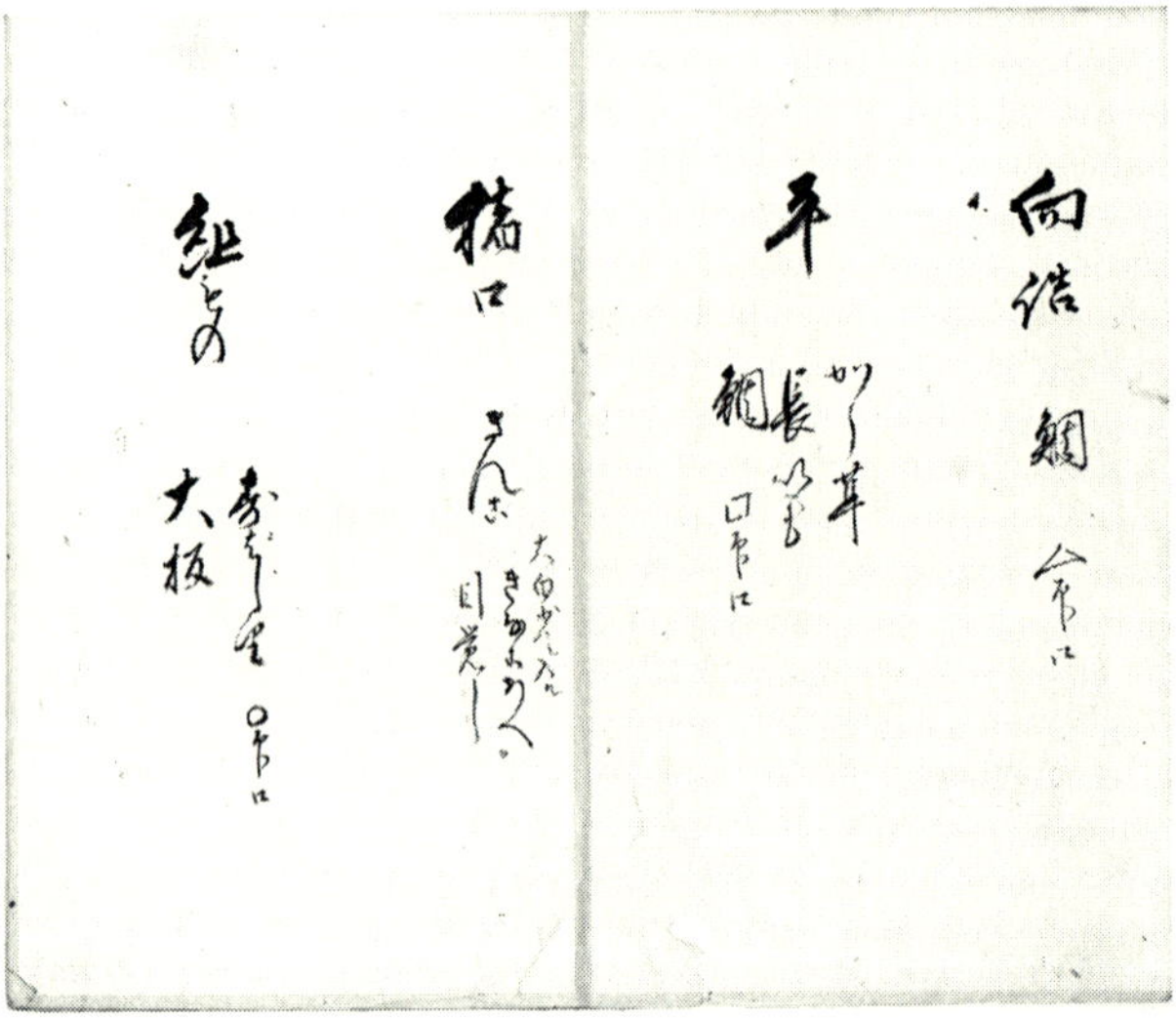

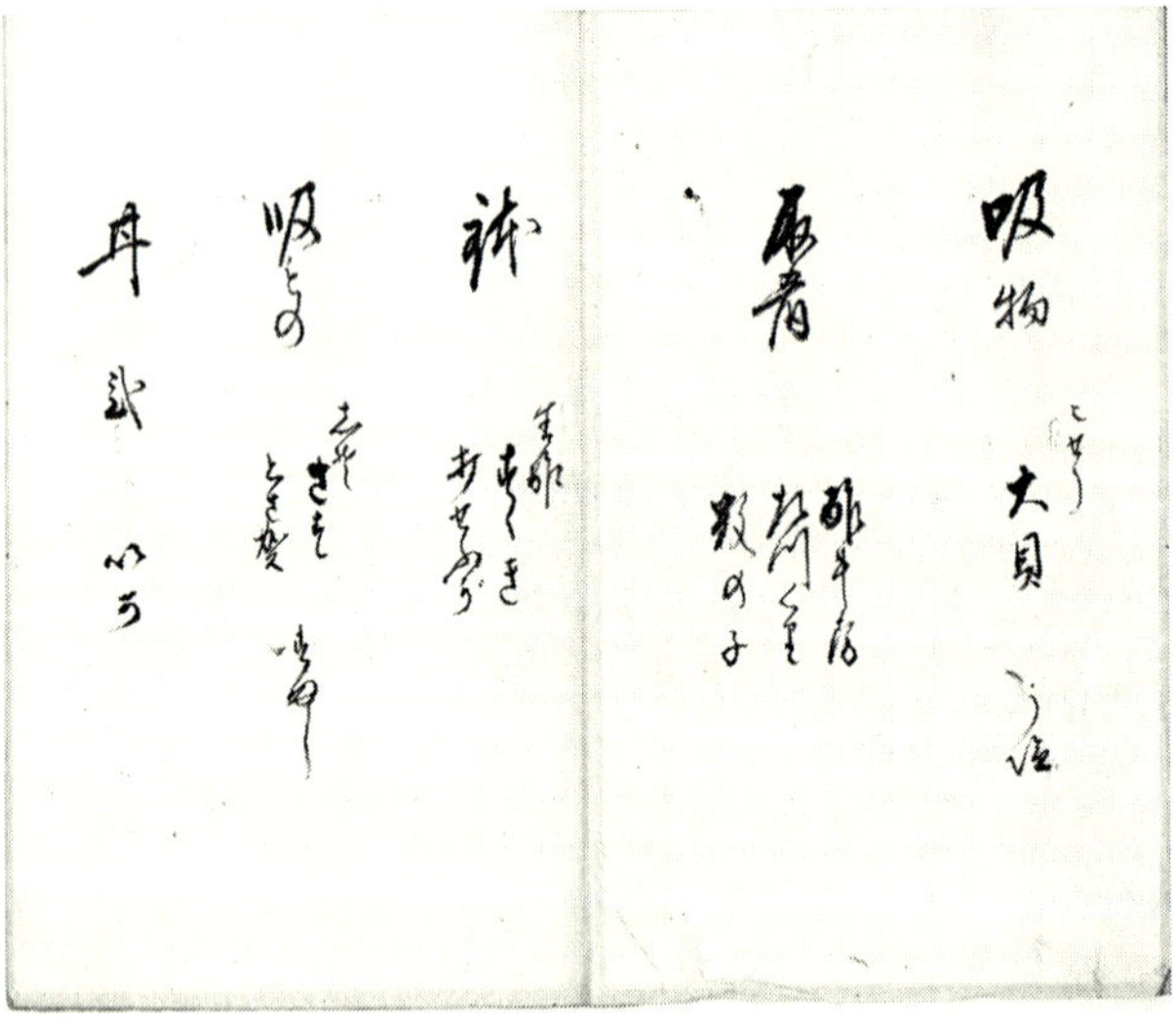

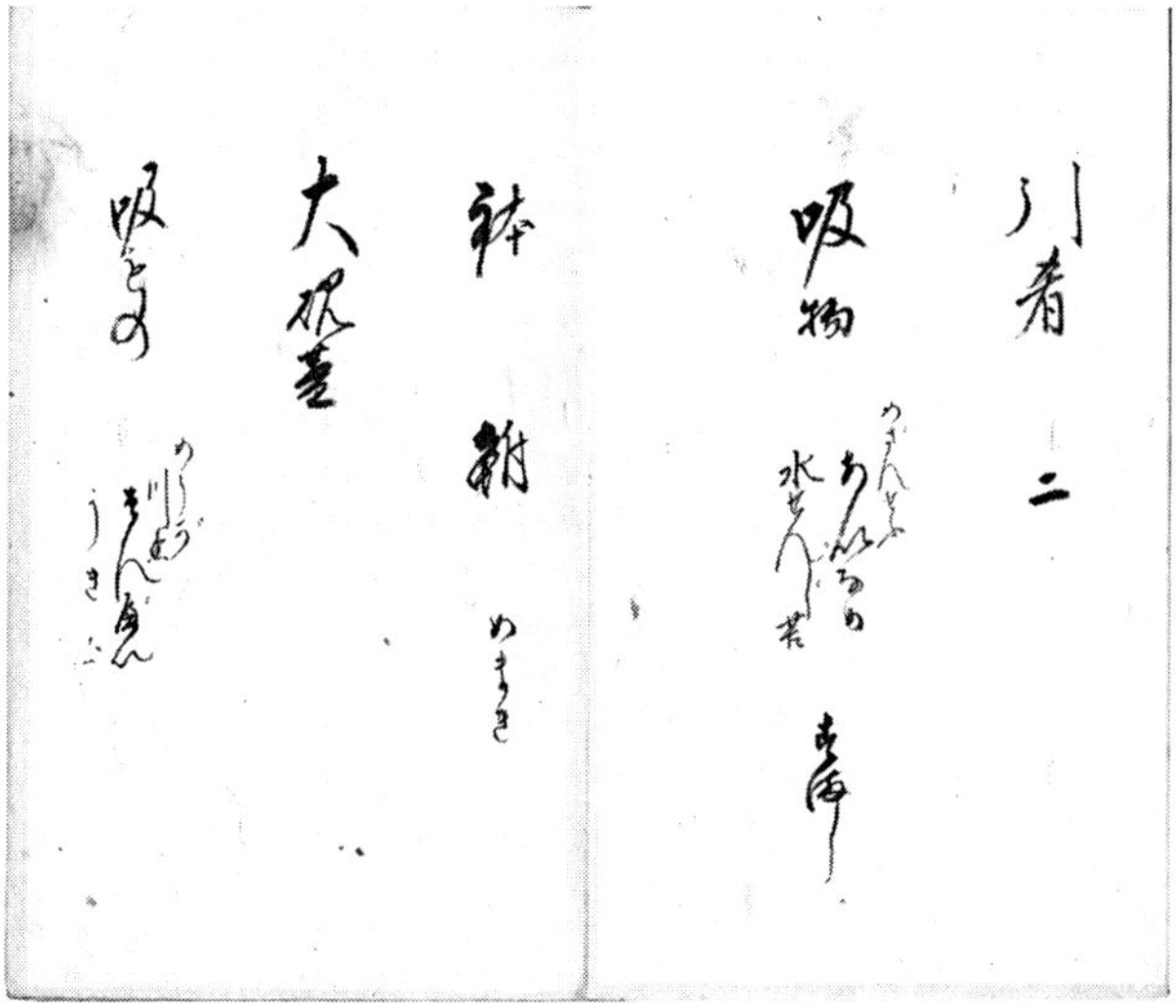

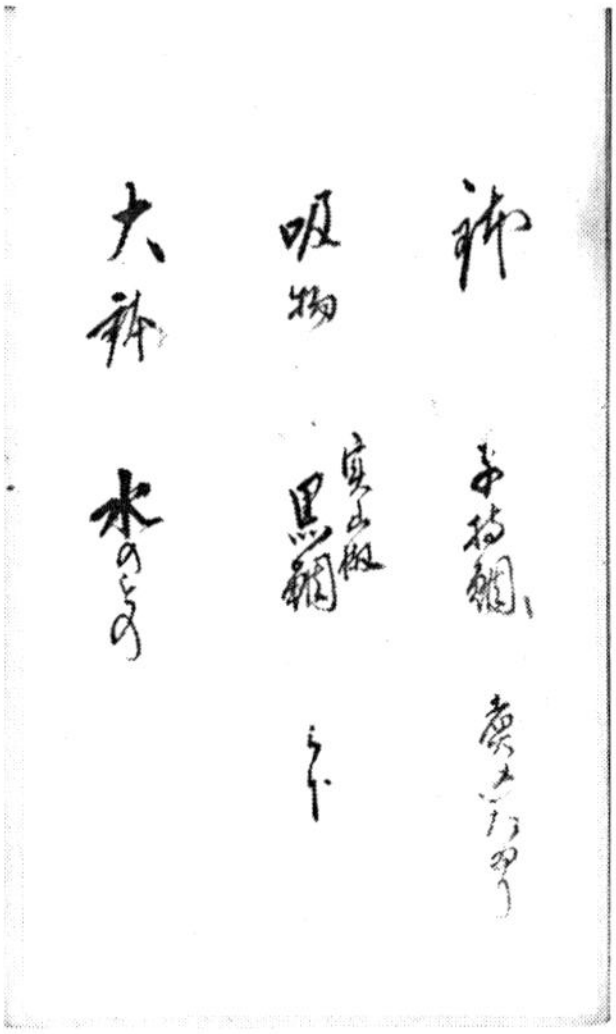

天保一五年献立　本客一部

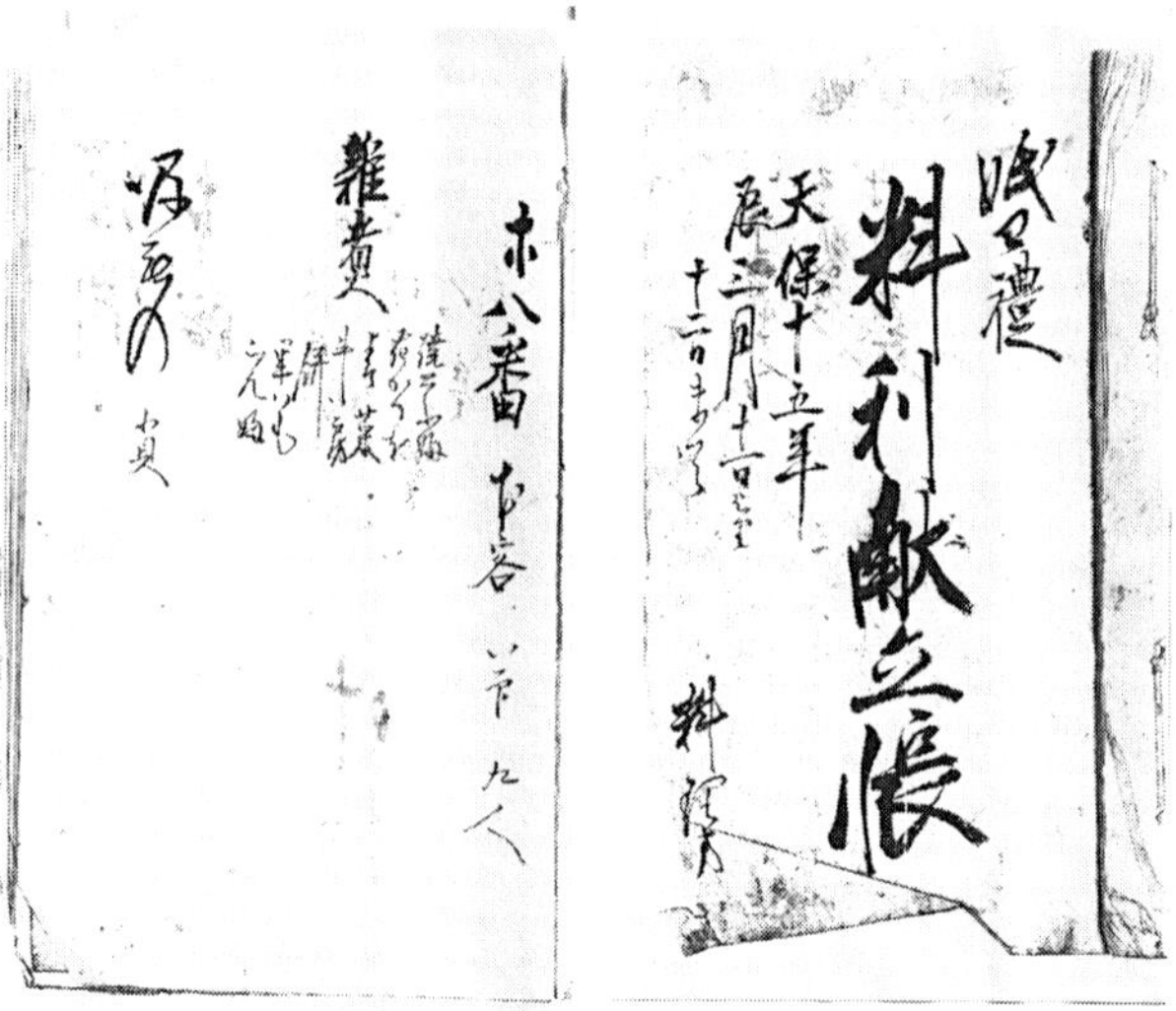
料理献立帳
天保十五年
辰三月
本八番　本客　九人
雑煮

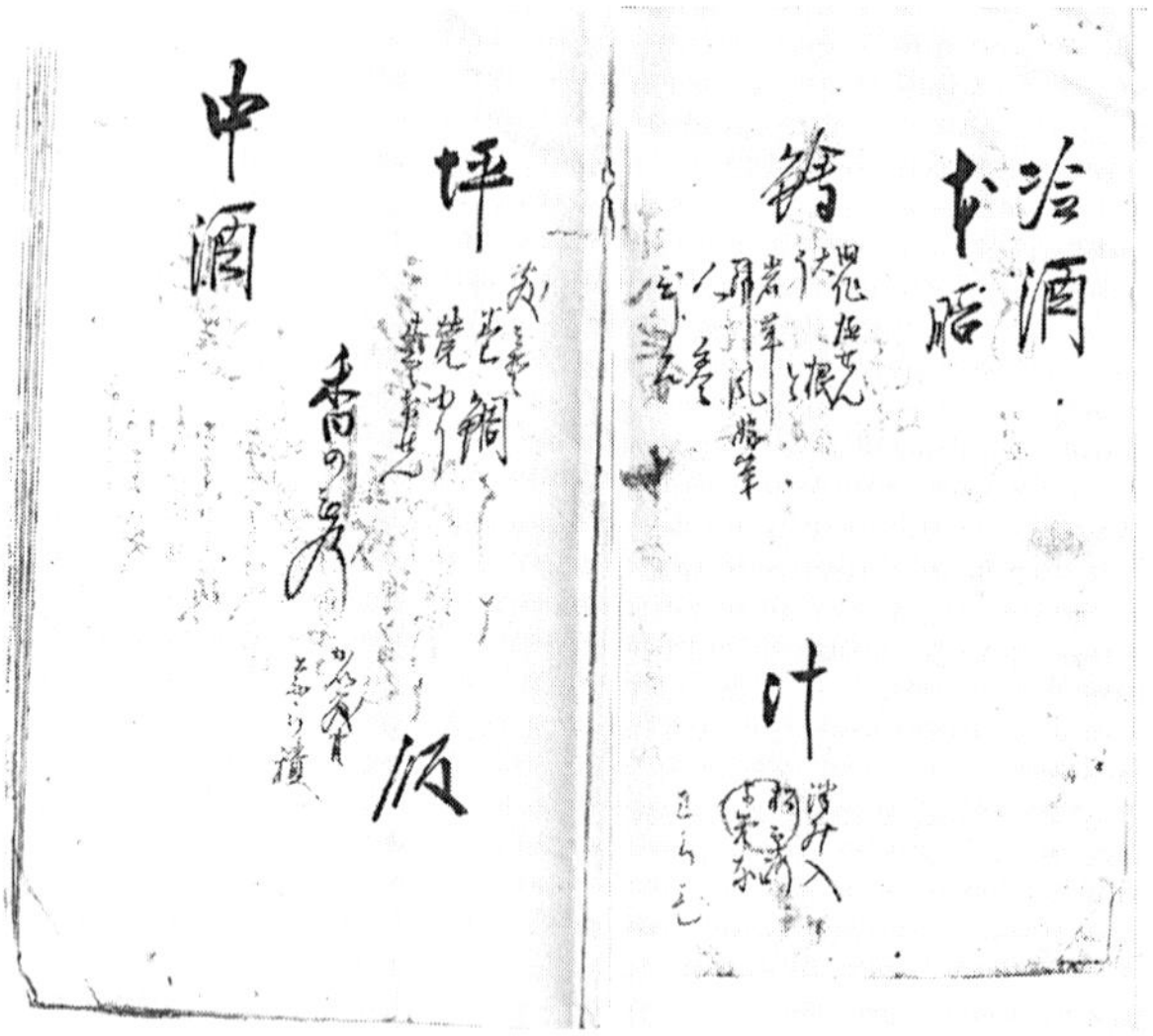
冷酒
本膳
鱠
汁
坪
飯
中酒
香の物

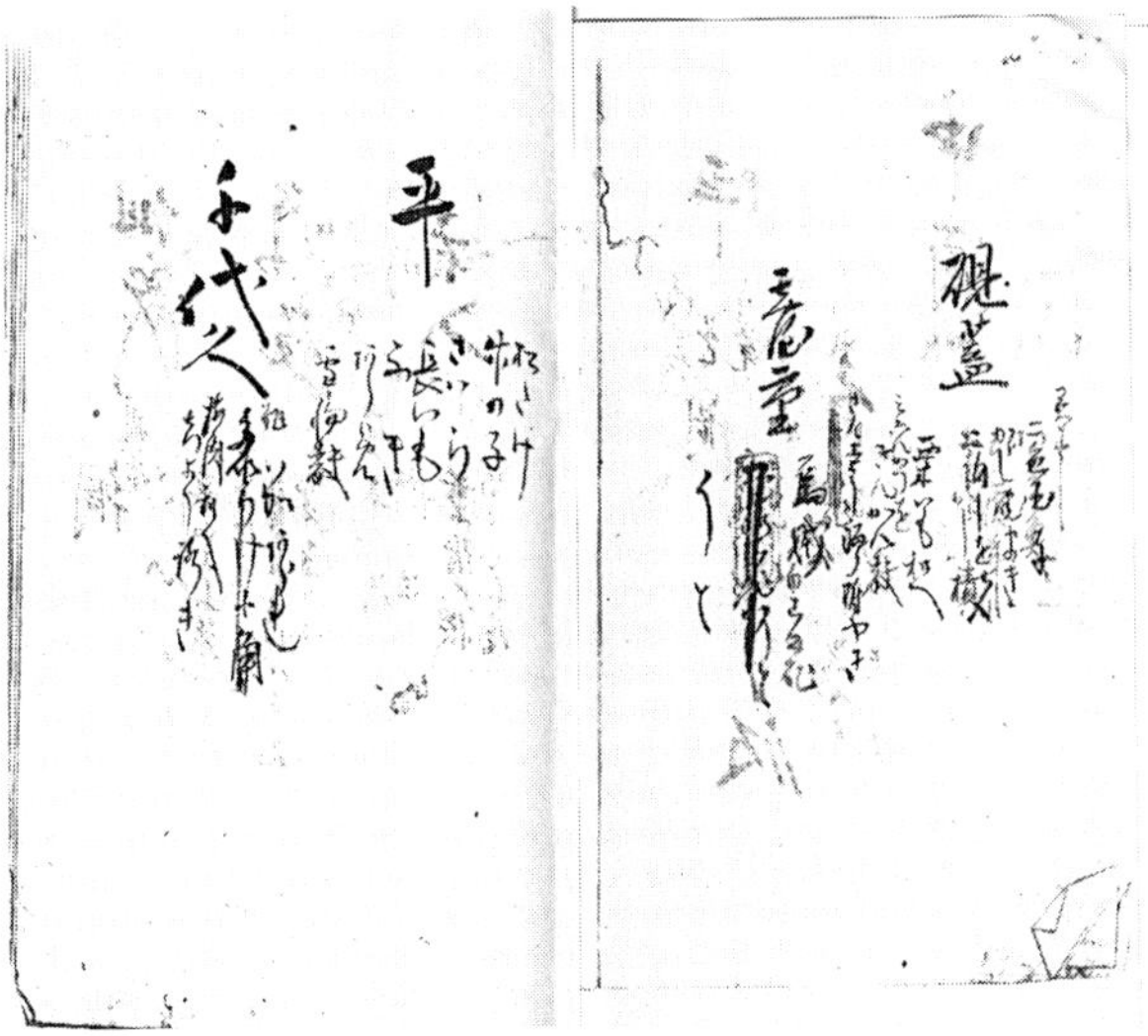

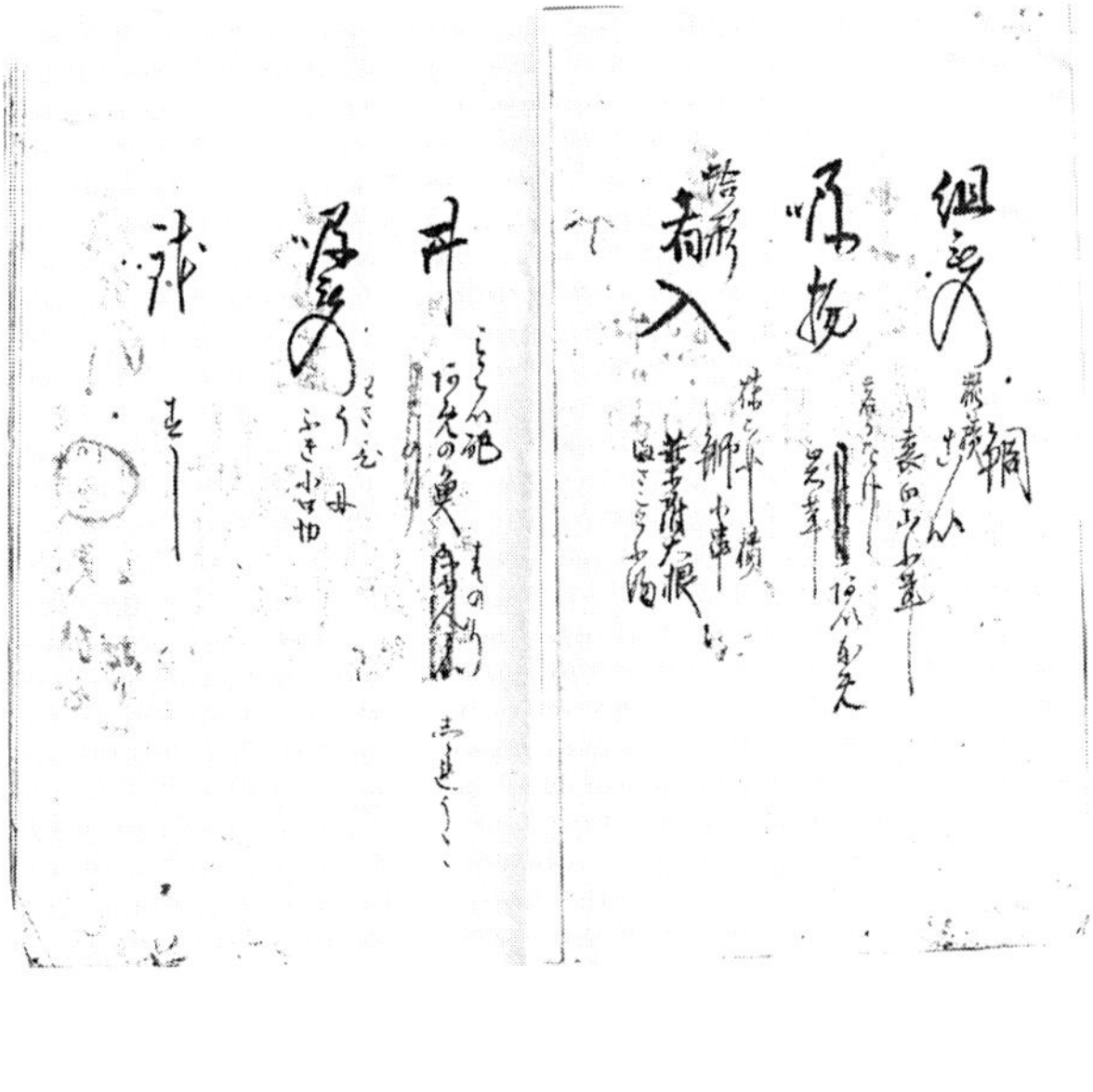

嘉永五年献立　本客一部

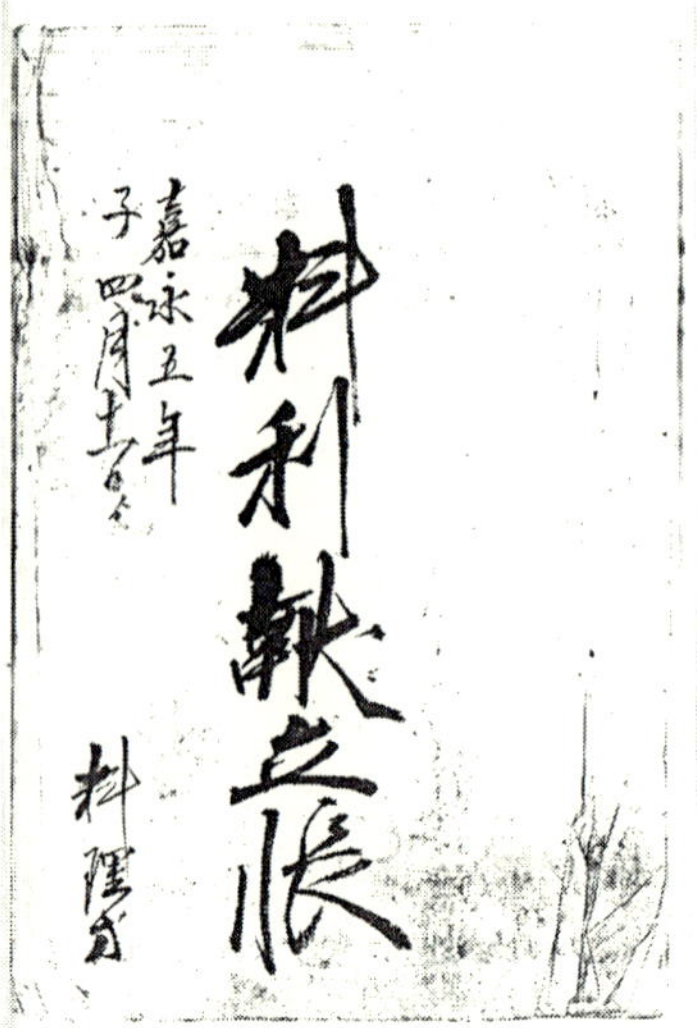

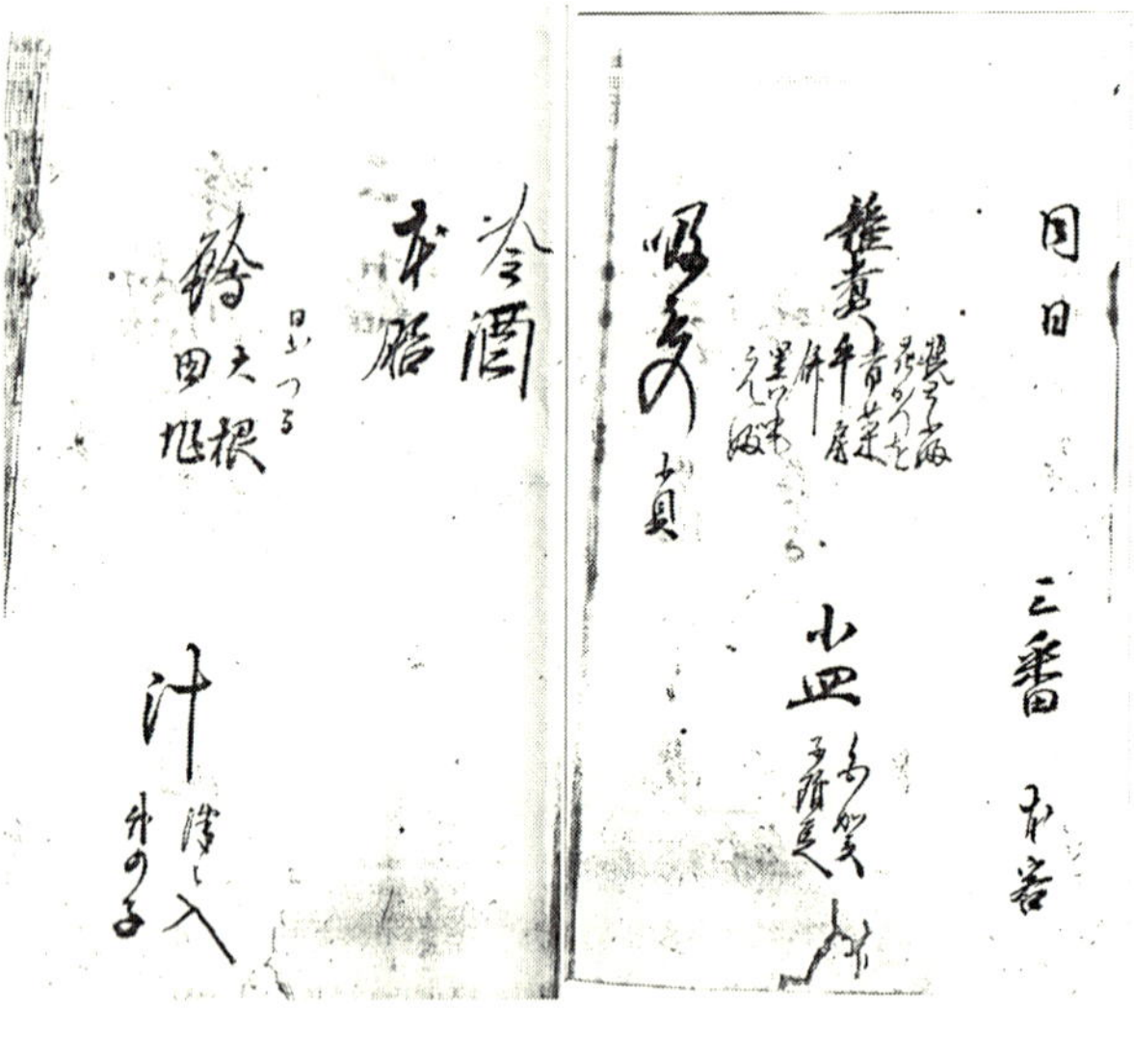

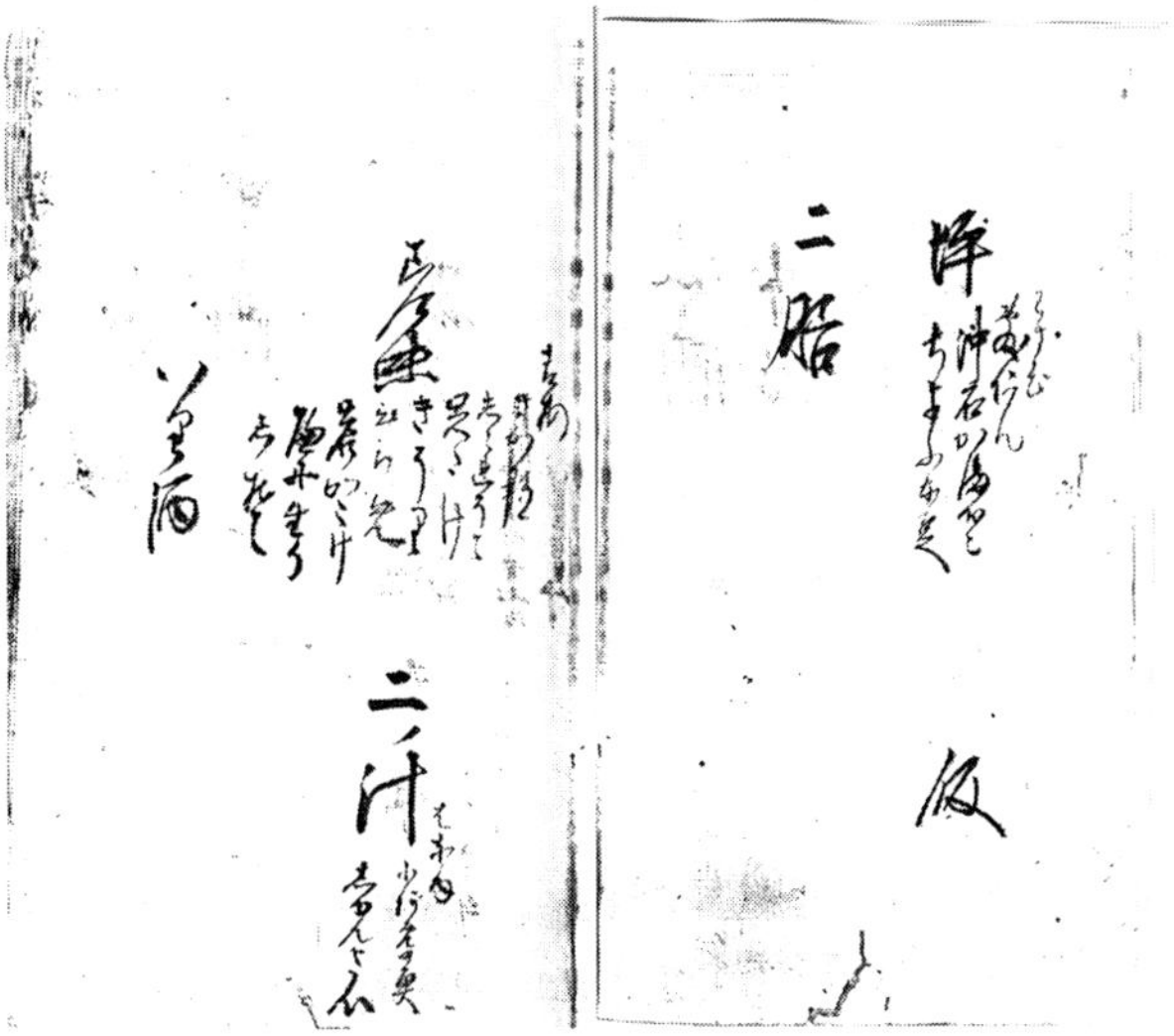

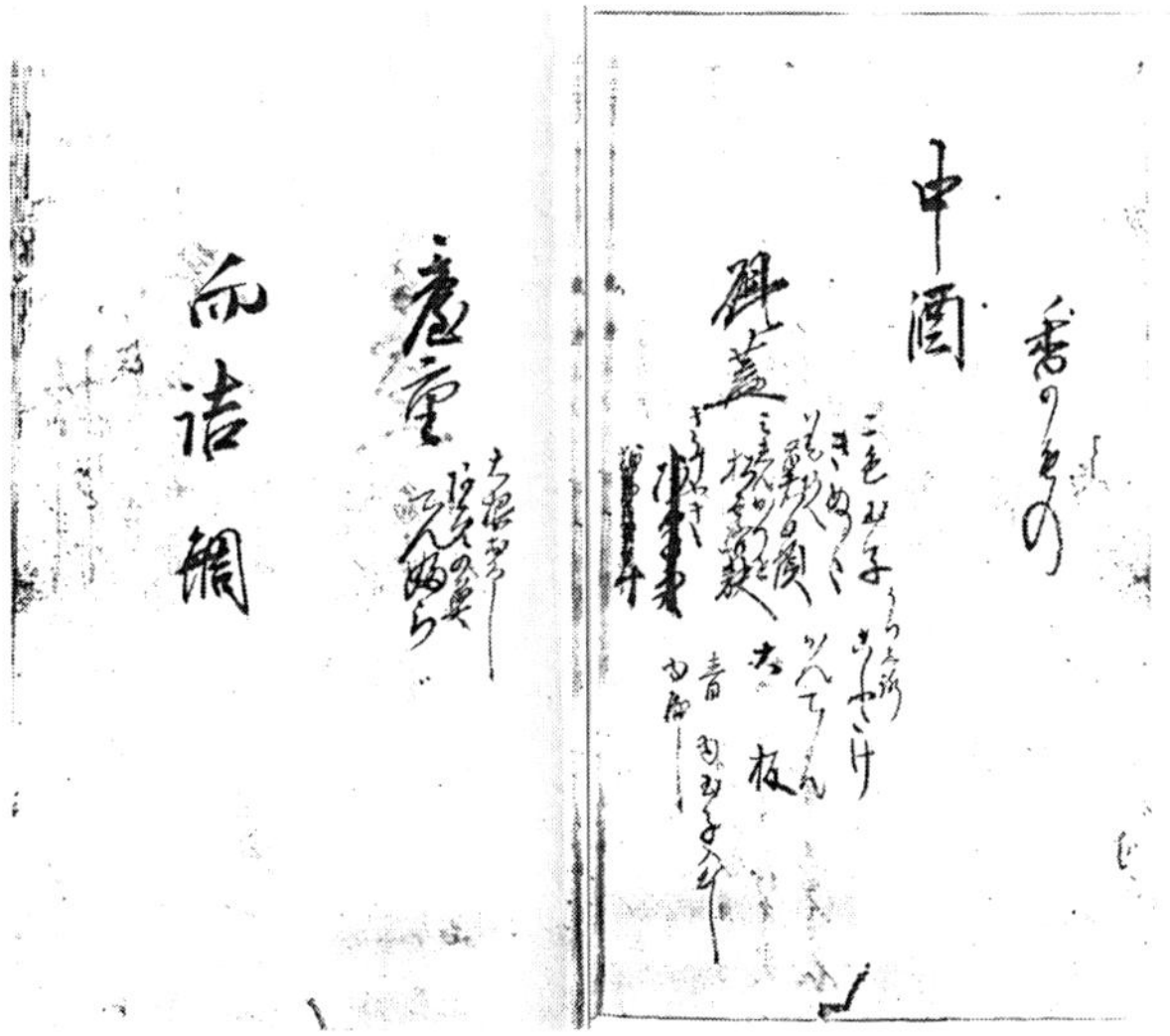

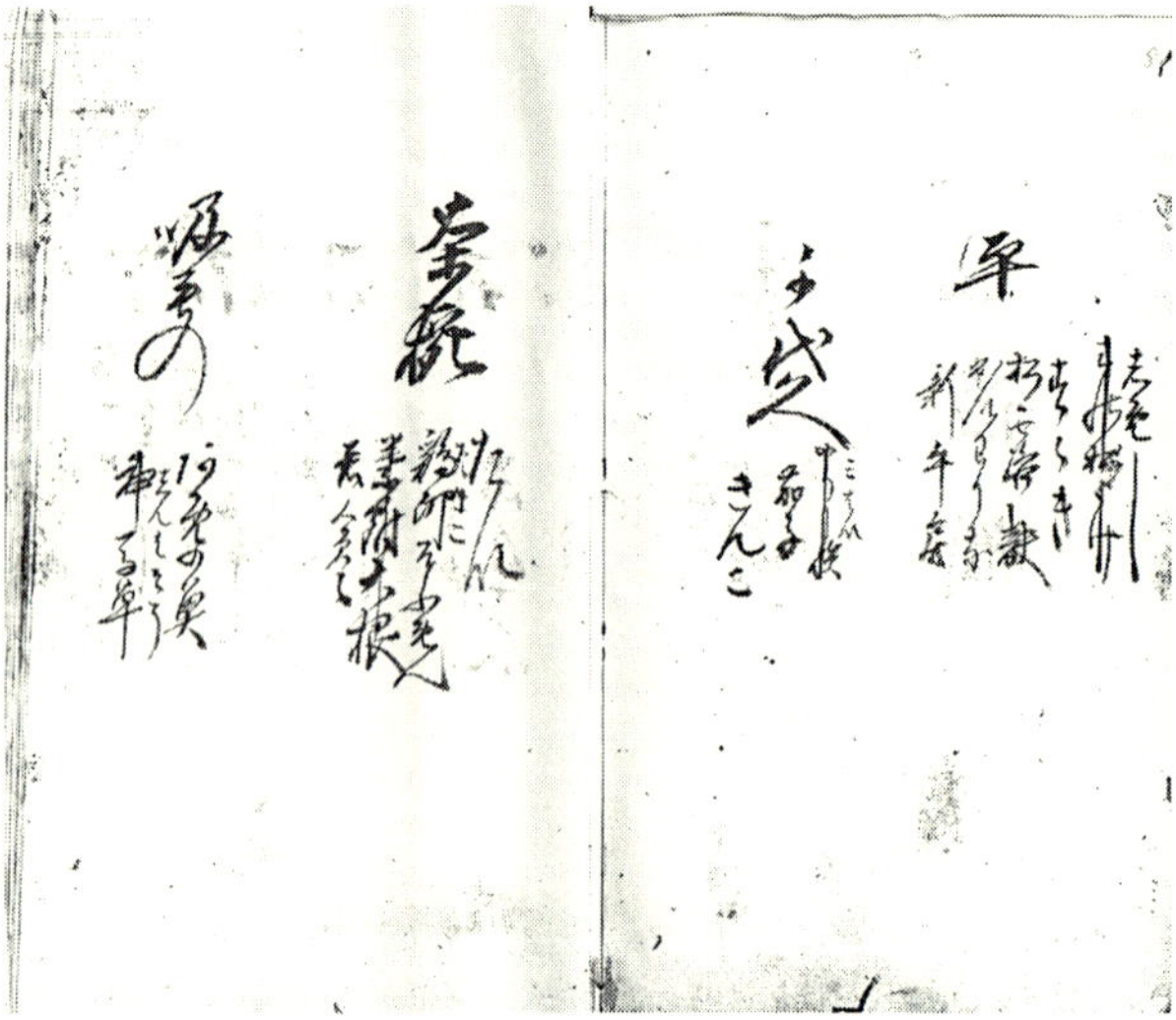

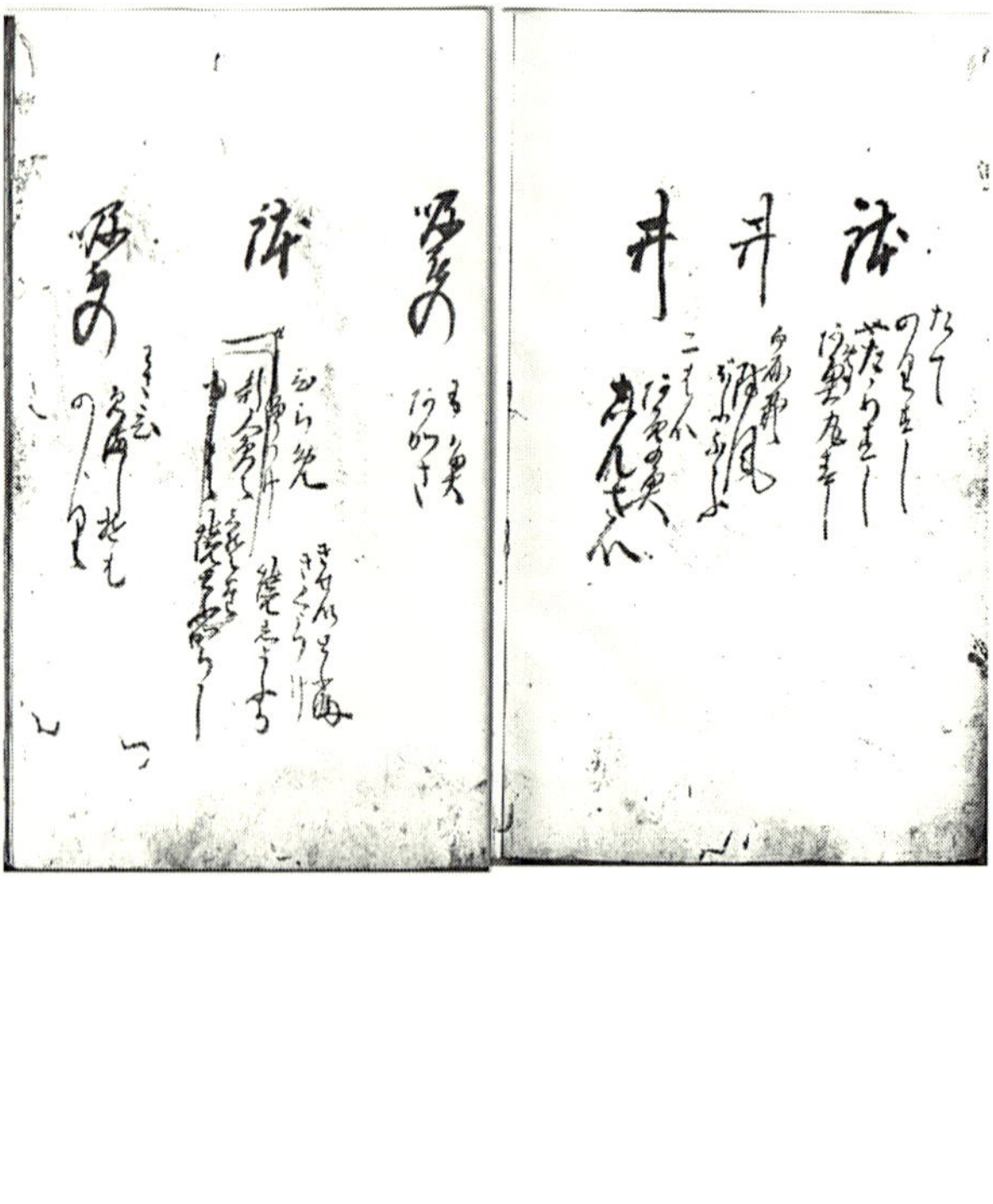

安政五年献立　一部

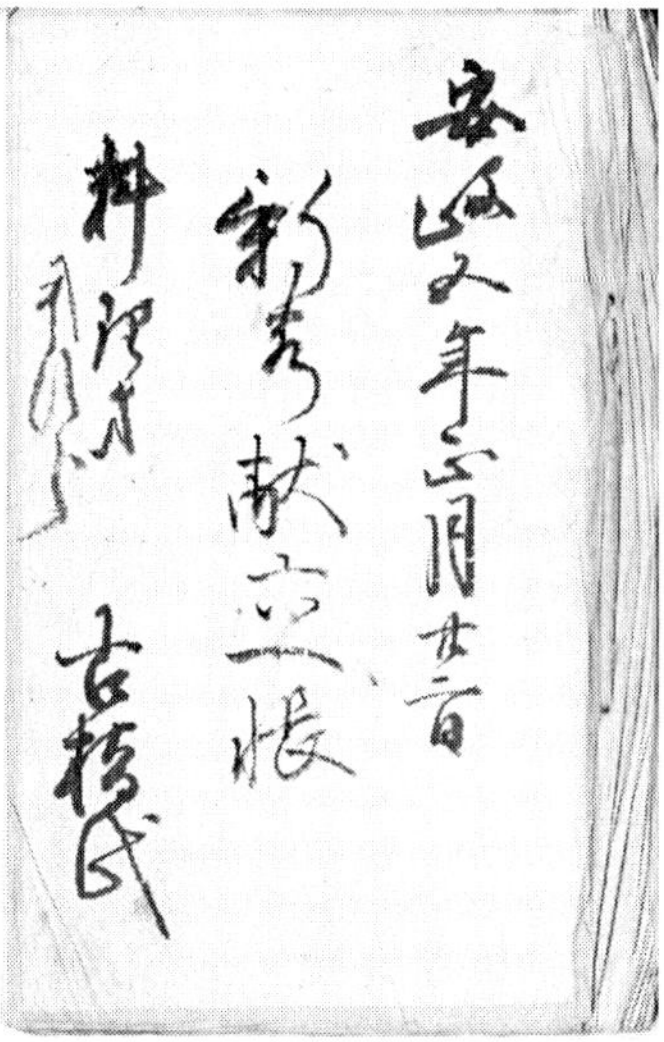

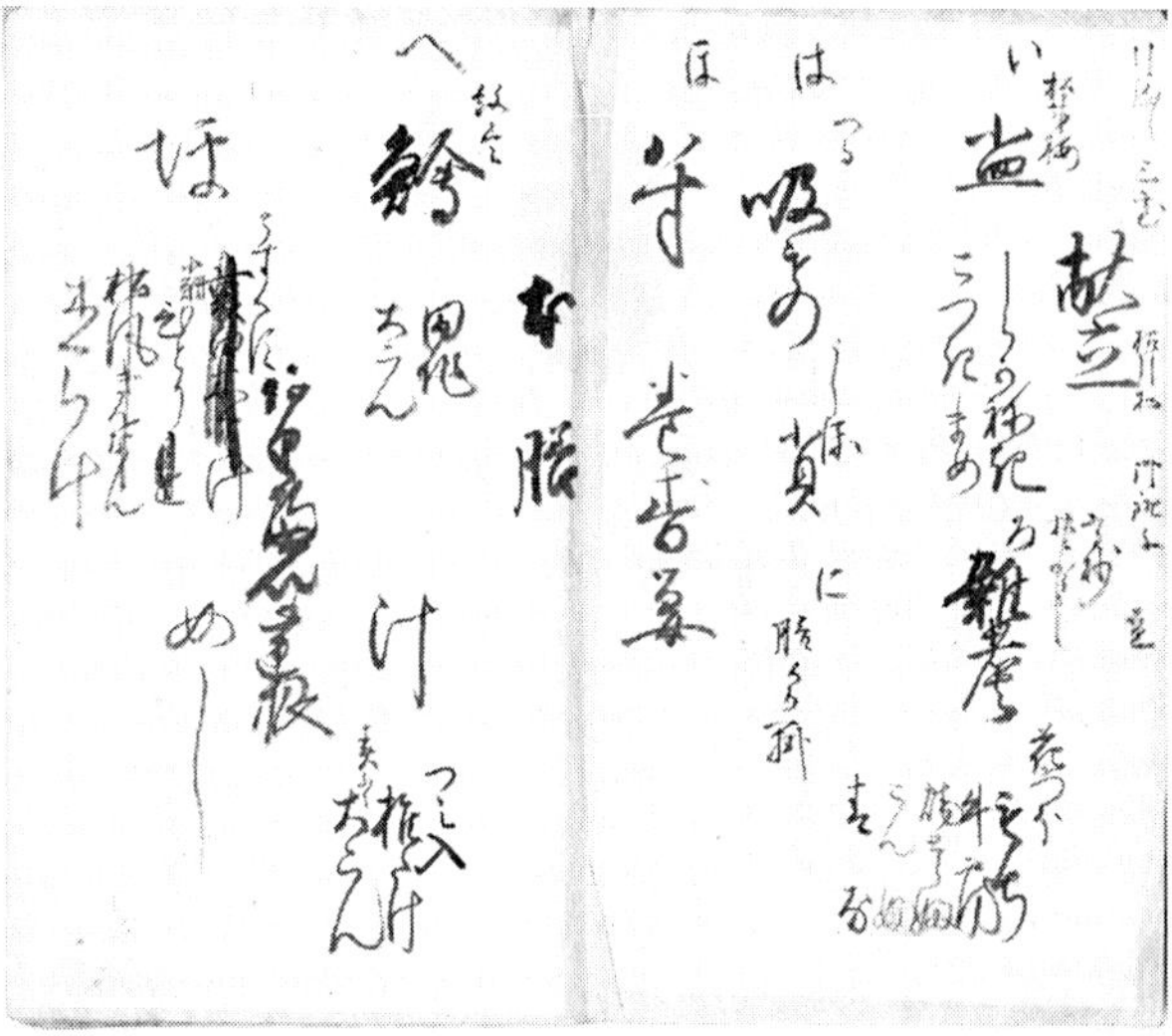

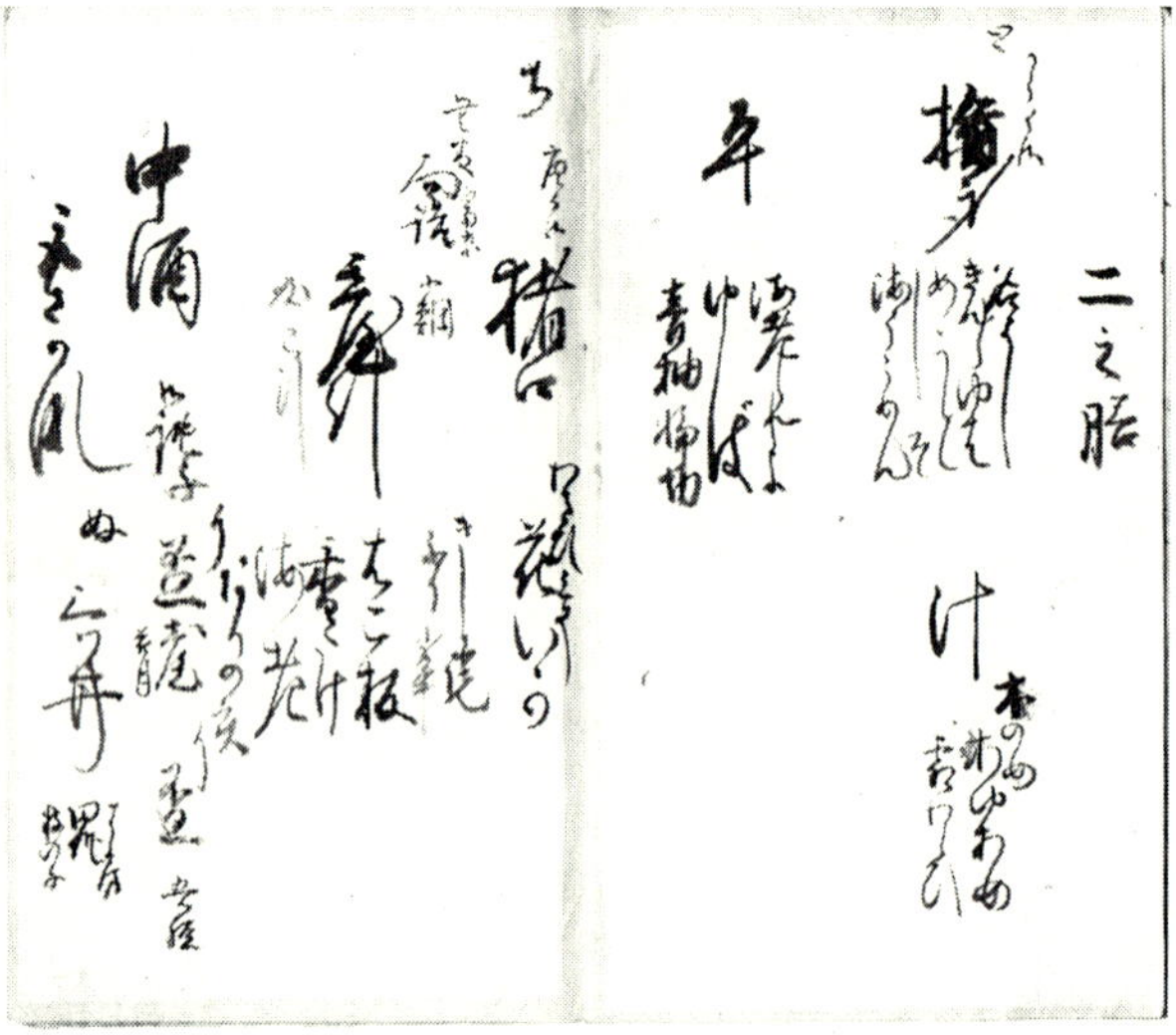

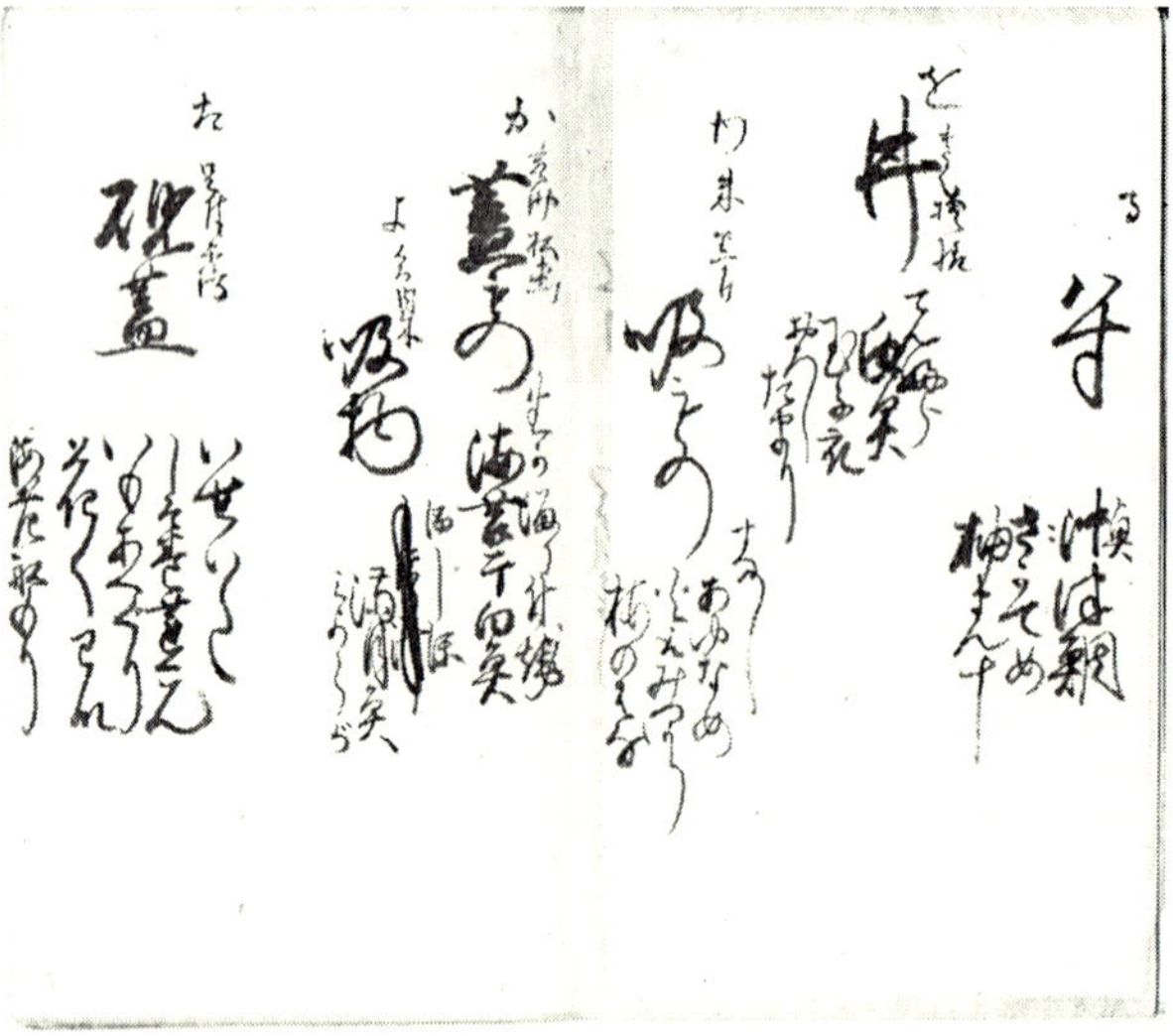

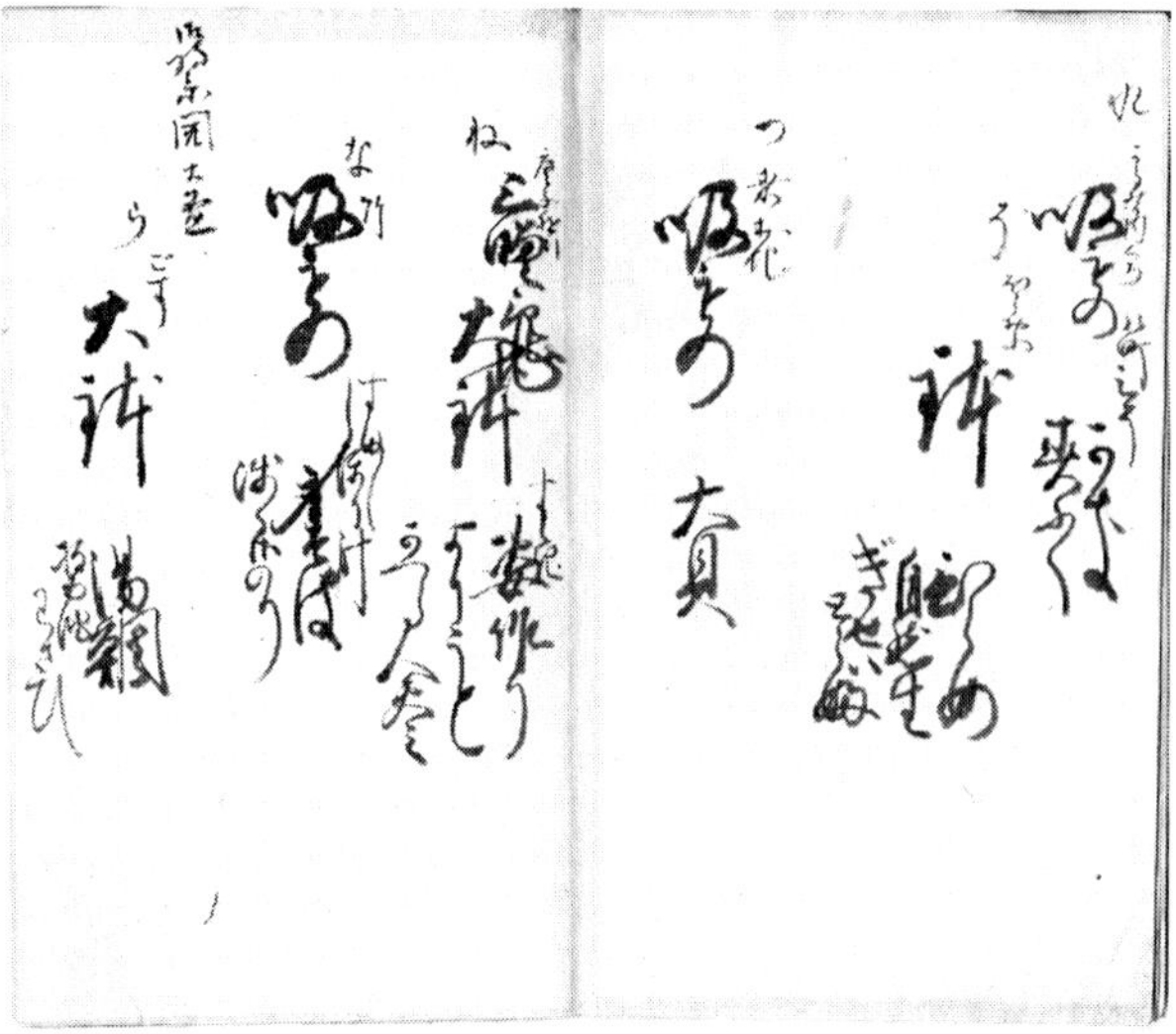

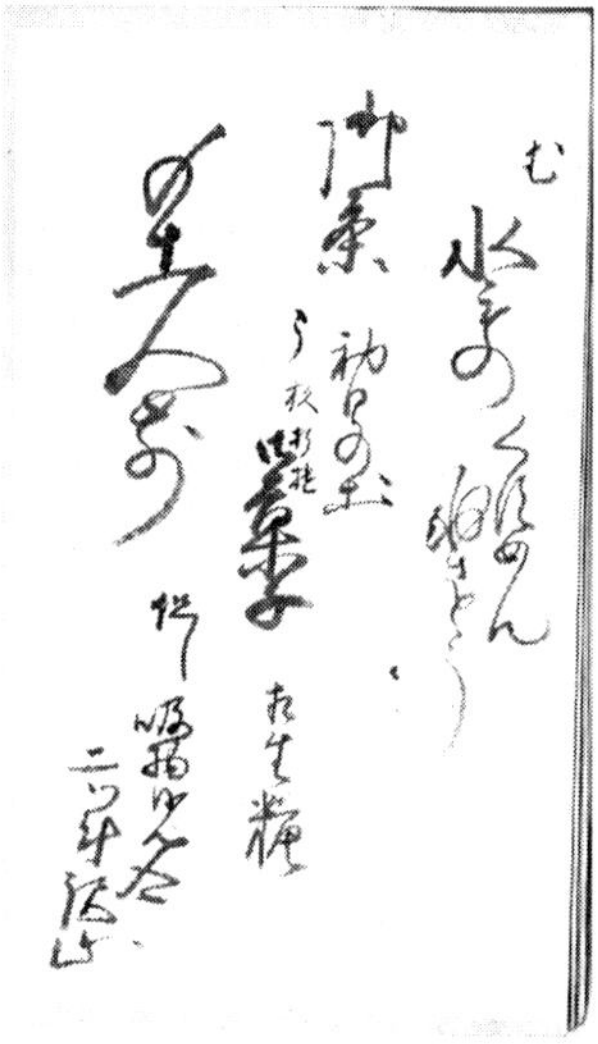

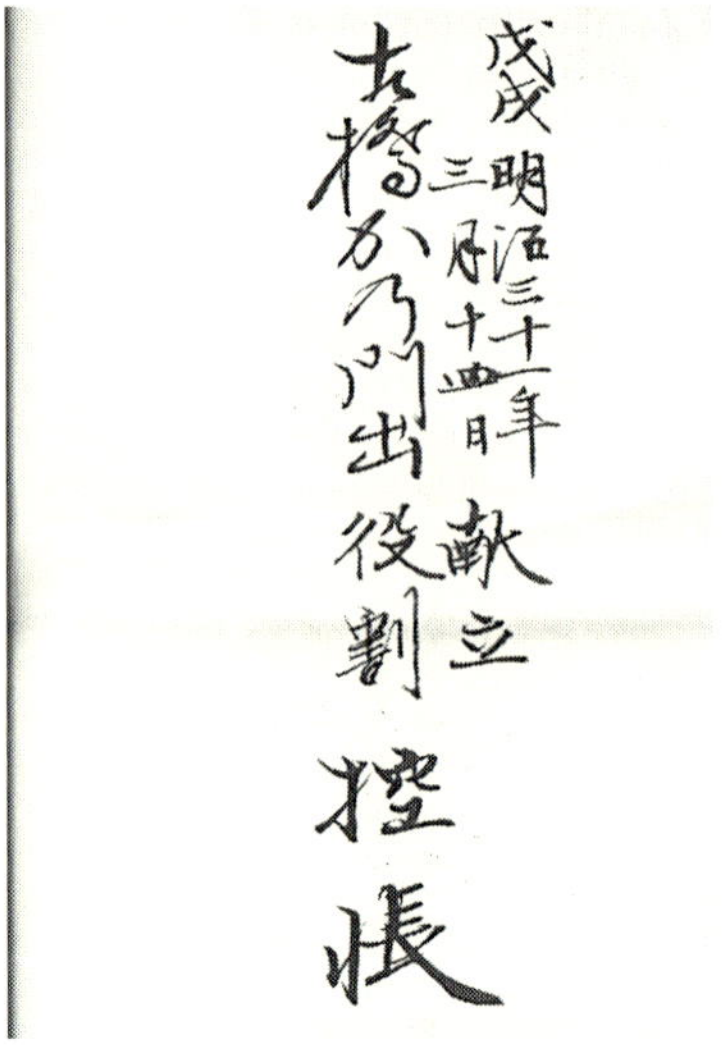

戊戌明治三十一年三月十四日　献立

古橋かの川出役割　控帳

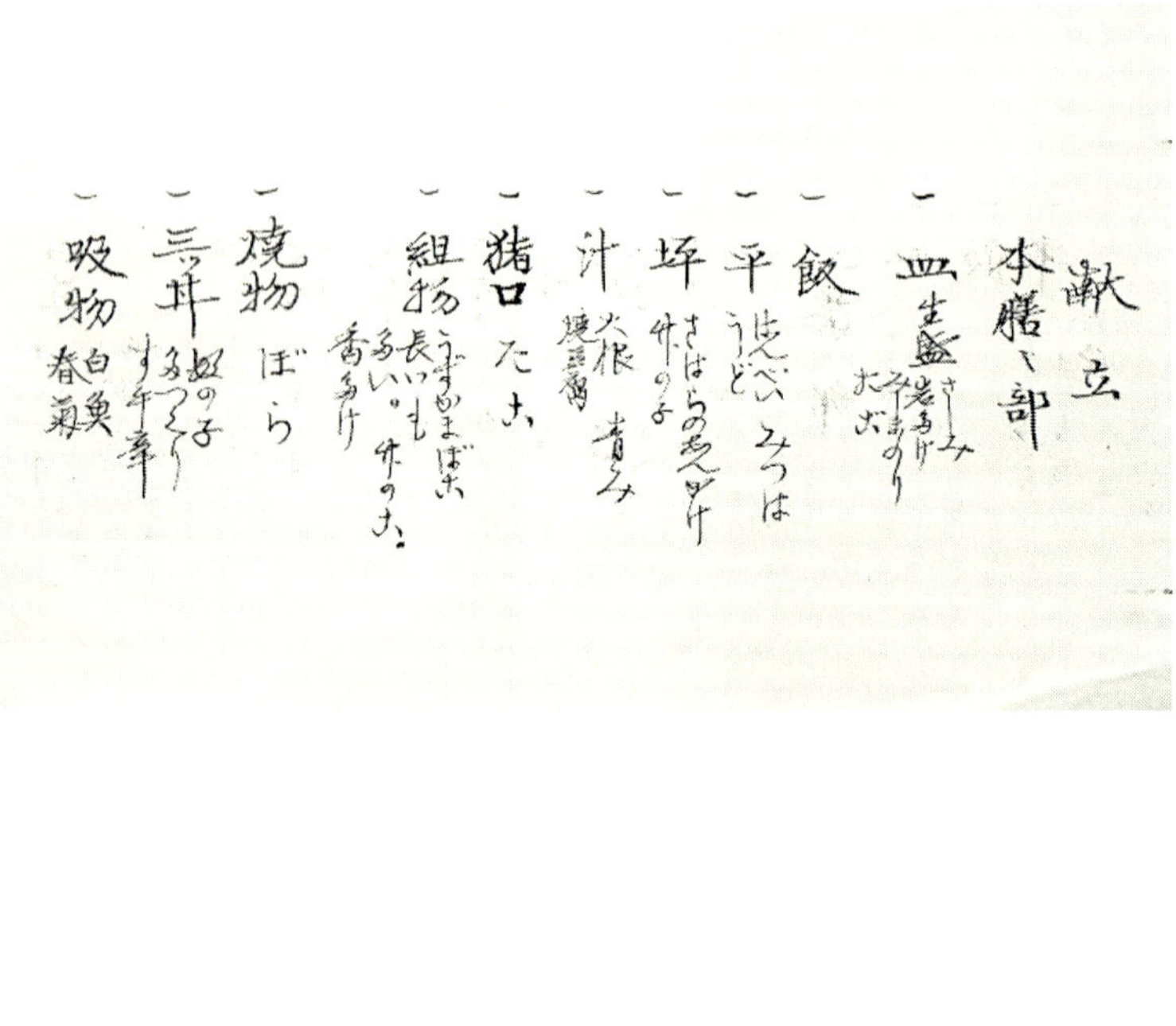

献立

本膳之部

一　皿　生盛

一　飯

一　平

一　坪

一　汁

一　猪口　たこ

一　組物

一　焼物　ぼら

一　二ノ丼

一　吸物　白魚　春菊

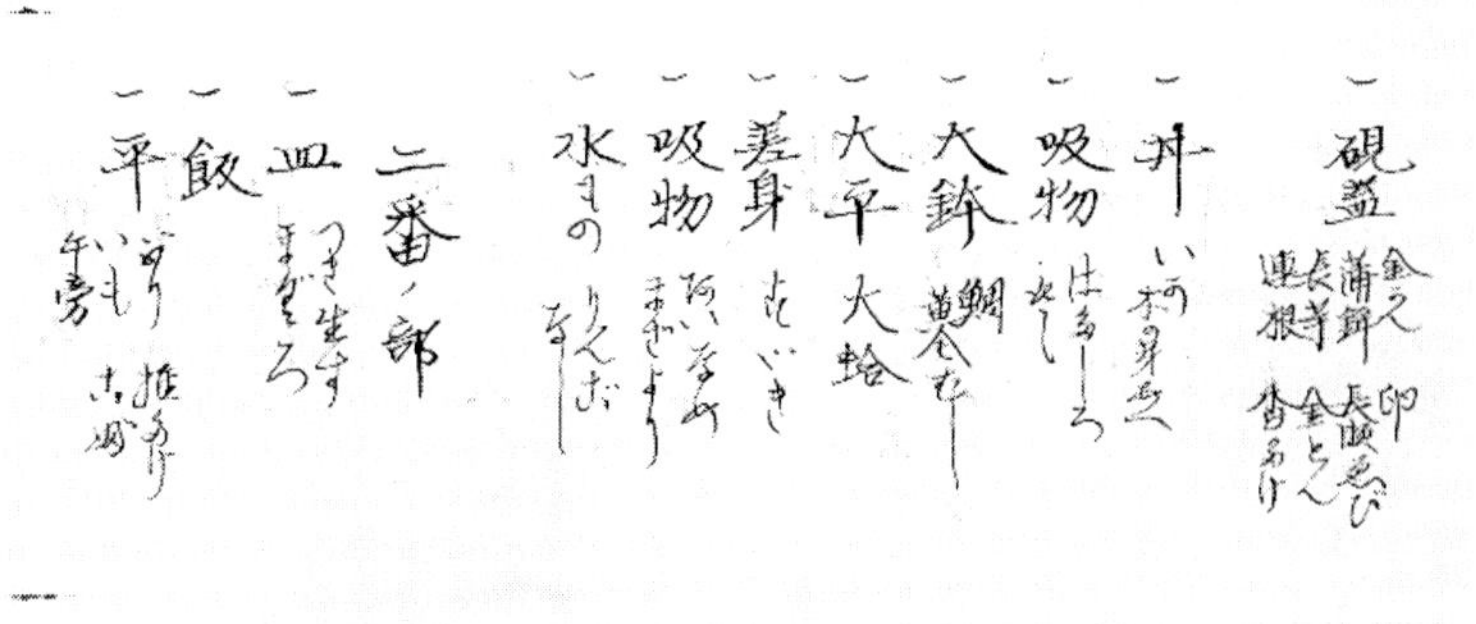
一 硯蓋
一 丼
一 吸物
一 大鉢 鯛
一 大平 大蛤
一 差身
一 吸物
一 水もの
二番ノ部
一 皿 まぐろ
一 飯
一 平 いも 牛蒡

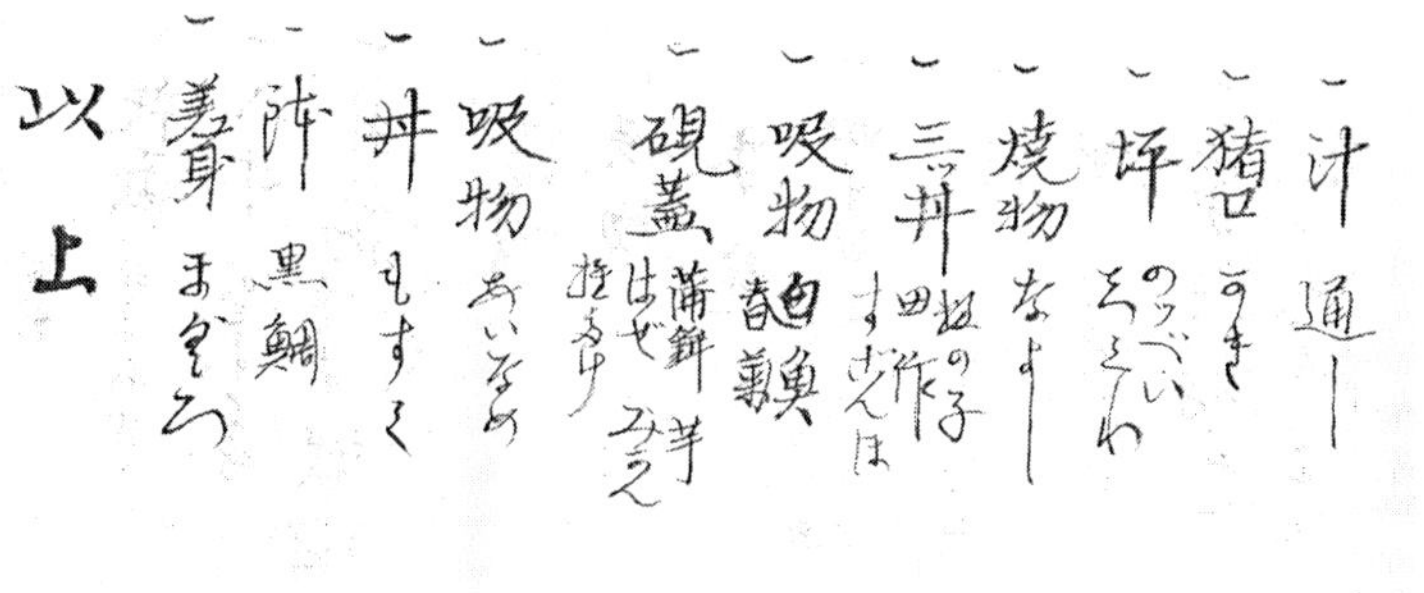
一 汁 通し
一 猪口
一 坪 のっぺい
一 焼物
一 三ノ丼 田作 数の子
一 吸物
一 硯蓋 蒲鉾 芋 はぜ みかん
一 吸物 あいなめ
一 丼 もずく
一 鉢 黒鯛
一 差身 まぐろ
以上

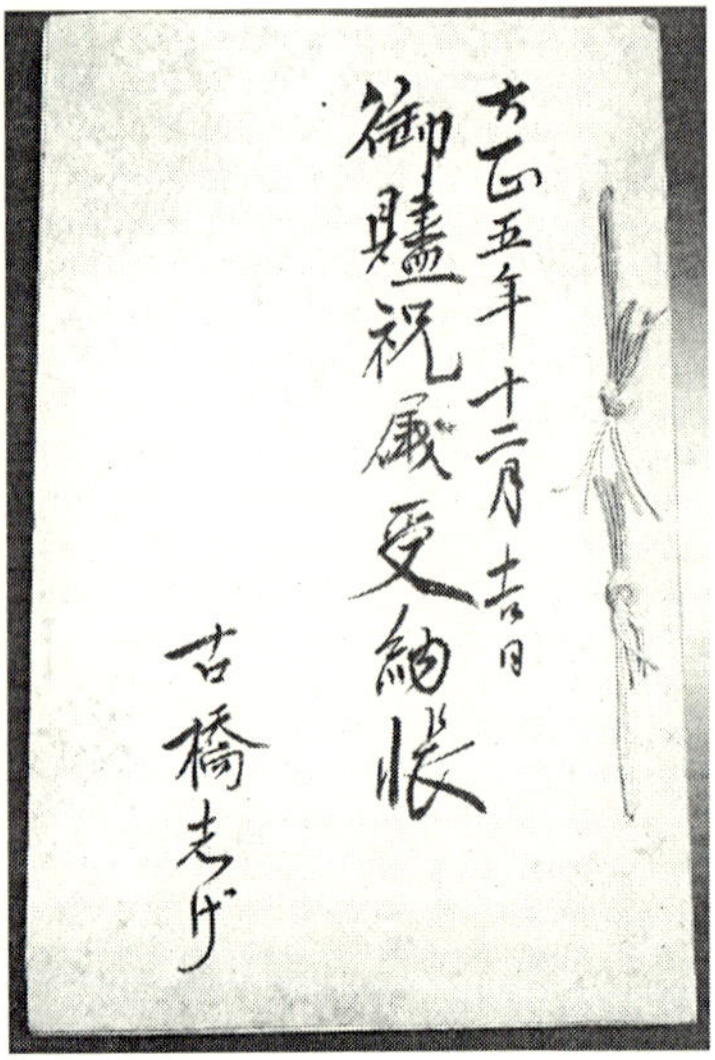

大正五年十二月吉日
御膳祝儀受納帳
古橋志げ

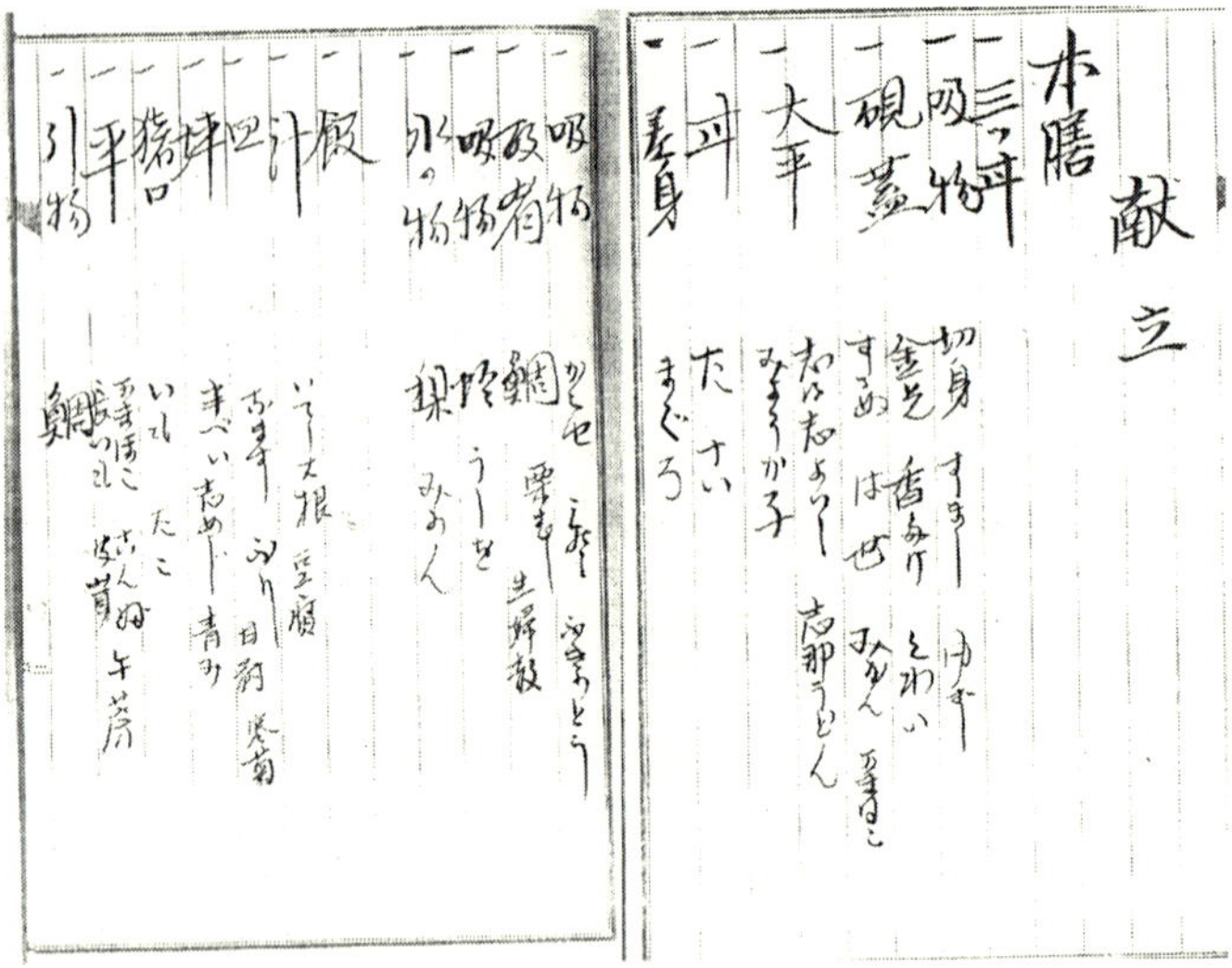

大正五年献立　一部

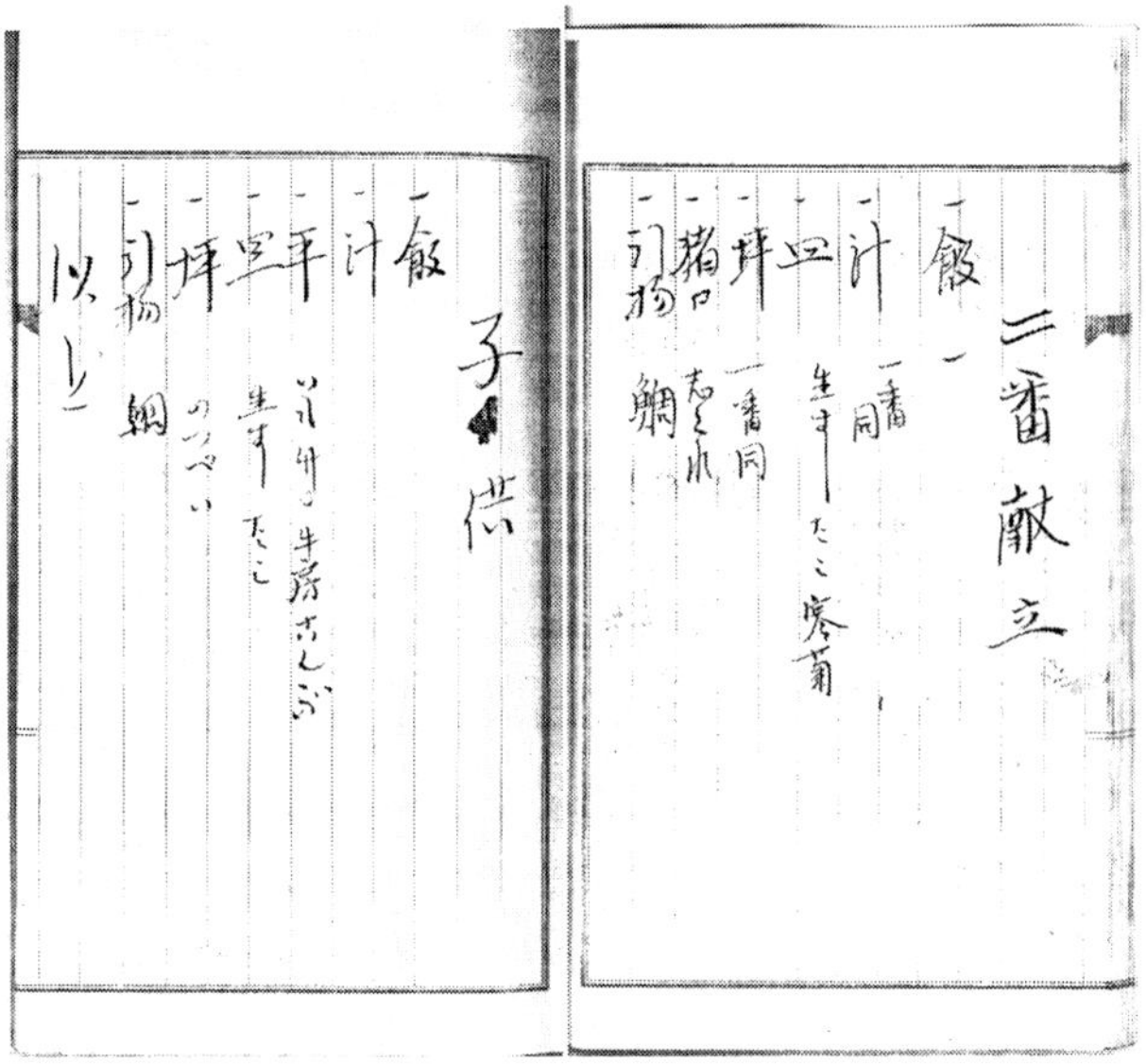

二番献立
一飯
一汁　一番同
一皿　生す　たこ　寒菊
一坪　一番同
一猪口
一引物　鯛

子供
一飯
一汁
一平　牛房
一皿　生す　たこ
一坪　のっぺい
一引物　鯛
以上

二　婚礼献立等の翻刻リストと翻刻

（一）翻刻リスト

史料番号	表題	和暦	西暦	頁	目録番号
史料一	婚禮料利献立帳　料理方	文化四年	一八〇七	七七―八八	一
史料二	婚禮献立帳	文政三年辰	一八二〇	八八―九二	七
史料三	婚禮料利献立帳　料理方	天保一五年辰	一八四四	九三―九九	一五
史料四	婚禮料利献立帳　料理方	弘化五年申	一八四八	一〇〇―一〇五	一九
史料五	津し祝盃料利献立帳　料理方	嘉永二年酉	一八四九	一〇五―一〇八	二三
史料六	津し祝盃記録	嘉永二年酉	一八四九	一〇九	二四
史料七	料利献立帳　料理方	嘉永五年子	一八五二	一〇九―一一四	二六
史料八	料理献立帳　料理方	安政三年辰	一八五六	一一五―一二〇	三〇
史料九	婚禮料理献立帳　料理方	安政四年丁巳	一八五七	一二〇―一二五	三三
史料一〇	新客献立帳　料理方用ひ分　古橋氏	安政五年	一八五八	一二五―一三四	四一
史料一一	前日廿一日献立　料理方	記載なし		一三四―一三九	三八
史料一二	いち披露料理献立帳	万延二年酉	一八六一	一三九―一四四	五二
史料一三	料理献立帳　古橋浦四郎	明治二年巳	一八六九	一四四―一五〇	五五
史料一四	古橋義眞婚礼日誌	壬申（明治五年）	一八七二	一五一―一五二	六〇
史料一五	古橋加乃門出献立役割控帳	明治三一年	一八九八	一五三―一五七	八五
史料一六	二女古橋志う門出献立役割控帳	明治三六年	一九〇三	一五八―一五九	九九
史料一七	御髗祝儀受納帳　古橋しげ	大正五年	一九一六	一五九―一六〇	一〇八
追加史料一	婚礼御客献立付座敷割帳	明治六年	一八七三	一六一―一六四	仮五〇
追加史料二	婚礼献立帳	明治四十三年	一九一〇	一六五―一六八	仮一三三

(二) 婚礼献立等の翻刻

史料一

婚禮　料理方
料利献立帳
文化四年
夘二月廿八日より
三月三日まで

二月廿八日　壱番　は印

本膳

鱠　せうか
大根
田作　汁　青菜
くしら
いてふ大根
焼かわ

坪　またか
かまぼこ
にんしん
かう茸
とふふ　飯

二膳

わさひ
にんじん　ゆ
海そうめん　かも
うと　さゝかき
差味　岩茸　二汁　牛房
九年母　せり
大こん
すゝき
いり酒
かうのもの

中酒

名よし
平　牛房
さといも
みそあへ
千代久　うと
組もの　またか
かまほこ

廿八日　本客　い印
三拾人

雑煮　焼とふふ
花かつを
青菜
牛房
餅
里いも
こんふ

吸もの　小貝

冷酒

本膳

鱠　せうか
大根
田作
あめ魚
霜わらひ
□豆

羹　青菜
つみ入
雁
いてう
大根
焼かわ

坪　めうと
椎茸
こもふ
にんじん
なまこ
つくいも

飯

二膳

差味　わさひ
すゝき　子付
名よし
岩茸
大根
にんじん
うと
九年母
いり酒

二汁　ゆ
名よし
こんふ

さゝい　貝焼

かうのもの　森口　一位の木かいしき

中酒

硯蓋

鉢　せうかす
あら

向詰　鯛

平　丸たまこ
はんへい
あんかけ

味噌あへ
千代久　うと
組もの　またか
そで板
吸もの　たい
うしほ
鉢もの　せうか
鱸
吸もの　うとめ
味噌
ふな
硯蓋
吸もの　岩たけ
白うを
大鉢　鯉　子付
うしほ
吸もの　ふき
まさより

硯蓋
吸もの
鉢　すし
川魚
吸もの　水せんしのり
はん平
大硯蓋
吸もの　味噌
水のもの
大鉢　浜焼鯛
後だん
吸物　味そ
こち
そば切
盛かた
吸もの

廿九日壱番　ろ印
弐拾五人

鱠　せうか
田作
大根
羹　青菜
鯨
いてう大根
焼かわ

坪　めうと
つとふ
かまほこ
にんしん
かう茸
まさより
飯

二膳　わさひ
すゝき
九年母
ゆ
鴨

差味　大こん
にんしん
岩茸
うと
いり酒
かうのもの
二汁　牛房
せり

中酒

平　名よし
牛房
さといも

千代久　みそあへ
うと

組もの　またか
かまほこ

吸もの　貝

鉢　せうかす
あら

吸もの　鯛

硯ふた

鉢

硯ふた

吸もの

丼

廿九日　弐番　ろ印
弐拾五人

本膳

膾　せうか
　　田作
　　大根
羹　青菜
　　いてう大根
　　焼かわ
坪　めうと
　　まさより
　　かまほこ
　　にんしん
　　かう茸
　　つとふ
飯
二膳
差味　名よし
　　うと
　　海そうめん
　　大こん
　　にんじん
　　岩茸
　　久年母
二汁　ゆ
　　かも
　　せり
　　牛房
中酒　いり酒
　　かうのもの
平　名よし
　　牛房
　　さといも

千代久　みそあへ
　　うと
組もの　またか
　　かまほこ
晦日　壱番　は印
　　弐拾人
　　わさひ
生盛　名よし
　　岩茸
　　大根
　　にんしん
　　うと
　　九年母
羹　青菜
　　鯨
　　いてう大根
　　焼かわ
（飯欠カ）
平　名よし
　　牛房
　　さといも
二汁　ゆ
　　かも
　　せり
　　さゝかき
　　牛房
かうのもの

千代久　みそあへ
うと
組もの　せいこ
かまほこ
晦日　弐番　子付　は印
弐拾五人
九年母
生盛　大根　飯（汁の位置逆カ）
にんしん
岩茸
すゝき
名よし　青菜
平　牛房　汁　いてう大根
さといも　焼かわ
かうのもの
ゆ
千代久　うと　二汁　せり
かも
組もの　せいこ　さゝかき牛房
かまほこ

晦日　三番　女中　ろ印
弐拾五人
本膳
せうか　青菜
鱠　田作　羹　鯨
大根　いてふ大根
焼かわ
かまほこ
まさより
坪　にんしん　飯
つとふ
かう茸
二膳
わさひ
久年母
うと　ゆ
名よし　かも
差味　大こん　二汁　せり
にんしん　牛房
海そうめん
岩茸
いり酒
かうのもの

中酒
　竹輪
平　牛房
　さといも
千代久　うと
組もの　またか
　かまほこ

三月朔日　部屋壱番　は印
　壱汁五菜
わさひ
うと
すゝき　青菜
鱠　にんしん　汁　いてう大根
大こん　焼かわ
岩茸　くしら
久年母

かう茸
かまほこ
坪　まさより　飯
にんしん
つとふ
かうのもの

　名よし
平　牛房　二汁
　　ゆ
　さといも　かも
　せり
　牛房
千代久　うと
組もの　せいこ
　かまほこ

朔日　部屋座鋪衆へ
　弐番　ろ印外
　六人
本膳
せうか　青菜
鱠　田作　羹　くしら
大根　いてう大根
焼かわ
めうと
つとふ
かまほこ
坪　またか　飯
にんしん
かう茸

二膳
わさひ
海そうめん
うと　ゆ
差味　にんしん　二汁　かも
すゝき　せり
大こん　牛房
岩茸
久年母
いり酒
貝焼　さゝい　かうのもの
中酒
名よし
平　牛房
さといも
千代久　うと
組もの　またか
かまほこ
朔日　部屋若衆へ

一汁五菜
壱番　は印
拾人
うと
岩茸　青菜
鱠　にんしん　汁　くしら
大こん　いてう大根
すゝき　やきかわ
かまほこ
かう茸
坪　まさより　飯
にんしん
つとふ
名よし　ゆ
平　牛房　二汁　牛房
さといも　かも
香もの　せり
千代久　うと
組もの　せいこ
かまほこ

朔日　部屋弐番　一汁五菜

鱠
すゝき
にんじん
大こん
うと
岩茸

汁
青菜
くしら
いてう大根
やきかわ

坪
かう茸
かまほこ
まさより
にんしん
つとふ

飯

平
名よし
牛房
さといも

二汁
ゆ
牛房
かも
せり

千代久
うと

組もの
せいこ
かまほこ

二日座敷　壱番　中津組
ろ印
拾人

本膳

鱠
せうか
田作
大根

羹
青菜
かん
いてう大根
焼かわ

坪
かまほこ
まさより
かう茸
皮牛蒡
にんしん
大こん

飯

二膳

差味
すゝき
岩茸
海そうめん
大こん
にんじん
久年母
うと
いり酒

二汁
ゆ
かも
せり
牛房

向詰　鯛
かうのもの　森口漬
中酒
平　牛房
さといも
千代久　うと
組もの　またか
そて板
二日同断　部屋衆え　一汁五菜
は印
拾六人
鱠　すゝき　汁　くしら
うと
牛房　いてう大根
にんしん　やきかわ
大こん
海そうめん
九年母

坪　かう茸
かまほこ
にんしん　飯
まさより
つとふ
平　名よし　二汁　ゆ　かも
牛房　せり
さといも　牛房
千代久　うと
組もの　せいこ
かまほこ
朔日座敷　弐番　若衆
ろ印
本膳
せうか　青菜
鱠　田作　羹　くしら
大こん　いてう大根
やきかわ

坪　つとふ
　　かまほこ
　　にんしん　　飯
　　かう茸
　　まさより
二膳
　わさひ
　久年母
　岩茸　　ゆ
差味　にんじん　二汁　牛房
　大こん　かも
　海そうめん　せり
　すゝき
　名よし
　いり酒
　かうのもの
中酒
　名よし
平　牛房
　さといも
千代久　うと

組もの　またか
　かまほこ
二日　下人　拾四人
　いり酒
　すゝき　青菜
　うと　くしら
鱠　大こん　汁　いてう大根
　にんしん　やきかわ
　岩茸
　にんしん
坪　かまほこ
　つとふ　飯
　かう茸
　まさより
　　ゆ
　名よし　かも
平　牛房　二汁　せり
　さといも　牛房
千代久　うと
組もの　せいこ
　かまほこ

三月三日
取持振舞
一　うんとん
一　茶めし
一　平　牛房
うと
いも
するめ
かまほこ
〆百五拾人前

史料二

婚禮
献立帳
文政三年
辰三月吉日

三月廿六日　い印　二拾四人

本膳
生酢　木くらけ　竹輪
小皿　角にんじん　羹　焼豆腐
名よし油身　小椎茸
つとふ
坪　まさより　飯
ふき

二ノ膳
にんしん　こせう
岩茸　名よし
指身　海そうめん　汁　かしこんぶ
名よし
かぶらほね
青みしま
大こん
いり酒
かうのもの　かい敷付
大根
向詰　鯛　△印付
かう茸
平　長いも
鯛　□印付
大白少し入ル
猪口　きんこ　きなこあへ
目覚し
組もの　すばしり　○印付
大板

吸物　こせう
大貝　う塩
酢牛房
取肴　たつくり
数の子
生酢
鉢　すくき
打せふが
しそ
吸もの　きす　すまし
とさか
丼　弐　いか
引肴　二
めざんせふ
吸物　あいなめ　すまし
水せんじ苔
鉢　鮒　めまき

大硯蓋
めふが
吸もの　川魚
はんぺい
うきふ
鉢　子持鯛　煮込たまり
実山椒
吸物　黒鯛　三本
大鉢　水のもの
廿七日　五ツ時　ろ印　弐拾七人
わさび
おこ
大こん　あさり
生盛　にんじん　羹　焼とうふ
名よし　いてふ
かふらほね　大根
海そうめん
青みしま

ふき
にんじん
坪　まさより　飯
ごわい
もみじふ
かうのもの
名よし　こせう
平　しまいも　二ノ汁　かしこんふ
かう茸　まなあじ
千代久　いか　木のめあへ
打うと
組もの　鯛　△印
吸物　こせう
大貝　う塩
硯ふた　弐　酢牛房
取肴　田作
数の子
鉢　生酢
名よし
打せうが

吸物　目さんせふ
黒鯛
薄雪
丼　からし酢
もずく
大硯ふた
すり生が
鉢　かれい　煮付
□印（ムシクイ）
実さんせふ
吸物　こたね
廿六日　は印　女中　拾壱人　部屋
本膳
二ノ汁　ろ印之通
平
猪口　いか
組もの　いな　ろ印

こせう
吸物　大貝
う塩
吸もの
硯ふた
鉢
に印　廿六日朝　拾五人
ろ印
は印　之通り
ほ印　廿七日
若衆　拾壱人
ぬ印　廿（ムシクイ）七日朝　拾弐人
ろ印之通り
名よし
鱠　大こん　ツキ　羹
にんじん　タンサク

こわゐ
坪　焼とうふ　飯
まざより　筒切
にんじん
かうのもの
名よし
平　しまいも
牛房
千代久　いか　木のめあへ
組もの　いな　⋈印付（ママ）
此分
廿六日
へ印　吸（吸ものカ）　拾八人
廿六日朝
と印　子供
拾四人
廿六日
ち　拾四人

廿七日
り　弐拾五人
吸物　二
さかな　五見合

史料三

婚禮
料利献立帳
天保十五年
辰三月十一日より
十二日まで　料理方

い印　三拾九人
ろ印　弐拾人
は印　四拾七人

三月十一日　壱番　廿弐人　は印
子供

皿　大根
さかな

汁　青み
あられ
とふふ

坪　里いも
人参
ふき
豆腐
さより

飯

平　わらひ
牛房
ふり

千代久　うと
いか

焼もの

同日　弐番　は印　弐拾弐人
右同断　大板
もすく

吸もの

吸もの　うしほ
小貝

硯蓋　きんひら牛房
焼いも
九年母
焼ふな
玉子
こふ茸
するめ

丼　からし酢
　　もすく

鉢　ねき
　　みしま
　　たこ
　　さかな
　　人参
　　大根
　　ちしや

同日　三番　ろ印　弐拾人
　　　　　　　　女中

皿　通し　　　汁　通し

坪　つしま麩
　　とふさゝけ　飯
　　きす

平　しまいも
　　牛房
　　ふき
　　ふり
　　まいたけ

千代久　みそ和ゑ
　　　　うと
　　　　いか

焼もの　さより
　　　　よめな

吸もの　小貝

吸もの　あられ　大板
　　　　もすく

硯蓋　弐番と通し

丼　もつく

鉢　弐番同断

鉢　名よし
　　長ひしき
　　まさこ
　　とふふ

丼

同日　四番　い印　拾三人

田作　板せん
大根
うと

生盛
さかな　汁　わかめ
但ちり免　あさり
岩茸
くり　嫁菜
人参

坪
角玉子
つしま麩　（飯欠カ）
ゑんと
とふささけ

香のもの　かい敷付
なら漬

中酒
二色玉子

硯蓋
からし磯まき
こましをせん
いも和へ栗
みしんかつをかけ
きんかん麩

臺重
山しょう溜附やき
いか
てんかく
松露

平
ひしき
わらひ
竹の子
さはら
長いも
ふき
あらめ

千代久
かんひよう
いか　あられ
梅肉和へ
ちようろき

組もの　鯛
こふし漬
小鳥
うり
こふ茸

茗かたけ
吸もの　大板
もすく
練こふし漬
鰤　小串
蛤形　葉附大根
肴入　まさこ
とふふ
吸もの　うしほ　小鯛
うす雪
鉢　すし
吸もの　身山椒
ふき小口切
みそ山しよう
吸もの　あいなめ
短冊うと
菊若葉

こんふそは
みりん酢つけ
うと
よせ牛房
き菊しそ巻
大硯蓋　漬鳥
かすつけわさひ
こはくくるみ
あめの魚
九年母
吸もの　浅草のり
ゐましそば
かれい
焙《ほう》六焼　いも
ゆりね
水のもの　なし
九年母
廿八番（日カ）　本客　い印　九人

焼とふふ
花かつを
青菜
雑煮　牛蒡
餅
里いも
こんふ
吸もの　小貝
冷酒
本膳
田作　極せん
大根
うと　つみ入
鱠　岩茸　汁　わらひ
嫁菜
人参
ひらめ
敷みそ
巻鯛
坪　焼ゆり　飯
木くらけせん

香のもの　かい敷付
なら漬
中酒
二色玉子
からし磯まき
こましをせん
硯蓋　栗いも和へ
みちんかつを
きんかん麩
さんしよう溜附やき
臺重　烏賊
うと
松たけ
竹の子
平　さはら
長いも
ふき
あらめ
雪輪麩

千代久　酢　いかあられ
梅肉和へ
ちようろき

組もの　鯛　糀漬
こい
裏白こふ茸

吸物　茗かたけ
あいなめ
岩茸

練こふし漬
鰤　小串
蛤形　葉附大根
肴入　まさことふふ

丼　三はい酢　青のり
あめの魚　しじれうと

吸もの　わさひ
うに
ふき小口切

鉢　すし

吸もの　ゑひ
松たけ

でんふ
ゆは
みりん酢つけ
うと
よせ牛房
貴菊しそまき
漬とり
かすつけ
わさひ
こはく胡桃
あめの魚
大硯蓋　九年母

みそ山しよう
吸もの　こち
たんざくうと
菊の若葉

水のもの　梨子

吸もの　浅草のり
　ゑましそは
焙ろく焼　鯛
　ぎんなん
　松露
後段
　みそ
吸もの　とちよふ
　打牛房
そは切
　くるみ
　のり
盛方　ねき
　ちんひ
　焼みそ
吸もの　あいなめ
　うす雪
吸もの　ひれ

鉢　名よし
　長ひしき
　ぎせいとふふ
丼　もすく
大平　ふす雪
　さかな
　まいたけ
十二日　壱番　い印　拾弐人
十一日　四番　同断
取持振舞
手塩　こま
　からし　〆七拾人
うんとん

史料四

婚禮　料利献立帳
弘化五年
申三月廿八日　料理方

は印　四拾四人
　外　見込
ろ印　拾七人
い印　三拾壱人
〆　九拾弐人

三月廿八日　壱番　廿壱人　は印
子供

皿　大根　汁　あられ
すすき　とふふ
里いも
人参
坪　ふき　飯
竹輪
豆腐

平
わらひ
牛房
名よし
千代久　うと
いか
焼もの
弐番　拾弐人　は印
内三人見込
右同断
吸もの　さより
みつは
きんひら牛房
焼いも
焼ふな
硯蓋　玉子
するめ
ちよろき
生姜
丼　からし酢　もすく

同日　三番　女中　拾七人
ろ印

皿　通し　汁　通し

坪
ふき
松たけ
竹輪
つる豆
人参

平
わらひ
牛房
名よし

千代久　いか
うと

焼もの

硯蓋　弐番通し

丼　もすく

鉢　すし

臺重
三はい
いか（ムシクイ）
浅草のり
色大角豆

鉢
人参
大根
みしま
さかな
ちしや

吸もの　さより
そは

吸もの　きんかん玉子
もつく

四番　拾五人　い印
人参
大根

皿　みしま　あさり
すゝき　汁　とふふ
をこ
うと
岩たけ

あんかけ　あさひ（ママ）
蘭製
鶏卵
坪　つる豆（飯欠カ）
茸かたけ
香のもの
中酒
からし
きぬた大根
玉子
硯蓋　いもあへ
くり
ゆべし
大板
梅肉和へ
うと
三はい
臺重　いか
のり
色大角豆

平　ふき
割干
いせ鯉
千代久　からしわへ（ママ）
竹の子
三はい
松たけ
焼もの　黒鯛
吸もの　さより
岩たけ
蛤形　葉附大根
まさことふふ
肴入　きみやき
あめの魚
丼　もすく
みよふかたけ
吸もの　あめの魚
もすく

人参
みしま　はと
鉢　さかな　吸もの　牛房
うと
ちしや
鉢　すし
山しよう
みそ　またか
吸もの　菊まめ
もせ牛房
ふな
大硯蓋　焼いも
するめ
ちよろき
目うと
吸もの　あられ
青ゆ
むきみ
大丼　つる豆
とふふ

五番　拾六人
い印
焼とふふ
花かつを
青菜
雑煮　牛房
餅
里いも
こんふ
吸もの　小貝
冷酒
鉢　田作
数の子
鉢　巻するめ

本膳
人参
大根
岩たけ
皿　みしま
おこ
すゝき
うと
あんかけ　わさび
蘭製
坪　鶏卵　あさり
つる豆　汁　とふふ
茗かたけ　（飯欠カ）
中酒　香のもの
硯蓋　いか
臺重　のり
色大角豆

からし和へ
千代久　竹の子
三はい
松たけ
平　ふき
割干
いせ鯉《こい》
焼もの　黒鯛
葉附大根
肴　まさことふふ
あめの魚
丼　もすく
吸もの　あめの魚
もすく
鉢　すし
吸もの　はと
牛房

鉢
人参
みしま
さかな
うと
ちしや

吸もの
みそ
またか
菊若め

大硯蓋

吸もの
あられ
青ゆ

鉢
雀やき
名よし

大平
みそ
むきみ
つる豆
とふふ

六番　拾壱人

一　壱番と通し

史料五

津し祝盃
料利献立帳
嘉永二年酉九月晦日　料理方

九月晦日　壱番　拾九人　ろ印
子供

皿
大根
さかな

汁
青み
冬瓜
焼とふふ
とりかい

坪
里いも
人参
こんにやく
竹輪

飯

平
牛房
こもとふふ
名よし

千代久　むきみ

焼もの
弐番　拾八人　ろ印
右同断
吸もの　竹輪
丼　津ゝいか
すつけ
なす
硯蓋
たこ
鉢　き菊
冬瓜
三番　拾四人　女中　ろ印
右同断
四番　本客　い印
拾五人

焼とふふ
花かつを
青菜
雑煮　牛房
もち
里いも
こんふ
吸もの　うしを
大貝
冷酒
本膳
大根
人参
鱠　みしま　汁　通し
木くらげ
名よし
あんかけ
坪　中華玉子　飯
しめし
茶きんくり

香のもの　かい敷附
なら漬

中酒

硯蓋
まさことふふ
名よし小串
つけやき
するめ

口取もの

平
角麩
漬わらひ
名よし

千代久
新するめ
梅にくあへ
ちよろき
梅肉あへ
きし

焼もの

吸もの
ゆすゝき
栗たけ

鉢
酢
たこ
き菊
冬瓜

臺重
うす雪玉子
松だけ（ママ）

吸もの
も魚
霜わらひ

丼
津ゝいか
青のり
すつけ
なす

鍋
わさび
さかな

鉢
大根
みしま

吸もの　さんしょ
みそ
こち
きく
鉢　塩やき
につけ
すゝき
生か
吸もの　揚つみ入
はつき
わさひ
水のもの　くすめん
焙六焼　黒鯛
ゆりね
松たけ
い印
本膳　他　二人
右同断

硯蓋
丼
口取もの
鉢　たこ
鉢　名よし
部屋　七人
右同断
酒肴前同断
五番　い印
四番と同断　拾五人

史料六

嘉永二年
津し祝盃記録
酉九月　　暉兒扣

九月　別紙客帳之通人数下調献立共いたし
源左衛門文治郎相　談し可然申之取極候　同十九日慶三郎
当村平左衛門殿頼同人岡崎売用を兼候ニ付同夜手前罷越注
文書相渡し談し候所　廿一日出立取極手前分凡金一両弐分
与頼置申候　廿八日源左衛門文治幸平手伝当年ハ信四郎佐
平太御祭禮当方ニ付不参　且津し病気ニ付当方ニ罷越差延
候哉難聞之處
廿七日病気全快不致候ハ駕籠ニ而参り盃而已之はず取極夜
ニ入自身平組喜三郎迄晦日祝盃之咄し致し同役中者源左衛
門殿　廿八日朝頼遣し其余他村ハ以使　同日遣候　さかな
　廿七日夜着利左衛門方罷越一見いたし置　廿八日朝取寄
掛鯛幸平かけ申候

（後余白十五枚）

史料七

料利献立帳
嘉永五年
子四月十一日ゟ　料理方

迎ひ弁当
角麩　　長いも　　鯛
一　ふき　　玉子　　酢漬
つる豆　壱　かんひよふ　壱
竹の子　　新ぶし　　うと
大豆角（ママ）
香のもの　かす漬　大根　みそつけ
茄子　山牛房
とふ
夏大根　みそつけ
牛房
一　たい

四月十一日　　壱番
皿　大根　汁　あられ
田作　　豆腐

牛房
平　新ふし　飯
さかな
同日　弐番
右同断
吸もの　うすゆき
きんかん
玉子
丼　すし
鉢　田作
鉢　数の子
同日　三番　本客
焼とうふ
花かつを　白賀
青菜　小皿　小附豆
雑煮　牛房
餅
里いも
こんふ
吸もの　小貝

冷酒
本膳
日出つる
鱠　大根　汁　つみ入
田作　竹の子
わさひ
坪　敷あん
沖石かまほこ　飯
ちよふな豆
二膳
青梅
しゝれうと
岩たけ　はなゆ
きうり　二の汁　小あめの魚
差味　ひらめ　しゅんさい
茗がたけ
へに生か
しそ
いり酒

香のもの

中酒

二色玉子　うらしろ
きぬた　こふたけ
いもあへ　かんてん

硯蓋
薯蕷　大板
みしんかつを　青ゆ
松露麩　玉子入出し
きみやき　ゆへし

臺重
大根おろし
あめの魚
てんふら

向詰
鯛

平
しめし
すゝき
松露麩
かいわりな
新牛房

千代久
三はい
茄子
きんこ

茶椀
たい
鶏卵《たまご》そふめん
若人参

吸もの
あめの魚
神馬草《じんばそう》

鉢
たて
のりすし
やたらすし
あめの魚すし

丼
白砂糖
防風《ぼふふふ》

丼
二はい
あめの魚
しんさい（ママ）

吸もの　も魚
　　　あかさ
　　　　きせいとふふ
　ひらめ　きくらけ
鉢　酒につけ　焼しよふか
　　　わさひ
吸もの　ゑましそは
　　　のり
　　　からしみそ
　　　あめの魚
鉢　　ちしや
　　　みしま
　　さんしよう
吸もの　みそ
　　こち
　　山牛房
　　たし玉子
焙六焼　あめの魚

吸もの　梅つみ入
水の物　くすめん
後段
　わさひ
　ちんひ
　くるみ
　みそ　そば
皿　ねき
　のり
　かつを
皿　くるみあへ　白みそ
　まいたけ　しゐたけ
汁　焼とうふ
　いも
坪　あんかけ
　まとふふ
　長いも
平　角麩
　こふ茸

昼の節酒は記渡候

茶漬

川揚

割ふし　煮梅

焼とふふ　煮豆

椎たけ　からしみそ和へ

皮牛房　わかめ

氷こんにやく

かくや

しその実

たです　さんしよ酢　二はいす

是はささいえ入候事

（ムシクイ）

すみそ

手塩　こま　あんかけ　ささかし牛房

からし　饂飩　玉子

いも

青菜

椎たけ

後段

手塩　飯しそ

菓子椀　玉子

竹の子

雨天川揚止付は昼酒

丼

丼

鉢

止

吸もの　みしんあられ

漬柚

蛤型肴入

吸もの

みそ

大平　こち

ゑんと

ふき

鉢　につけ　すゝき
硯蓋
同日　十三日　朝
さんしよ酢　あられ
皿　大根　汁　とふふ
あめの魚
坪　ほたん玉子（飯欠カ）
木くらけ
ひらめ
平　青菜
ふき
千代久　わさびみそあへ
天門冬
三はい
丼　葉附
わさひ
丼　木うり

鉢　たい
大平　こち　とふふ　つる豆
鉢　すゝき　さしみ　同につけ
大根
吸もの　よせ玉子
吸もの　も魚
岩たけ
こふたけ
ゆは
重詰　わらひ
あつ焼玉子　さかな
せんまい
こふたけ
同　割干　是は酢のもの漬分□
うと　料理失念止
同　こまつけ
梅
も魚

史料八

料理献立帳
安政三年辰年
四月廿四日　料理方

四月廿四日　壱番　拾八人
皿　大根　汁　あられ
　　田作　　　豆腐
　　ふき
平　こもとふふ　飯
　　はんへい
焼もの
同日　弐番　拾壱人
一右同断
吸もの　玉子
　　　　うと
すし
鉢　田作

鉢　数の子
同日　三番
右同断
吸もの　うと
　　　　玉子
吸もの　さかな
　　　　もすく
鉢　すし　竹の子
　　　　　あさり
丼　もすく
　　焼いも
　　玉子
　　きんひら牛房
硯蓋　するめ
　　かんてん
　　竹わ
　　菜

鉢　大根
みしま
さかな
ちしや
うと

大平　麩　海老
ゑんと　竹の子
芋

同日　四番　拾八人

右同断　玉子

吸もの　もすく

吸もの　さかな
うど

鉢　すし

丼　もすく

硯蓋　焼いも
玉子
きんひら牛房
するめ
かんてん
大板
菜

鉢　みしま
大根
うと
さかな
ちしや

大平　麩　海老　ゑんと
竹の子　芋

同日　五人　本客

焼豆腐　白賀
花かつを
青菜　小皿　子附豆

雑煮　牛房
もち
里いも
こんふ

吸もの　小貝

冷酒

取さかな　田作
数の子
巻するめ

本膳

鱠　大根　ふき小口切
田作　汁　竹の子
竹わ

坪　敷みそ　わさび
まざより
ゐんど　（飯欠カ）
木くらげ
香のもの

中酒

硯蓋
きせいとふふ　大板
裏白こふ茸　からし漬
いもにかへ　三つ葉
―くり―
漬鳥
玉すだれ
玉子
かんてん

丼
大根おろし　つけ焼
きんこ　いか
三ばい
ゐんど
松たけ

吸もの　海老
うど

平
松たけ
松露麸
さゝけ
せいご
新牛房

千代久　木瓜
　三はい
　茄子

焼もの

竹わ
しゐたけ
かんひよう

鉢直し　青板
するめ
玉子
竹の子

吸もの　まざより
しめし

玉子和
鯛

鉢　葉付大根
芋　焙六焼
くり

同　ほうぼふ
葉大根
新生か

臺重　てんふら　かます
牛房

吸もの　こくしやふ
菊芽
ほうぼふ

水のもの　かんてん
木瓜

後段　わさひ
ちんひ
くるみ　そば

盛方　みそ
ねき
のり
かつを

廿五日朝

手塩　香物

平　ふき　さかな
竹の子

同日　昼　玉子　きんかん麩
盛込　菜　ゑび
けし付焼　とふふ
二はい芋
皿　ます　吸もの　きんかん玉子
ちような豆
夕飯手塩　三はい　芋汁
蓮根
かしわ
細引玉子
人参
角麩
同廿六日朝
漬
皿　焼とり
白みそ
汁　焼とうふ
里いも
しいたけ

かゐわりな
平　さかな　（飯欠カ）
皮牛房
吸もの
盛込
廿四日五日
角麩
しゐたけ　香のもの
長いも
玉子
牛房
青板巻
菜
うくい　壱重
うしほ
すし　壱重

廿六日弁当
角麩　玉子
蓮根　皮牛房
豆腐　漬もの
桜海老

史料九

婚禮
料理献立帳
安政四丁巳年
六月五日
料理方

壱番　廿三人
一手塩
饂飩

弐番　拾四人
手塩　からし
こま

饂飩　玉子

吸もの　めふかたけ

小海老
わらひ
硯蓋　松露麩
焼とふふ
里いも
青菜

鉢　田作

鉢　から
すし

三番　拾七人

手塩　からし
こま

饂飩

吸物　玉子
めふか

丼　瓜もみ

硯蓋　小海老
わらひ
松露麩
焼とふふ
里いも
青菜

吸もの　短冊いか
青のり

鉢　玉子
のり
あさり

大平　白みそ
とふふ
金かん
生麸
小海老

丼　金糸麺

四番　拾九人

右同断

吸物　玉子
めふか

丼　瓜もみ

硯蓋　前同断

すし　前同断

吸もの　いか
　　　　青のり

鉢　茄子
　　白瓜
　　さかな
　　大根
　　みしま

大平　とふふ
　　　海老
　　　金かん
　　　生麩

丼　白糸麺

五番　本客

雑煮　こんふ
　　　花かつを
　　　里いも
　　　牛房
　　　焼豆腐
　　　青菜
　　　もち

手塩　白賀
　　　子附豆

吸物　小貝

冷酒

取さかな　田作
　　　　　数の子
　　　　　巻するめ

本膳

鱠　大根
　　田作

汁　青み
　　小海老
　　とふふ

坪　敷あん
　　中華玉子（飯欠カ）
　　唐大角豆
　　木くらげ

香のもの

中酒

硯蓋　玉すだれ
焼とり
玉子
松ろ麸
白萩しそ
かんてん
焼生か

丼　ニはい酢
さかな
茄子
三はい

吸物　大角豆
吹わけ玉子
めふか

平　松露麸
かいわり菜
あられ掛

千代久　きんこ
こまあへ
大角豆

焼もの　玉子
のり
かつを
あさり
海老

鉢

吸物　短冊いか
もとし
青のり

鉢　茄子

吸物　くす玉
かいわりな

丼　わしま素麵
桃

部屋　三人

右同断　酒肴　硯蓋
すし
素麵
供壱人

本客同断

六日朝

手塩

菓子椀

氷とふふ

椎たけ

大角豆

皿

大根

岩たけ

みしま

うり

いか

坪

敷みそ

たゝきひれ

たこ

菜

平

角麩

玉子

松たけ

吸物

のり　よせ玉子

寄こま　青菜

盛込

寄牛房　白はゆ

するめつけ焼

丼

二葉焼茄子

たこ

大平

金かん玉子

木くらけ

迎ひ手当

一　かんひよふ　かんてん

茄子　玉子

椎たけ　松露麩

わらひ　蓮根

焼とふふ　角麩

青菜

うす巻青板

一　香のもの

六日夜

玉子　鉢　水鯖

盛込

山芋　同　茄子

氷こんにゃく　うり

ちしや菜

手塩　瓜もみ　芋汁

平　玉子薄やき

　菜

七日朝

皿　蓮根　雪わ麩　花かつを

　茄子　椎たけ　汁　椎たけ

　みようかこ

弁当

　椎たけ　玉子

　氷こんにやく　かんひよう

重　氷とふふ　青板

　金かん生麩

　香のもの　大根

史料一〇

安政五年正月廿二日
新客献立帳
料理方
用ひ分　古橋氏

引渡し　三宝

一　三宝　のし

二　大三宝　盃　松につる

三　三宝　根引まつ

　養父柑子

　勝くり

　こんふ

利左衛門宅　御茶漬

　につけ

皿　名吉　小皿　青のもの

　うと

　すまし

菓子椀　白魚　めし

　浅くさのり

〆六人前　外に御供に皿　かなかしら　十人前
引渡し　　三宝　　根引松　御銚子　盃

献立

松竹梅　　　　　　　　高砂　　花かつを
い　小皿　しらかねき　　ろ　雑煮　もち
　　　　　こつきまめ　　　　　　牛房
　　　　　　　　　　　　　　　　焼とうふ
　　　　　　　　　　　　　　　　こんふ
　　　　　　　　　　　　　　　　青な
つる　　　うしほ　　　に
は　吸もの　　小貝　　　勝くり一掛
ほ　八寸　　　巻するめ

本膳
紋定　　　　　　　　つみ入
へ　鱠　田作　　　汁　　椎たけ
　　　　大こん　　　　　　真ふく
　　　　　　　　　　　　　大こん

坪
　　　うすくす　ありへい蓮根
　　　小鯛ひとり　　　　めし
　　　木くらけ

二之膳
　　　からくさ
と　指身　　名よし　　　木のめ
　　　　　　きんしゆは　汁　あゆあめ
　　　　　　めうと　　　　　霜わらひ
　　　　　　しそ
　　　　　　海そうめん
平
　　　　　　海老しんじよ
　　　　　　ゆば
　　　　　　青柚輪切
　　唐くさ
ち　猪口　　わさひみそ
　　　　　　　花いか

無青白南京　きし焼
向詰　小鯛　ふり小串
臺引　はこ板
かこ引　香たけ
海老
ありのみ
り　り
中酒　御銚子　盃台　盃　五ツ組
花月
取さかな　ぬ　三ツ丼　す牛房
田作
数の子
興
る　八寸　沖つ鯛
さかてめ
柚まん十
を　きく模様
てんふら
丼　白魚
玉子衣
おろし
たまり

わ　朱黒かけ　すまし
吸もの　あゆあめ
火とりみつから
梅のはな
客助松函　生か溜り付焼
か　蓋もの　海苔干白魚
くろ内朱　酒しほ
よ　吸物　満月魚
みようが
た
足付鶴　いせいた
硯蓋　しそ巻蓮こん
いもあへぐり
花くわい
海老船のり
れ　□□内くろ　八丁みそ
吸もの　かき
真ふく

そ　ほうおふ　ひらめ
鉢　自然生
ぎせいとうふ

つ　桑木地
吸もの　大貝

ね　唐子根引　すゝき
三噌亀　姿作り
大鉢　よりうと
かつら人参

な　竹　すまし
吸もの　しほり汁
身そは
浅くさのり

御□開大盃
ら　ごす
大鉢　湯鯛
醤油
わさひ

む　水もの　くすめん
氷さとう

御茶　初日の出
う　杉折櫃
御菓子　相生糖

〆十一人前　但し　吸物見合
二つ斗　沢山

嫁部屋　御茶
御菓子

引渡し三宝
蓬来
御銚子

盃　かはらけ
雑煮　前同断

吸もの　前同断

八寸　巻するめ

本膳
生酢　前同断　汁　前同断
がん
雪わふ
坪　竹輪
青板こんふ　（飯欠カ）
銀なん
二之膳
同前
指身　木うり　汁　名吉
はた白　こんふ
うど
岩たけ
海そうめん
平　すゝき　みそ
長いも　猪口　いか
わらひ　うと
右　十五人前　家来衆

廿三日　ひざ直し
朝　利左衛門宅
手汐　みそつけ
大こん
からし
平　あんかけ　めし
とうふ
丸玉子
〆十三人前
同番　昼
皿　みそつけ
ふり　めし
〆十三人前
ひさ直し　煎茶
みそ　大盆
○弐　吸もの　雁　菓子　相生糖
ふき

高臺古
ぜん　丼　たこ
臺重　たで
こもくすし
○壱　後　吸もの　すまし　江戸まめ
うと　ゆりね
硯蓋　かすてら
すわらび
よせこま
きぬた蓮こん
にしき玉子
すたてとうふ
さゝゐ
○　茶わんむし　かも　椎たけ
せり　いせ板
竹の子
丼　二盃す
よめな
生のり

○　焙六むし　かなかしら
海老
かまほこ
銀なん
松前こんふ
○み　吸もの　こふだし
すまし
くす玉
菊わかめ
大鉢
鯛めん　わさひ
ねき
のり
ゐ　鮎皿　向詰　二才　名吉
の　中酒　小花月　お　盃　富士
く　丼　めまき
ふな
や　丼　たこ

同前
吸もの　すまし
かなかしら
みつから
松二鶴
ま　硯蓋
さゝゐ
長いも
供壱面　二面
しゐたけ
竹わ
みかん
松露ふ
のりかや
酒しほ
吸もの　満月魚　前同断
みようか
高文
けふ　鉢　二面
につけ
ぼら
長いも
きせいとうふ
吸もの　うしほ
大貝

高文　青椀
大こん
こえ　三噌亀
人しん
ねぎ
みしま
生ぶり
しほり汁
すまし
吸もの　三そは　前同断
浅くさのり
菊水　□
てあ　水物
金かん
大こん
吸もの　うしほ
もづく
あられいた
○蓋もの　蛤むし
鉄砲みそ
真黒
まくろ
鉢
さし身
吸もの　青梅
のりもどし

水のもの　ありのみ
　　　　　久年母
そは切　　梅ほし
　　　　　くるみ
　　　　　ちんひ
　　　　　ねき
　　　　　のり
汁　　　　わさひ
あらみ　　焼みそ　〆十人
茶つけ　　香のもの
同日　家来衆
茶わんむし　見合
硯ふた　見合
丼　二ツ　見合
吸もの　もつく
　　　　あられいた
そは　前同断

茶つけ　香々　もり口
　　　　　　　からしつけ
〆九人
廿四日　三ツ目　朝めし
　　　　　　　　わらひもち
昼前
　　すまし
吸もの　黒鯛
　　　　陳馬草
　　　　木のめ
丼　敷みそ
　　いか
　　鯛
八寸　こぶすし
　　　ゆは付焼
　　　くずしいも
蓋もの　つけ焼　海老
　　　　うまに　松露

こふだし
すまし
吸もの　うに
めうと
わさひくき
大鉢　まくろさしみ
鉢　あゆなめ
うと
人しん輪切
丼　なまこ
蛤（蛤形肴入カ）
大平　ゆ
かまほこ
吸もの　ひれ
本せん
あられうと　八丁みそ
三盃す　天もんとう　白みそ　わり
皿　わ切金かん　汁　焼白うと
をご　わかめ
いか細作り　おほろ鯛

わさひ
坪　あんかけ　めし
包とうふ
平　こふのり
鯛
香のもの　す
猪口　かき
人しん
おろし
焼もの　すゝき
塩やき
〆十人前
家来衆
朝　香々　御茶つけ
にまめ
昼
すまし
吸もの　黒鯛

丼　からしす
　　むき身

鍋　とり
　　さゝかき
　　牛房
　　ねき

硯ふた　見合

吸もの　ひれ

本ぜん

皿　前同断　汁　前同断
　　見合
　　香のもの
　　わさひ
平　こまとうふ　めし
　　あんかけ

〆九人

史料一一

前日　廿一日　献立　料理方

壱番

鱠　田作　汁　大こん
　　大こん　　　あさり
　　雪輪ふ
　　竹輪
坪　青いた（飯欠カ）
　　人しん
　　ふき
　　ふり
平　牛蒡
　　わらひ
　　みそ
千代久　いか
　　うと
焼もの　いな

吸もの　うす雪
　　　　かなかしら
吸もの　小かい
硯ふた　焼ふな
　　　　すわらひ
　　　　のりかや
　　　　焼いも
　　　　みかん
　　　　竹輪
　　　　かんてん
丼　もすく
　　みそかめ
鉢　ねき
　　大こん
　　人しん
　　みしまのり
　　ふり
〆十九人前

二番　子供
本せん　前同断
酒さかななし
〆三拾四人前
三番　手傳衆
本せん　一ばん
　　　　前同断
酒さかな　同断
外に　かき
大平　ねぎ
　　　こふのり
丼　め巻
〆
四番
鱠　田作
　　大こん
汁　大根
　　つみ入
　　椎たけ

坪　木くらけ
嶋ふり
松風ぎんなん

（飯欠カ）

二ノ膳

みしまのり
名よし
白髪うど
さし身　岩たけ　二汁　かなかしら
木うり　こふのり
海そうめん
錦糸ゆば

またか
くりたけ　猪口　うと
平　わらひ　いか
きんかんふ
たんざくこんふ
香のもの

向詰　大いな

茶わんむし
雁
すゝき
うと
わらひ
椎たけ

丼　め巻
二ツ

硯ふた
二面
さゞゐ
竹輪
椎たけ
みかん
長いも
松露ふ
のりかや

吸もの
すまし
白うを
浅草のり

吸もの
みそ
なます
ふきのとふ

鉢　巻すし
にきりすし

吸物　からみ入
すまし
かき
もすく

味噌亀　ねぎ
をこ
ひたふり
大こん
人じん

吸もの　酒しほ
すゝき
うど

大鉢　せうゆ
むし鯛
はわさび

吸もの　みしま
大かい

〆三拾人前
五番　代所衆
鱠　前同断　汁　同断
坪　同断　めし
二ノ膳
すゞき
木うり　汁　同断
新せうか
海そうめん
うと
香のもの
指身
短尺こんふ
上　金かんふ　猪　同断
平　竹輪　（猪口カママ）
柴たけ
くわい
向詰　小鯛
羽子板　かまほこ
臺引　香たけ
嶋海老

白うを
丼　天ひら
玉子衣
大こんおろし

壱　すまし
吸もの　小鯛
ひとり
みつから
梅の花

大　同断
硯ふた　外　海苔干白うを　壱面
れんこん　しそ巻

二　八丁みそ
吸もの　かき
もずく
生ねぎ

にっけ
大鉢　黒鯛
まふく
ぎせいとうふ

三　からみ
すい物　すまし
満月魚
みよふかたけ

生ふり
味噌亀　人しん
大こん
ねき
をご

丼　す大こんおろし
なまこ

すまし
吸もの　みそは
浅草のり

かなかしら
ほうろくむし　大かい
せうろ
松まえこんふ
かまぼこ

中
大鉢　鯛
わさひ
せうゆ
吸もの　うしほ
大かい
水のもの　大こん
ありのみ
〆十七人前
外　壱人　膳部斗
吸物なし

史料一二

いち披露
料理献立帳
万延二年
酉二月十六日

雑煮　青菜
とうふ
こんふ
牛蒡
里いも
ろ印　七人
一　そは
丼　数の子
丼　田作
ひん（ママ）平牛房
硯蓋　のりかや
かんてん
焼いも
するめ
は印　十七人　女中

一　吸物　竹輪
せり
吸物　もすく
丼　二はい
田作　巻いも
丼　数の子
大根
人参
みそ亀　みしま
さかな
ねき
牛房
いも
大平　人参
竹わ
ふき

きん平
牛房
のりかや
いも
かんてん
するめ
硯蓋
に印　廿壱人
前同断
ほ印　六人　ろ印　同断
へ印　本客
茶漬　香の物
御茶　御菓子
へ印
三宝　のし
根引松
養父柑子
勝くり
こんふ
三宝　盃
しらかねき
小皿　こつきまめ

雑煮
　花かつを
　午房
　焼とふふ
　こんふ
　青な
　里いも

吸物　小貝

八寸　巻するめ

本膳

鱠　田作　汁
　大根

　敷みそ

坪　ま（カ）さより　（飯欠カ）
　大くり
　うと

　すゝき

平（ムシクイ）みの松たけ
　みつは

千代久　海老
　竹の子

中酒
取さかな　丼　田作
　丼　数の子

　二色玉子
八寸　よせ小豆
　松露田楽

吸物　防風
　小鯛

丼　防風
　玉子衣てんふら

　わさひ
鉢　さし身　すゝき
　みしま
　うと

吸物　焼こんふ
　きす

　あんかけ
大平　巻玉子
　霜わらひ

吸物　みそ
　も魚
　菊は
鉢　鯛
十七日　朝
皿　うくひ　汁　とふふ
　みそ漬
平（ムシクイ）（飯欠カ）
　昼（ムシクイ）
　みそ
　くるみ
　ねき
　ちんひ
　わさひ
盛方
　蕎麦
後段
手塩　三はい
　干割

　ゆは
菓子椀　椎たけ
　めうか
同夕
　海老
吸物　つくし
　いもあへ　きせゐ豆腐
　裏白こふたけ
硯蓋　松露麩
　大板
　しそ巻蓮根
　二はい酢のり
丼　山いも
　みそ
吸物　みしま
　あまたい
　うす巻かふ
鉢　うまに薯蕷　小口青のり

臺重
しゐたけ
するめ
玉子
青板
竹わ
氷とふふ

吸物　くす玉
もすく

片口（ムシクイ）　うしを
大貝

皿
白玉
おこ
うとめ
岩たけ
みしま

汁　すまし
糸さより
青のり

茶碗むし
麩
鯛
牛房
椎たけ
長いも
竹の子

十八日朝
白みそ
皿　田かく
いな
汁　小しゐたけ
いも
焼とふふ

干割
平　わらひ　（飯欠カ）
打牛房

丼　納豆

丼　うに

鉢　みそやき　塩やき
まくろ　名よし
ゆりね

迎ひ弁当
割干　せんまい
ふき　香の物
蓮根
竹わ
長いも

送り弁当
角麩
椎たけ
玉子
氷とふふ
青のりかけ　香の物
ひしき
いも

史料一三

巳明治二年
料理献立帳
巳二月廿二日　古橋浦四郎

二月廿日
浪合迄迎い
荷物受取
十左衛門遣し外人足　四人
先方　人足　七人之処へ
重詰酒肴
一香のもの　一重
くるみあへ
一せんまい　一重
一漬鳥　一重
ね漬さかな
一角玉子
いも　一重
焼とふふ
酒　壱斗入
弐樽

廿一日
根羽村
小川傳二郎様方迄
迎ひ弁当
一　いりとふふ
香のもの
あめの魚
折こみ玉子とじ
生ろ麩
前日
振舞
ホ印　廿三人
皿　田作
大こん
汁　かつを
あられ
いてふ
大こん
平　牛房
さかな
とふふ
青いた
ふき

焼もの
吸もの　竹わ
ねき
硯ふた　竹わ
いも
みかん
はせ
きん平牛房
やきとふふ
つけ鳥
大平　竹わ入
のつへい
丼　田作
数の子
す牛房
ト印　拾人
前同断

まし（ママすましカ）
吸もの　さかな
　　　　うと
　　　　さかな
鉢　　　牛房
　　　　うと
チ印　前と
皿　通し　汁　同
平　通し　（飯欠カ）
吸もの　竹わ
　　　　ねき
硯ふた　前　通し
丼もの
焼もの
当日　へ印　拾九人
皿　平　汁　（飯欠カ）前同断

焼もの
ヌ印　拾壱人
　　　右同断
吸もの　ねき
　　　　竹わ
硯ふた　前同断
丼もの
ニ印　拾四人
皿　平　前同断
焼もの
　　田作
丼　数の子
　　す牛房
吸物　ねき
　　　竹わ
硯ふた　前同断
大平　前同断

すゞき
鉢　角麩
うど
吸もの　せり
玉子
イ印
本客拾五人
三宝　長のし
同　さかづき
田作　根引松
同　養父孝子　勝くり
こんふ
小皿　しらかねき
子付豆
花かつを
もち
牛房
雑煮　焼豆腐
こんふ
青な

うしほ
吸物　小貝
八寸　巻するめ
つみ入
皿　田作　汁　焼とふふ
大こん　青み
ぼら
わらひ
平　いも　（飯欠カ）
こふ茸
めうか
焼物　名よし
田作
三ツ丼　数の子
す牛房
吸物　白魚
うど

硯ふた
つくはね
みかん
かまほこ
きんひら牛房
しそ巻蓮こん
かんてん
のりかや

鉢
生か
すゞき
角麸
うど

吸物
いか
せり

同
孟宗
人参汁

大平
かまほこ
松たけ
せり
きんかん玉子
うす雪

口印
五人
右同断

廿三日朝
香のもの　菜漬

ひざ直し

吸もの
名よし
しもわらひ

あめ魚　玉子焼
うと

盛込
ゆへし
こふたけ
漬鳥

片口
うしほ　大貝

吸物
松茸
あられ

そば　わさひ
ねき
のり
ちんひ
くるみ

後段
三はい
手塩　生椎たけ
同
□ふじ
猪口　天門冬
煮梅

ハ印
拾六人
外に壱人
右同断
但　落付引替
祝儀式除之
本膳并之分共
歌賃重引

村役人衆祝儀の節
別段膳出し
かちん引
外に
歌賃遣し方
村方は
宛之分村役人は
此方に而引候間除之外
大小見斗施り了候

武せつ
傳左衛門　又吉
坂本や　三十郎
若三郎　円蔵
新三郎　助ニ郎
友吉
御所貝津
冶兵衛　春城
半七
其外　右に

三省　クロタ藤屋　元左衛門
御寺　庄屋の伊左衛門　治七
桑原利八　周甫　喜平
令二　才二　清吉
中と弁之介

前日御客枡屋着夜分
挨拶来
御茶　御菓子
巻玉子
盛込　つけ鳥
いも
丼　からし漬
吸もの　あめの魚
うと
当日　一酒
廿三日　八ツ時枡や　出立相成
廿四日　夕此方より遣し

平　名よし　枡やに而
せり　ととろ致
漬鳥
いも
向詰　はせ玉子衣焼
みかん
角麩

史料一四

壬申九月廿六日始
古橋義眞婚礼日誌
九月廿六日晴　天散日

一嘉助発足管井守之助江玉あられ市川枡七トしつ連同宿
十月朔日晴
一嘉助帰宅相成間敷整候　始末ノ話源蔵訪ヲ彼是申之ニ付管井方罷越枡七殿供々請取ニ及明朝五平殿ヲ以内輪聞合ニ而翌二日五平殿聞入候之共源蔵先夜申（八□）込相整候旨被申ニ付直ニ半平殿方一同罷越同人仲人相頼源蔵付添杢右衛門殿罷越相整取極酒嘉助罷越酒さかな代一〆七拾五文整来ニ付別家之内暉皃披露いつみや江罷越其外親類入来之節披露及候平組も同人披露嘉助取極間氏江
丼　小鳥　丼　たこ　大平　のつ平
手塩　たらつけ　平　菜　さかな　椎茸
十月八日晴
一明年暉皃六拾壱才ニ付当冬受置為致度和市中津川江申遣管井うるか半平五平ほら弐尾両人江申遣候ハ当家十分至祝盃祥ニハ積善娵義も父兄養育　報して兄弟中支度相劣候いたし　自然源為筋当家繁栄基殊当地柄衣類入用之義無之旨云々手簡を以申遣左候て相談書所持手軽ニ相成申し候右体不相成候而者地券取調ニ使聞取大慶之事

一十一月十七日　首途岩村泊　附岩村迄迎人足拾弐人
御さし出被下度候事
供人江祝儀双方相互事
一十八日入込
一十九日当日祝盃之事
一同道人　間杢右衛門　間五平
一供三人　一嫁附女　壱人
一同道人　土産相互之事
右御申越之候廉々承知致候
一御家内衆御親類衆江土産為替之事
一召使祝儀何人　三治殿手代三人　下男弐人
酒蔵三人下女四人
〆拾三人
一廿日　同道人発足
一三ツ目皆子餅　但　御仲人ヨリ目録計り
取替候事
一荷物　長持　一棹
簞笥　弐棹
一駕籠　一挺
十一月十七日岩村迄承知致候
御家内　御人数
暉皃様　おいち殿　今四郎様

浦四郎様　おたい殿　常四郎様
右持参十二日帰宅
一結納頼遣し候所幸ひおとみとの名古屋明日発足と申す所
金五拾両遣し候所積不足伊八とのニ而三拾両取替相渡ニ
相之候
十月十九日
一信四郎新四郎嘉助佐平太文治郎乙八呼寄娵入諸事相談
同廿七日
一中津川円右衛門金段ニ来為序五平仕切書ニ至来結納引手
入用残金三拾九両弐分二朱渡し悉くは入用帳ニ有之
一報答十一月ニ相成候得ば可致筈之処源六郎出勤帰宅　相
待申処晦日帰宅　十一月二日源蔵別用ニ而来幸ひ事ニ付相
談答いたし目録渡ス同人申候は人足通し心得と申之ニ付相
談書ニ有之用意致し候旨申之置候四日帰宅幸使かつヨリ報
知無之間氏心配申来尤之義余り軽蔑ニも相当り候ニ付金六
八日遣し十日帰り人足通しに相成油久手小西氏同道ニも可
相成旨申越十九日談する所弁当箕作ニ而談所再度下村可然
被候相成岩村勘助泊下村善右衛門休金六頼置
十一月十三日
一献立出木さかな買ニ伊三郎頼翌十四日発足金拾六両弐分
相渡
十五日
一岩村徳二郎来障子紙継十六日表座敷切張台所勝手切張部
屋障子弐本ランハ新規張文二郎十五日ヨリ医者殿掃地
十六日
一三治郎へツイヒチリン補理佐五郎昼か坪の内掃地せい長
芋嶋芋皮剣部屋掃地手伝横道ふさ屋来佐平太組頭並鶴治郎
平猪有源之助柳原清之丞江日限申聞□郎泉屋ヨリ岩村料理
人并田良之子菊治江手伝申遣し
十七日
一文二郎せいいし伝三郎源三郎紋二郎料理酒取役岩村料理
人来佐五郎竹二郎手伝来岡崎角留ヨリ魚三荷駄賃壱両三分
二朱払中津川枡七来

史料一五

戊戌明治三十一年
三月十四日　献立
古橋加乃門出役割控帳

献立
本膳之部

一　皿　生盛　さしみ
　　　　　　岩たけ
　　　　　　みしまのり
　　　　　　おご
一　飯
一　平　はんぺい　みつは
　　　　うど
一　坪　さはらのあんかけ
　　　　竹の子
一　汁　大根　青み
　　　　焼豆腐

一猪口　たこ
　　　　うずかまぼこ
　　　　長いも
一組物　たい　竹のこ
　　　　香たけ
一焼物　ぼら
一三ツ丼　数の子
　　　　たつくり
　　　　す牛蒡
一吸物　白魚
　　　　春菊
一硯蓋　金かん　卵
　　　　蒲鉾　長瀬ゑび
　　　　長芋　金とん
　　　　蓮根　香たけ
一丼　いか木の芽あへ
一吸物　はたしろ
　　　　ミそし

一大鉢　　　　　鯛
　　　　　　　　黄金むし
一大平　　　　　大蛤
一差身　　　　　すゞき
一吸物　　　　　あいなめ
　　　　　　　　まざより
一水もの　　　　りんご
　　　　　　　　なし

二番ノ部

一皿　　　　　　つき生す
　　　　　　　　まぐろ
一飯
一平　　　　　　ぶり　　椎たけ
　　　　　　　　いも　　こぶ
　　　　　　　　牛蒡
一汁　　　　　　通し

一猪口　　　　　かき
一坪　　　　　　のつぺい
　　　　　　　　ちくわ
一焼物　　　　　なよし
　　　　　　　　数の子
一三ツ丼　　　　田作
　　　　　　　　すごんぼ
一吸物　　　　　白魚
　　　　　　　　春菊
一硯蓋　　　　　蒲鉾　芋
　　　　　　　　はぜ　みかん
　　　　　　　　椎たけ
一吸物　　　　　あいなめ
一丼　　　　　　もすく
一鉢　　　　　　黒鯛

一差身　まくろ
以上

婿打揚献立

一挨拶　両親
兄弟
親類
一祝盃　かはらげ
一八寸　巻するめ
一引出物　源六郎ヨリ　東久世伯爵
額面粟
つるヨリ
一貝吸物
一吸物

本膳

一皿　生盛　をご。あめの魚。
木くらげ。うど。
大根
一汁　焼豆腐　蒲鉾
青み
一坪　さはら
あんかけ
一猪口　きん子
きなこあへ
一平　大いも　よめな
木くらげ
一飯
一籠引　鯛惣丈凡一尺四五寸
さゞい　ゑび
竹の子　夏みかん

中酒

一吸物　まさより
ぼうふう
一丼　いかみそあへ
一硯蓋　漬鳥　蒲鉾
なし　しいたけ
一丼　あめの魚　すし

一吸物　ゑび
　　　　みそ
　　　　ふき
一鉢　　鯛切身むし
　　但鯛意外ニ大ナル為ナリ
一大平　大蛤
一差身　鯛
一吸物　すゞき
一水物　大根　但此ハ梨無之為代用
婿打揚御客
婿兄ノ子
柴田
柴田房吉様
古橋信三郎
古橋今四郎様
岡田伊三郎様
古橋おもと様
柴田かの様
外車夫二名

役割
一饗応係　古橋清與
　　　　　大池宏行
　　　　　今泉佐五郎
　　　　　三浦真鉄
　　　　　小木曽栄三郎
　　　　　小木曽知三郎
一受納係　岡田悦二郎
　　　　　古橋義真
一配膳係　大池宏行
　　　　　義舒
一兼　　　卓四郎
　給仕　　あさ
　　　　　たか
　　　　　りん
　　　　　ひろ
　　　　　じゆう
　　　　　準次
　　　　　覚太郎
　　　　　村四郎
　　　　　福三郎

一道具係　古橋長四郎
　　　　　まつ
　　　　　いせ
　　　　　みよ
　　　　　いち
一料理係　小木曽利左衛門
　　　　　柄沢鶴二郎
　　　　　青木周二郎
　　　　　古橋兵二郎
　　　　　小木曽久次
　　　　　岡田徳三郎
一料理運持　柴田岩吉
　　　　　安藤由吉
一茶番　よき
一嫁係　ぎん
　　　　　もど
一洗方　ぶん
　　　　　たけ
　　　　　しん
　　　　　しま

一勝手持　しな
一酒係　高松末吉
一火係　古橋弥四郎
一澄火係　古橋庄作
　　　　　安藤勇二郎
一夜具係　田口義一
　　　　　平融
一見廻　小木曽枡吉
一焼物係　古橋今金治
　　　　　はま
一飯焚　きよ
一下足係　中川利助
一献饌係　古橋義舒
　　　　　古橋卓四郎
以上

史料一六

明治三十六年十一月三十日
二女　古橋志う門出　献立　役割　控帳

婿打揚献立

一挨拶　両親
兄弟
親類
一祝盃　かはらけ
一八寸　巻するめ
一引出
一貝吸物

本膳

一皿　つき生酎
一平　牛蒡　わらび　長いも
椎たけ　地紙いた
一汁　あられ豆腐　青菜
銀杏大根

一坪　のっぺい　とうふ　こんにゃく
いも　牛蒡
竹わ
一猪口　ゑい　すのた
一飯
一引物　いな

中酒

一吸物　さかな
一三ツ丼
一硯蓋　串海老　みかん
但銘々手皿　鶇　かまほこ
長いも　椎たけ
金とん　かぶ
一吸物　しめじ　いた
一煮肴　ひらめ

一大平　蛤

一指身

一吸物　きかなみそ

一水物

子供

一飯

一汁

一皿

一平

一引物　いな

古橋家（裏表紙）

史料一七

大正五年十二月吉日
御贐祝儀受納帳
古橋しげ

（後ろに綴られている献立のみを抜粋）

献立

本膳

一　三ツ丼

一　吸物　切身　すまし　ゆず

一　硯蓋　金とん　香たけ　くわい
するめ　はぜ　みかん　かまほこ

一　大平　しなしよいた　志那うどん
みようかこ

一　丼　たこ

一　差身　まぐろ

一　吸物　かこせ　みそ　ふきのとう

一　取肴　鯛　栗むし　生婦ふ

一　吸物　蛤　うしを

一　水の物　梨　みかん

一　飯

一　汁　いてう大根　豆腐

一　皿　なます　ふり　目附　寒菊

一　坪　半へい　しめじ　青み

一　猪口　いも　たこ

一　平　かまほこ　こんふ　牛蒡
　　長いも　皮茸

一　引物　鯛

二番献立

一　飯　一

一　汁　一番
　同

一　皿　生すし　たこ　寒菊

一　坪　一番同

一　猪口　しくれ

一　引物　鯛

子供

一　飯

一　汁

一　平　いも　竹わ　牛蒡　こんふ

一　皿　生す　たこ

一　坪　のつぺい

一　引物　鯛

以上

追加史料一（一部）

明治六年十一月吉日
献立附
婚禮御客座敷割帳
古橋源六郎　義眞

（一）

皿　田作　汁　いてふ
大こん　焼とうふ
青み

坪　なま麸　めし
竹輪

平　牛房　千代久　むきみ
わらひ
ぶり

焼物

酒

吸物　うすやき
かなかしら

同　小貝
竹わ
はぜ

硯蓋　かんてん
みかん
焼とふふ
いも
牛房

丼　くるみ和へ
人参

鉢　すし

（二）

皿　田作　汁
大根

坪　麸　めし
竹わ
青板
人参
ふき

平　ぶり　　　千代久　むきみ
牛房
わらひ
鉢もの　いな
酒
吸物　うすゆき
かなかしら
同　うしほ
小貝
竹わ
はぜ
硯蓋　かんてん
みかん
いも
焼とふふ
牛房

丼　もずく
鉢　すし
(三)
膳部　酒さかな
前同断
御供
酒さかな　なし
(四)
青み
皿　田作　　汁　つみ入
大根　　椎茸
しきみそ
坪　かき　（飯欠カ）
せり
木くらけ
二ノ膳

皿
さかな
きんかん
岩たけ
大こん
をこ
人参
紅かふら

汁
はたしお
霜わらひ

平
煮つけ
ぶり
いも
こふたけ
角麩
ふき

千代久
三はい
いか
連こん

向詰
名よし

台引
羽子板
九年母
寄牛房
白萩しそ
海老

中酒

吸物
ひとりみつから
白魚

硯蓋
松ろ麩
かまほこ
いも
のりかや
はせ
ゆりあへ物
寒天寄もの

吸物
こくしょう
うど
こち

丼
さくら煮
たこ

鉢　につけ
　黒鯛
　いかだ牛房
　生が

吸物　青菜
　とり

茶碗むし　とり
　牛房
　ゆりね
　木くらげ
　くり

大平　あられ板
　せり
　花人参

吸物　うしお
　大貝

同　もすく
　いか

(五)
献立
　前同断

外　みそかめ

鉢　さかな
　みしま
　大こん
　をこ

水のもの
鉢　なし
　九年母

以下略

追加史料二（一部）

明治四十三年十二月四日
婚禮献立帳　古橋道紀

壱番　子供　四十八人
皿　たこ
　なます
汁
坪　ちくわ
　芋
　とうふ
　しひたけ
　こんにゃく
平　魚切目
　芋
　牛房
　昆布
　わらび
焼物　いな

以上

二番　男　卓四郎組　二十三人
皿　生盛　なます
　岩たけ
　みる
　金柑
　小さしみ
汁　みそ
坪　色付餅
　かんぴょう
　青味
飯
平　江戸芋
　牛房
　しひたけ
　わらび
　ぶり
　豆腐
　昆布
千代久　しじれ

引物　名よし
中　酒
三ツ丼
吸物　具
硯蓋　みかん
長芋
小串
香たけ
蒲鉾
きんかん
青海苔
牛房
鉢　ぼら
角麩
生賀
皿　さしみ
ぶり
吸物　みそ

鉢　酢章魚
鉢　水物
以上
三番　婦人　二十一人
二番ト　同ジ
四番　婦人　九人
五番　仝　十一人　下女四
九番と同ジ
六番　本膳　十九人
五月　午後三時
かきなます　みそツミ入
皿　田作　汁　大根
青味
焼とうふ
むきみ
海老
坪　しひたけ　飯
新菊
中　置　香ノ物

二ノ膳

皿
いり酒
うど
岩たけ
みる
葉付金柑
小さしみ
長芋

平　香たけ　千代久　さざゐ
さはら

籠盛　鯛
大椎茸
鴨
りんご
うど

御茶
御菓子　（箱入）

中酒

三ツ丼
す牛蒡
数の子
田作

吸物
貝

鉢
煮さかな
切付魚
はり生賀

硯富多
岩石くるみ
かまぼこ
うど
花海老
香茸

大平
薄くづ
鴨
岩のり

鉢
干葉むし
鯛
丁ろぎ

みそ

吸物　おこぜ

　ふきがら

　ぬか粉

塩やき

大皿　さはら

　鶯かぶら

うま煮

大丼　めじろ

　きくらげ

　百合

さしみ

大皿　大根

　三葉からし

　平め　わさび

うしほ

吸物　かき

丼　水物

以上

以下略

第三章　古橋家婚礼史料に関する研究・調査

一　翻刻・解説　古橋家の婚礼献立

―天保六年未二月十一日～同月十三日―

増田　真祐美

史料の紹介

婚礼は、人生儀礼の中の一つである。人と人とを結ぶ婚礼は、家と家を結ぶものとして重要視されてきた。婚礼に関する史料の多くは、受納帳、入用帳、祝儀帳、目録といったものが多い。婚礼は当事者に村中への披露と挨拶に落ち度があった場合、他所からきた嫁または婿は、村内での位置が不安定になるといった「一大事」でもある。そのため、祝儀には、家の前例や家の格式をふまえた上で行わなければならないものであった。記録として残すことにより、村内での家に対する役割や格式を果たすことができる。そのために書き留められ代々残されており、多くの所在がみとめられるものではないかと推察できる。

古橋家

古橋家については、『古橋家の歴史』『古橋三翁の生涯』（古橋茂人著）『豪農古橋家の研究』（芳賀登編）に詳しい。(1)(2)(3)それによると、三河国古橋家は、現愛知県豊田市稲武町稲橋に所在する。長野県と岐阜県の県境に位置し、山林に囲まれた地域である。近世においては、稲橋村は名倉川の東岸に位置し西岸の武節村と町並みが続いていた。周辺は山に囲まれ、田畑は少なく、気候は冷涼で降雪も多いため、農業生産力は高くなかった。生産物としては、米、麦、粟、稗、大豆、芋類、煙草等である。稲橋村は、三河の岡崎から足助・明川・武節をへて、信州の根羽・浪合・駒場を通り、飯田にいたる飯田街道（中馬街道）の通過地であり、また根羽から分岐し豊橋にいたる街道や足助から分岐し、名古屋にいたる街道とも連なっている。そのため武節村に準じて宿場的性格をもち、早くから交通や商品の流通の影響を受け、駄賃稼ぎなどの街道からの収益は、農民の生活にとってなくてはならなかった。(4)

古橋家は、江戸時代豪農として名主役をつとめながら植林事業、製茶、養蚕など家の殖産経営に尽力した。とりわけ六代源六郎暉皃は、家政改革をすすめ、天保の飢饉では人々に米を分け与え村を飢えから救い、備荒のため、天保一四年（一八四三）に籾四三俵を出して各家に備荒貯穀を勧誘した。また暉皃は林業に目を向け、林業を発展させれば山の村が栄えると考え村人に木を植えるように指導した。暉皃の計画では家ごとに毎年百本の木を植え、それを百年続ける百年計画植樹法を行い、これに必要な資金や食料などを古橋家から出した。この計画は暉皃とその子義真によって指導、実践され、今もなお古橋会として林業が行われている。(5)また、暉皃は平田門国学を学び、尊王攘夷を主張し草莽尊攘派との交流もあった。新しい世の中には教育が大切であると考え、学校をつくる許可を額田県（現愛知県）に提出し、明月清風校を設立した。

また、古橋家文書については、昭和三五年（一九六〇）に芳賀登氏、木槻哲夫氏両氏が古橋家を訪れた翌年から文書の整理が行われている。以来古橋家についての研究が進められ、それは今もなお続けられている。暉皃の日記に関しては高木俊輔氏の研究に詳しく、江戸後期から明治までの暉皃の活躍がうかがえる。(6)

古橋家の献立は文化四年（一八〇七）～大正五年（一九一六）まで存在しており、計二十種存在する。婚礼の種類としては当主の婚礼だけではなく、娘や当主後見人の婚礼献立が存在する。

また、い印、ろ印、二番、三番といった、献立のちがいを記号で分類するもの、本客、女中、子ども、手伝い衆など階層別に分類するものが見られた。文書は、墨書き、縦書きで冊子（袋綴）になっているものが多く、万延二年（一八六一）の献立帳から帳面型（半紙・半）になり明治後期からは役割帳や受納帳の中に献立が一緒にかかれているものがある。また料理方や道具方といったように役割ごとに献立帳が存在し、各役割に筆写して同じものを渡していたことがうかがえた。

この中から、今回は、六代目源六郎当主暉皃と久迹との婚礼の献立帳を翻刻し史料として紹介する。

婚礼献立は、天保六年（一八三五）二月十一日より十三日までの三日間が記載されている。一日目一番から六番までの献立が出されており、ほ印、は印、い印に分かれており、六番が、い印本客として一番豪華な献立である。酒の儀礼として、武家の儀礼形式の名残でもある雑煮から始まり、二つの酒肴の後に、本膳が供され、中酒と酒肴が出されている。酒肴は十七種ある。そのあと、後段として、そばが供されている。そばの薬味は、くるみ、ちんひ、みそ、ねぎ、のりであった。そのあとに酒肴が七種供されている。最後の日は、若者や人足などの献立になっている。

献立の特徴

古橋家の江戸期の婚礼献立の形態の特徴としては、式三献と呼ばれる酒の儀礼に始まり、食事である本膳料理、酒肴と供される形態が多い。

婚礼における酒の儀礼は、古くは一献、二献、三献といわゆる式三献の形態で酒肴が供されていた。古橋家では明治二年（一八六九）までは、吸物、雑煮の形が定着しているが、明治三一年（一八九八）からは、吸物は継承しているものの雑煮の記載が見られなくなる。その代わりに引物や引出の記載がみられるようになり、双方の引物の紹介がされている形態へと変化している。

古橋家（明治三二）の史料には新郎と新婦の名前の下に品名が記されており、双方からの引物として披露されている。雑煮の材料は、餅、焼豆腐、花かつお、青菜、牛蒡、昆布、里芋が使用されており、安政四年（一八五七）までは、同様の材料が使用されている。その後何品かが欠けているものもあるが、ほとんど同じ材料が使用されており、雑煮の具として定着していたことがうかがえる。雑煮と同様に貝の吸物の記載が多くみられた。

本膳料理は、本膳または二の膳つきのものが多くみられた。一汁三菜から二汁七菜などで供されている。万延二年（一八六一）までは、一の汁と二の汁が供されているが、その後は一汁三菜または四菜が定着している。本膳では、文政三年～弘化五年（一八二〇～一八四八）までは飯、汁、鱠または生盛、坪の形態が多く、嘉永二年（一八四九）からは生盛ではなく皿と記載されるようになり、坪の位置も坪のみではなく、平が供される事例もでてくる。その後に、中酒、酒肴へと続くが、酒肴は七種から一八種までと献立によって様々であった。江戸期には酒肴の記載のばらつきがみられたが、明治から大正期には酒肴の定着がみられる。酒肴としては、吸物、丼、鉢、硯蓋の記載が多くみられた。吸物と鉢は必ず供されていたため、欠かせない酒肴であったことがうかがえる。

婚礼に使われた食材

山間部でありながら、多種の魚介類を婚礼料理の材料として、大量に使用している。特に海産物を使用していることが多い。どの婚礼にも毎回使用されているものは、鯛、すずき、名吉、海老、あめの魚、田作りであった。それに次いで多かったものは、いか、小貝、巻するめ、つみ入であった。田作りは、鱠に使用されることが多く、あめの魚は、酒宴に供され、すし、吸物、酢のものに使われている。同家所蔵の他の史料によれば、料理人が岡崎に魚を注文していることが記載されているものもある。また、百十人前と記載されているものもあり、大量でしかも婚礼の席のために傷をつけずに運ぶことは容易ではないことだが、山間部までの流通路が確立されていたこともうかがえる。また豪農の婚礼には両家はもとより親類縁者にわたって重要なコミュニケーションの場であったため盛大な披露が行われていた。そのため人手や費用をかけてまでも、海岸部から山間部まで輸送したといえよう。

今回取り上げた史料は、六代当主暉皃の婚礼であったが、他の史料では、当主以外の献立も残されており、当主以上の饗宴を行っているものもある。また。婚礼ばかりではなく、葬儀や年忌、恵比寿講などの献立も存在する。婚礼だけではなく、他の史料をもとに、料理形態について今後は検討していきたい。

今回史料の掲載を許可していただきました古橋茂人・千嘉子御夫妻に心から感謝申し上げます。

引用・参考文献

（1）古橋茂人　『古橋家の歴史』　古橋会　一九七七年
（2）古橋茂人　『古橋三翁の生涯』　古橋会　一九七三年
（3）芳賀登　『豪農古橋家の研究』雄山閣　一九七九年

（4）稲武町教育委員会『稲武町史』通史編　稲武町　二〇〇〇

（5）古橋茂人・北原宣幸『新古橋林業誌』古橋会　二〇〇三

（6）高木俊輔「幕末維新期豪農日記の研究―三河国設楽郡稲橋村古橋家日記の場合―」『立正大学紀要』二〇〇八

・熊倉功夫「献立構造論」『献立学』建帛社　一九九七

・江後迪子・高正晴子「古典資料について―島津家の婚礼規式と饗膳―」『日本家政学会誌』五〇　一九九九

・江原絢子「益田郡中呂の大前家の儀礼食」『山の民の民俗と文化』一九九一

・秋山照子「香川県域・明治期から昭和期の婚礼における饗応の形態」『日本家政学会誌』四七　一九九六

・増田真祐美・江原絢子「婚礼献立にみる山間地域の食事形態の変遷―江戸期から大正期の家文書の分析を通して―」『日本調理科学会誌』三八―四　二〇〇五

『会誌 食文化研究』四号（二〇〇八）を加筆・修正した

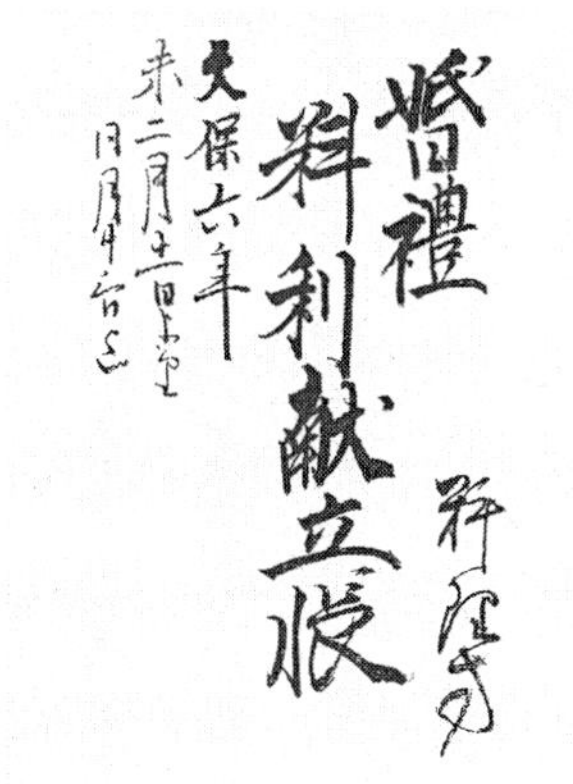

「婚禮　料利献立帳　料理方
天保六年未二月十一日より
同月十三日迄」

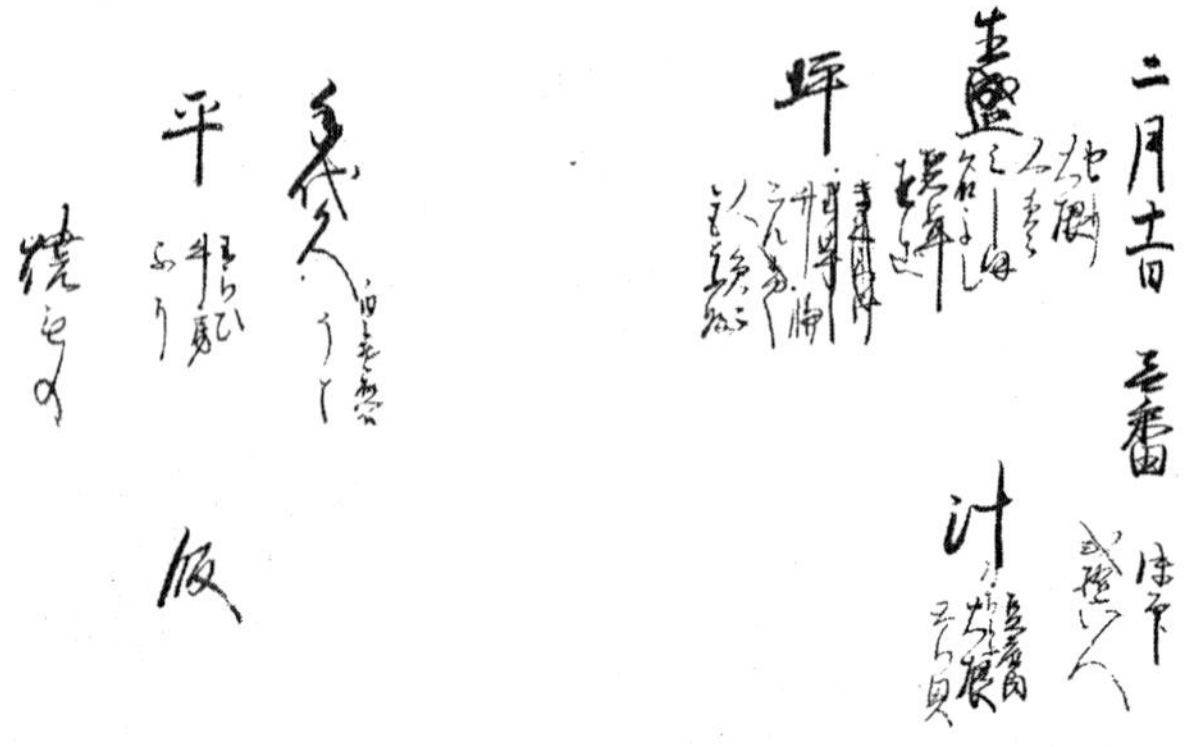

二月十一日　壱番　ほ印

弐拾六人

せり

大根　豆腐

人参　ゐちよふ

生盛　みしま　汁　大根

名よし　とり貝

岩茸

をご

坪　竹輪

こんにゃく

人参

こもとふふ

千代久　白みそあへ合

うと

わらひ

平　牛房

ふり

飯

焼きもの

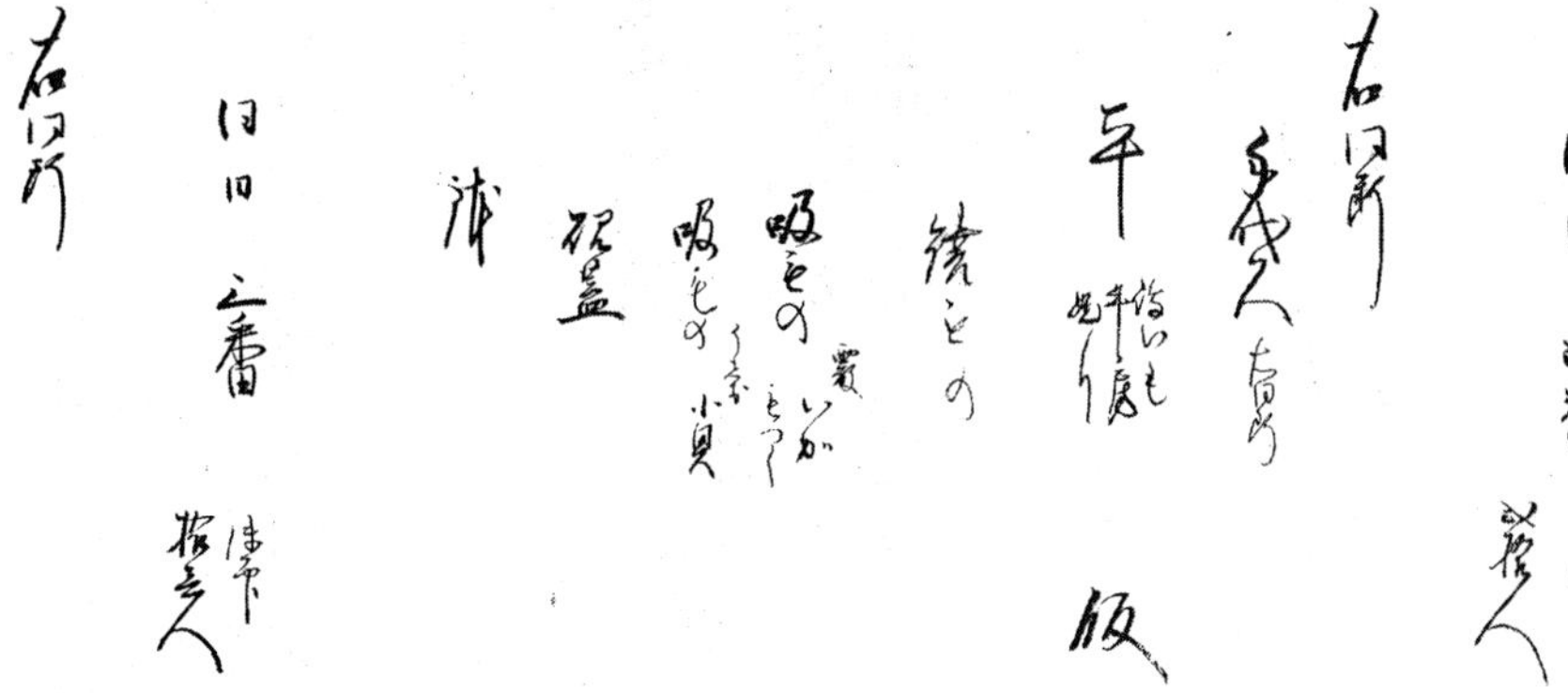

同日　弐番　に印
　弐拾人
右同断
千代久　右同断
　嶋いも
平　牛房　飯
　ふり
焼もの
　霰
吸もの　いか
　もつく
吸もの　うしお
　小貝
硯蓋
鉢
同日　三番　ほ印
　弐拾人
右同断

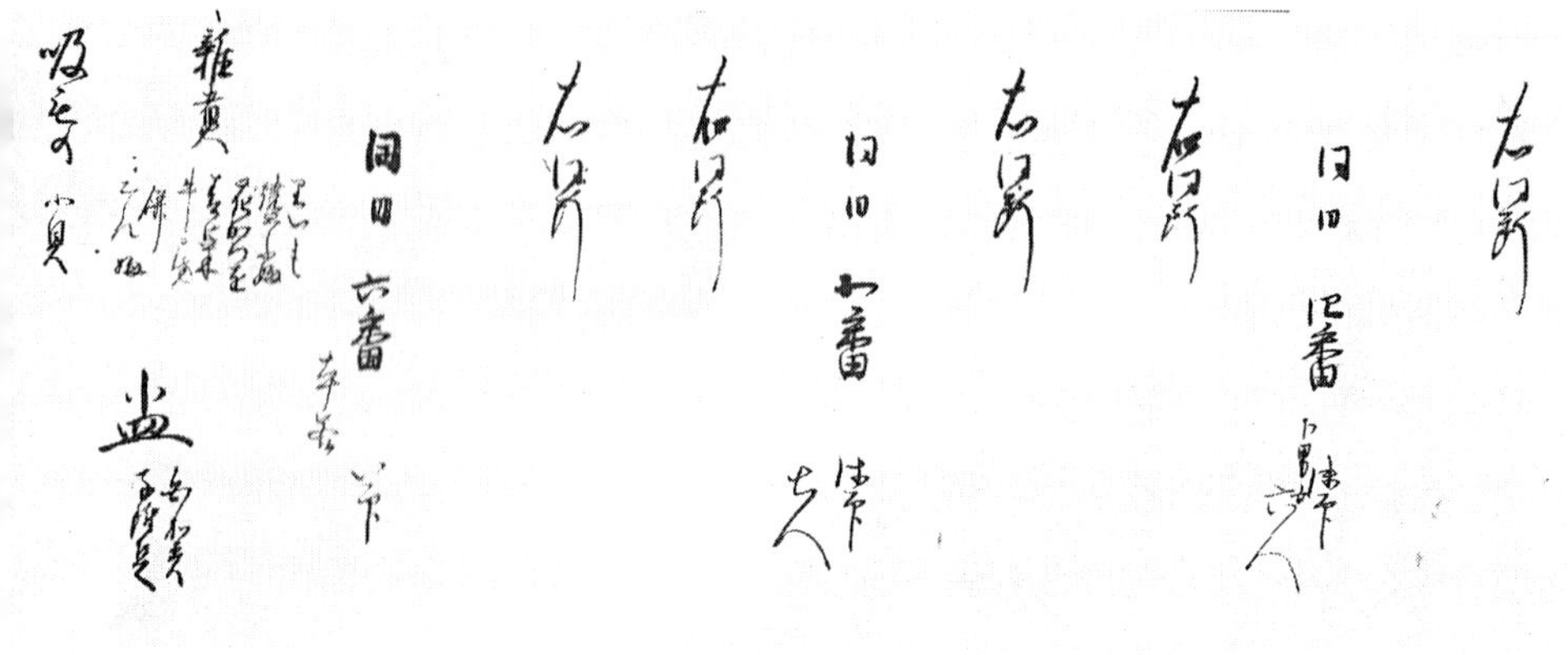

右同断
同日　四番　ほ印
下男女六人
右同断
右同断
同日　五番　は印
七人
右同断
右同断
同日　六番　い印
本客
里いも
焼とうふ　白賀
花かつを　小皿　子附豆
雑煮　青菜
牛房
餅
こんふ
吸もの　小貝

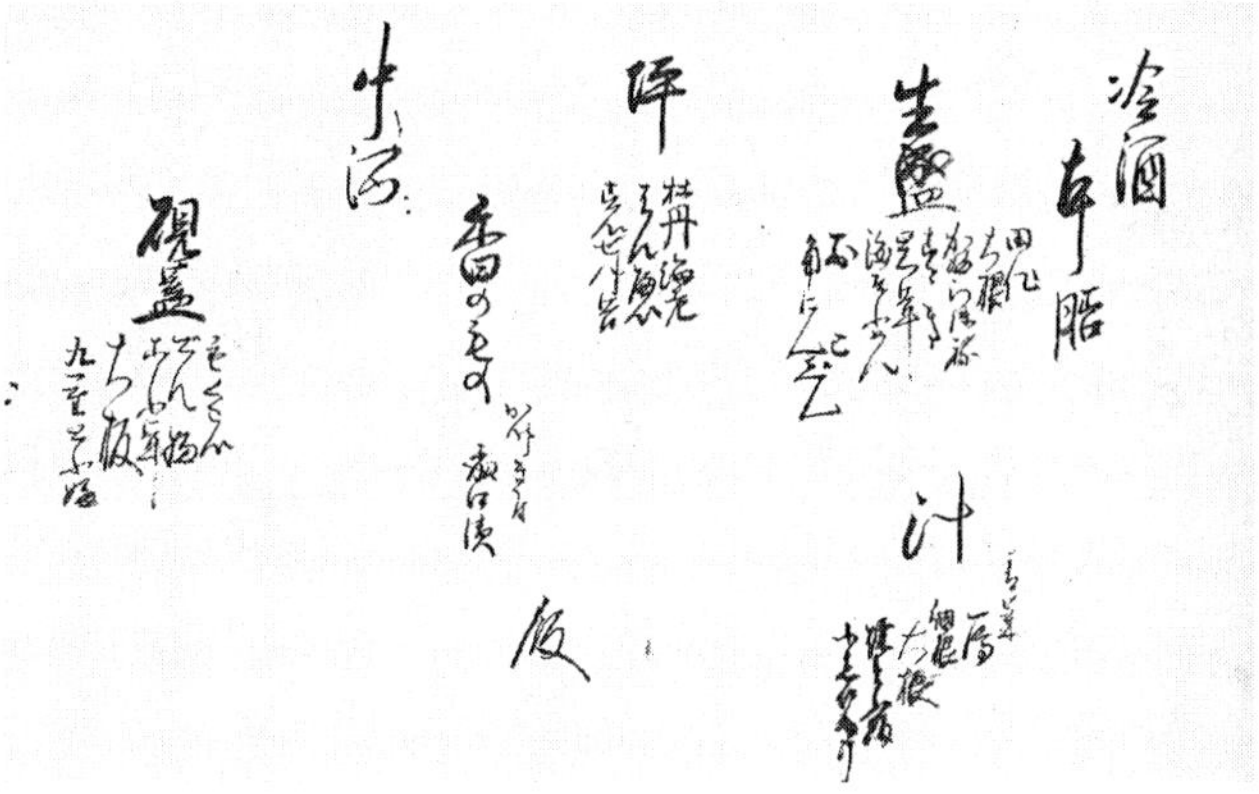

冷酒
本膳
田作
大根　青菜
かふらほね　雁
すゝき　細根
生盛　岩茸　汁　大根
海そうめん　焼とうふ
おこ　小しいたけ
角にんじん
牡丹海老
坪　はんへい
すいせんし苔
香のもの　かいしき付　飯
森口漬
中酒
亀くわい
でんふ
硯蓋　こふ茸
大板
九重とふふ

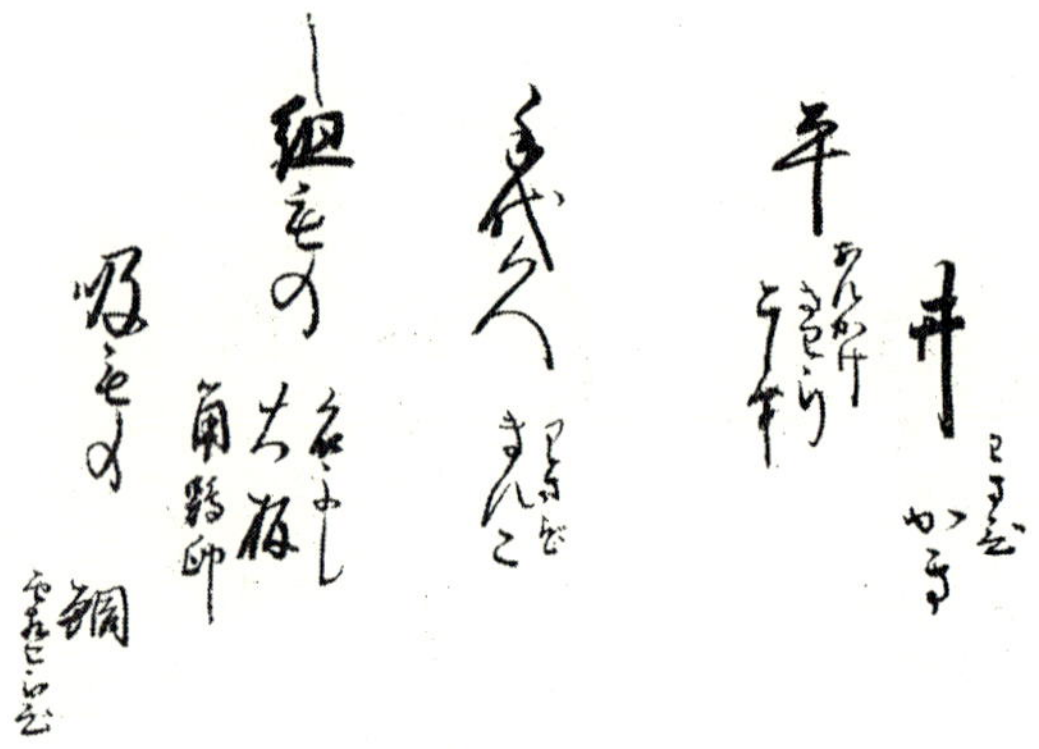

丼
わさび
かき

平
あんかけ
さわら
こし芋

千代久
わさび
きんこ

組もの
名よし
大板
角鶏卵

吸もの
鯛
霜わらひ

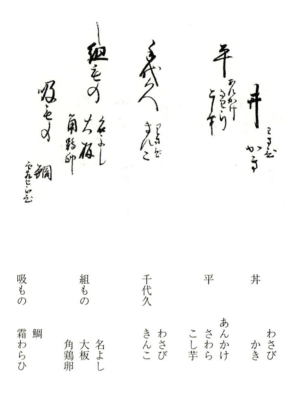

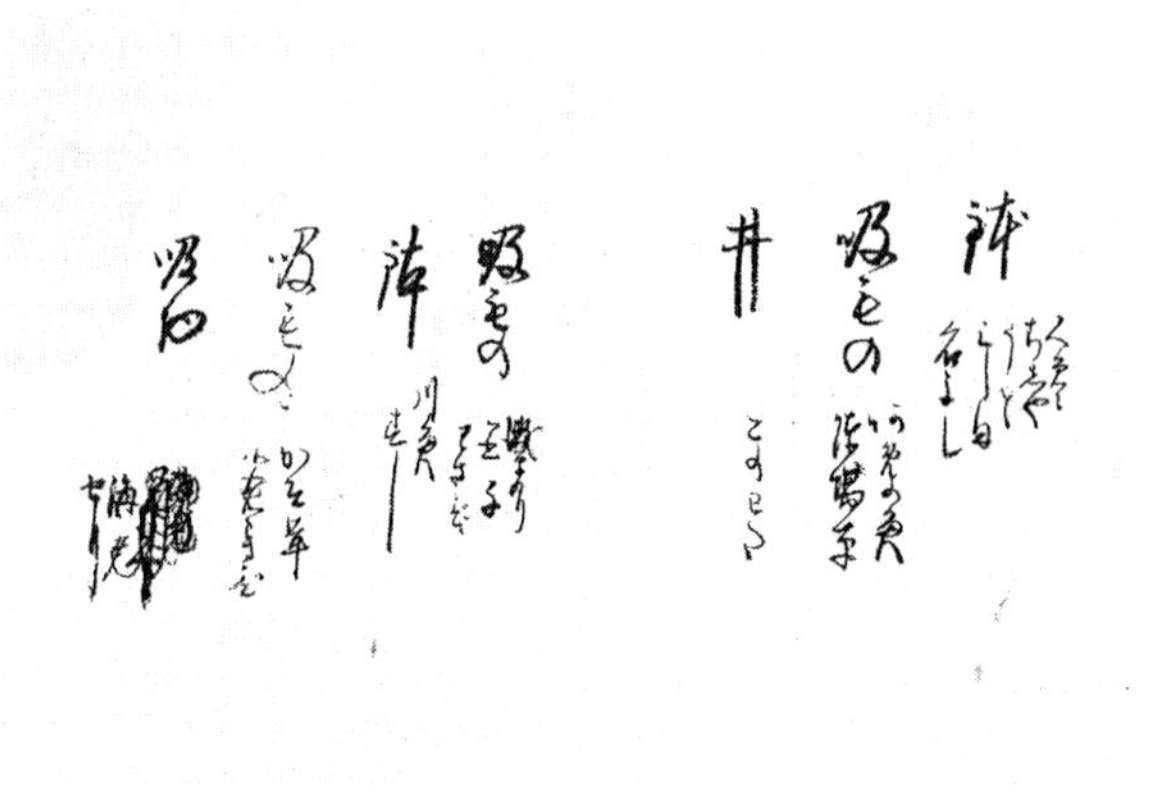

鉢
人参
ちしや
うと
みしま
名よし

吸もの
あめの魚
陣場草

丼
このわた

吸もの
浅草のり
玉子
わさび

鉢
川魚
すし

吸もの
かわ茸
小□わさひ

吸物
海老
せり

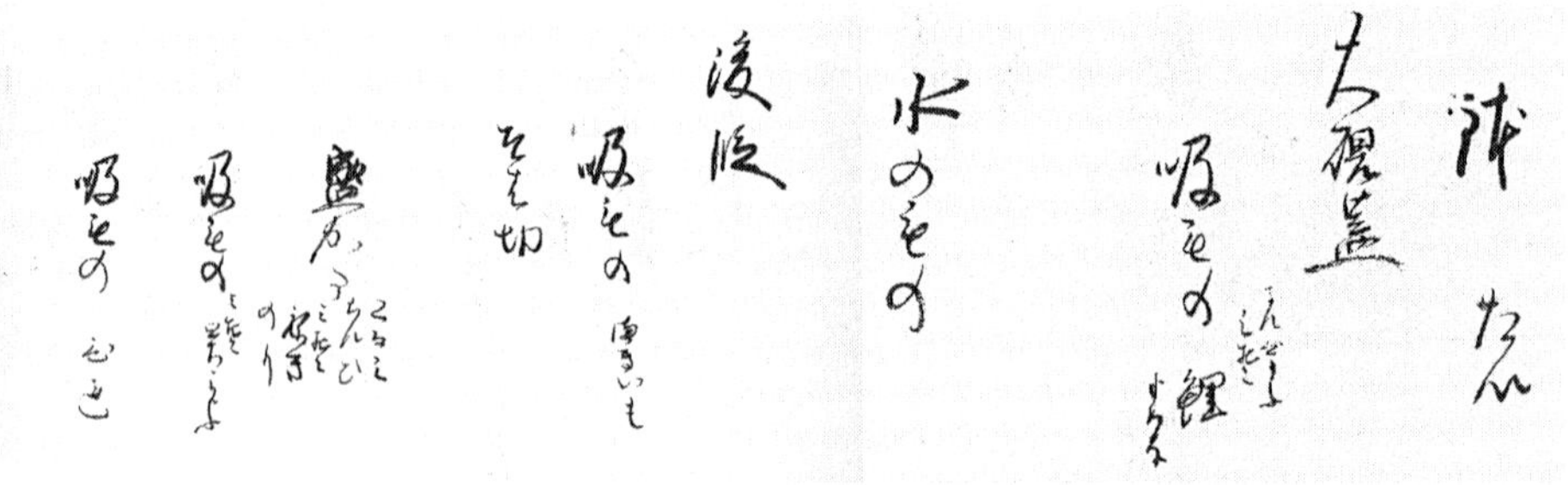

鉢　たい

大硯蓋

吸もの　さんひよふ
みそ
鯉
よめな

水のもの

後段

吸もの　ままいも
そば切
くるみ
ちんひ
盛かた　みそ
ねぎ
のり

吸もの　みそ
巻こふ
吸もの　ひれ

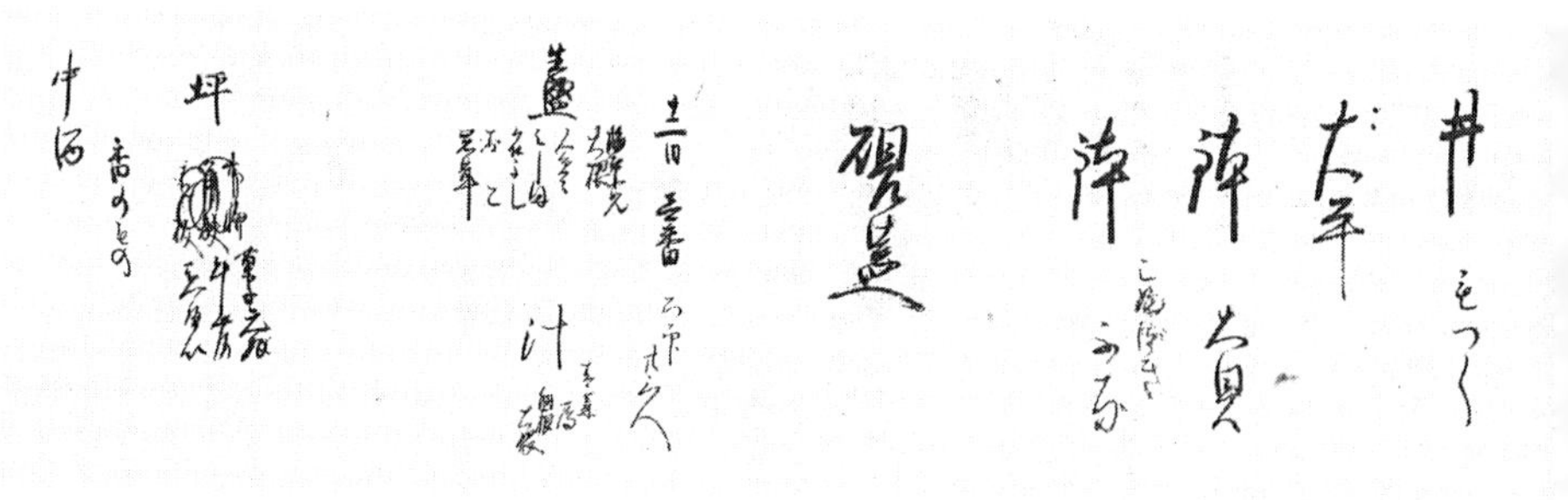

丼　もつく
大平
鉢　大貝
鉢　こふまき
ふな
硯蓋
十二日　壱番　ろ印
廿三人
海そふめん
大根
生盛　人参　青菜
みしま　汁　雁
名よし　細根
おこ　大根
岩茸
菓子こんぶ
坪　牛房
はんへい
香のもの
中酒

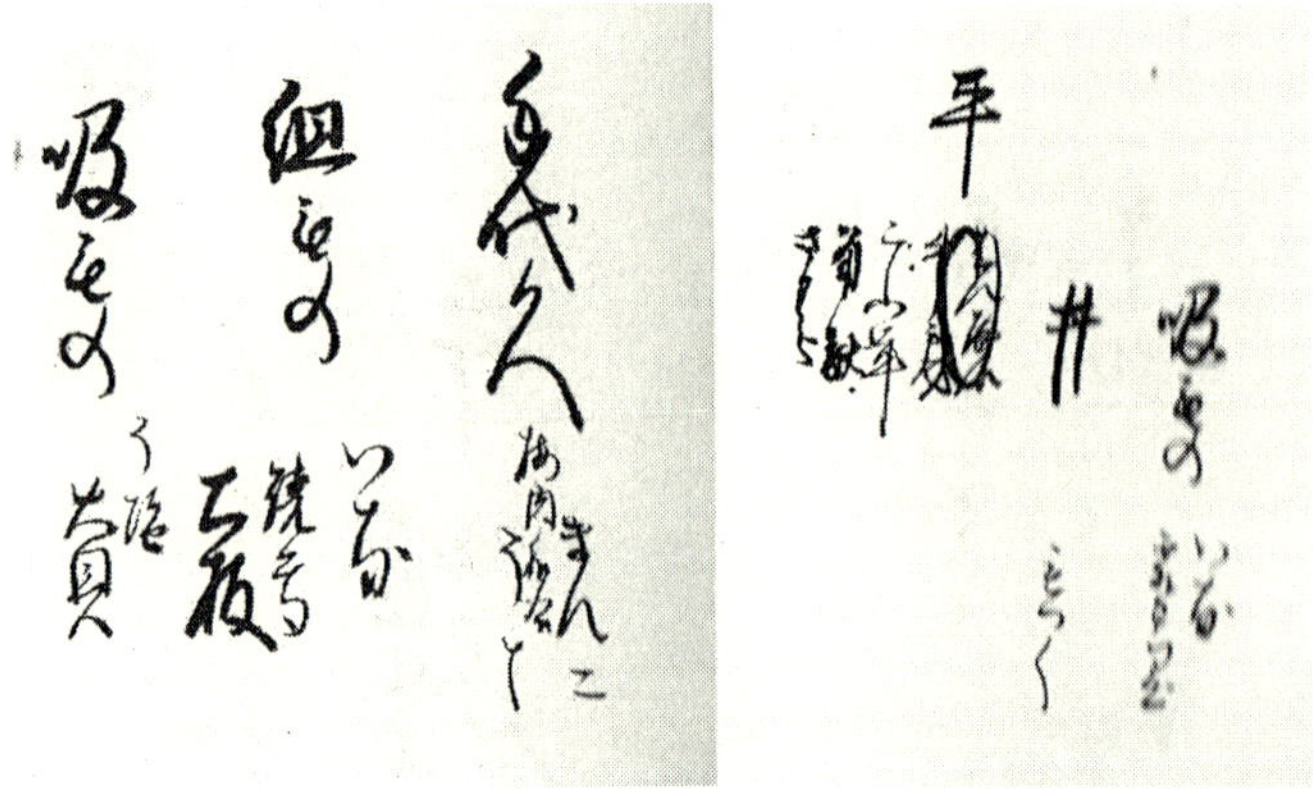

吸もの　いな
　霜わらび
丼　もつく
平　こふ茸
　角麩
　さわら
千代久　きんこ
　梅肉和合
　うと
組もの　いな
　焼鳥
　大板
吸もの　う塩
　大貝

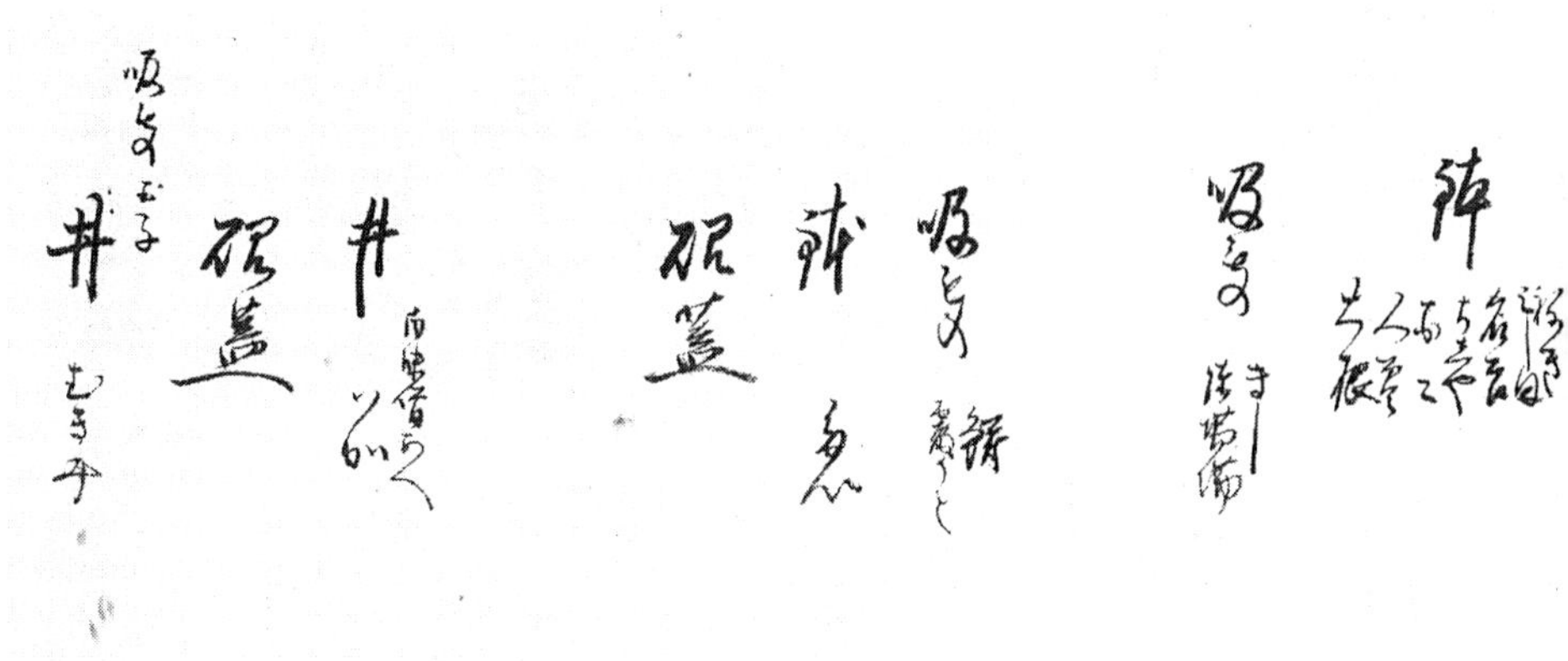

鉢
ねき
みしま
名吉
ちしや
おこ
人参
大根
吸もの　まし
陣場場（ママ）
鮒
吸もの　霜うと
鉢　たい
硯蓋
丼　白味噌あへ
いか
硯蓋
吸もの玉子
丼　むきみ

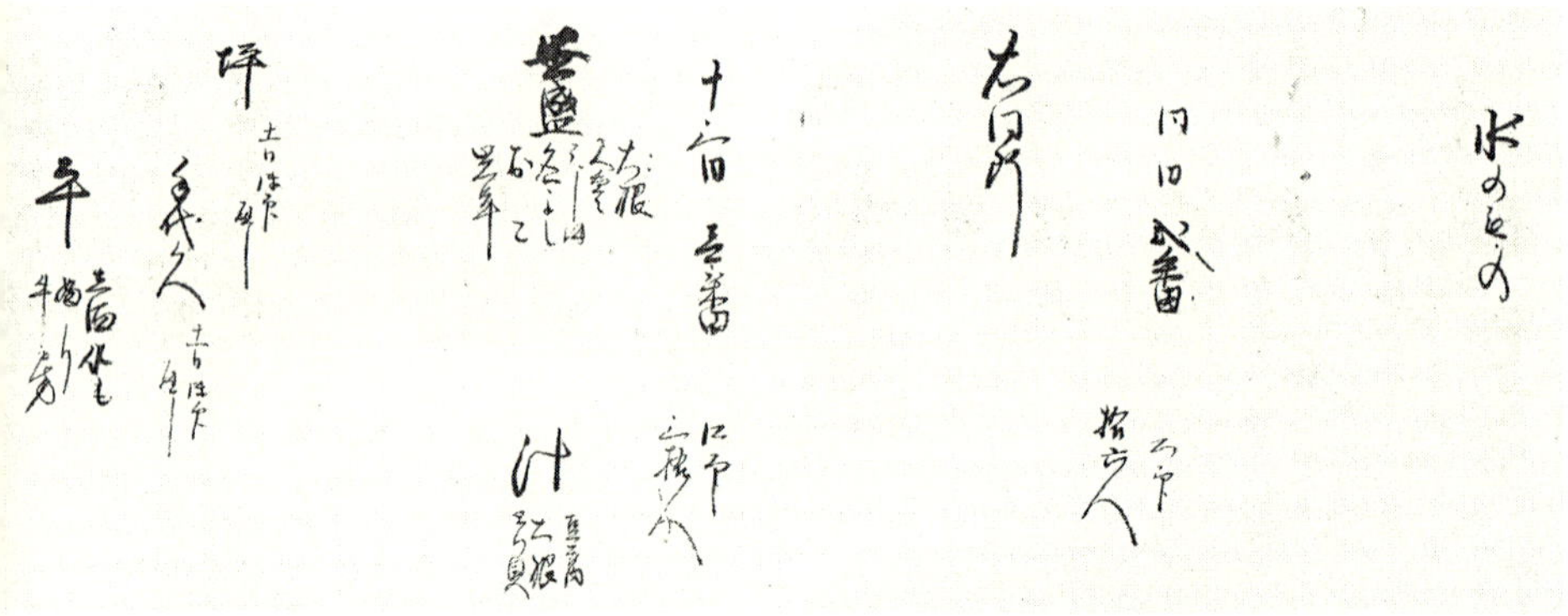

水のもの
同日　弐番　ろ印
拾六人
右同断
十三日　壱番　に印
三拾人
大根
人参
みしま　豆腐
生盛　名よし　汁　大根
おこ　とり貝
岩茸
坪　十一日ほ印
通し
千代久　十一日ほ印
通し
しまいも
平　ふり
牛房

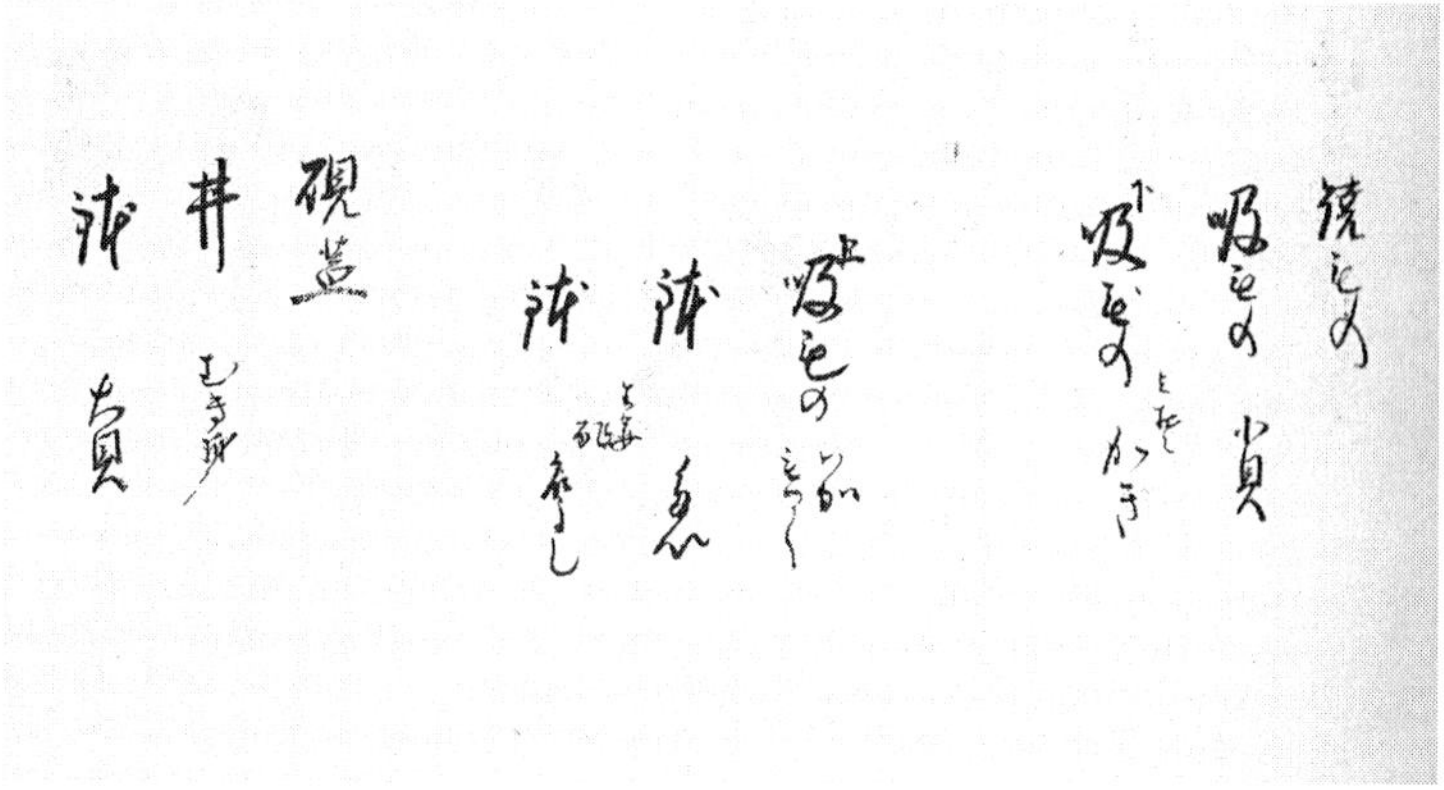

焼もの
吸もの　小貝
下吸もの　みそ
かき
いか
上吸もの　もつく
鉢　たい
生姜
酢
鉢　名よし
硯蓋
丼　むき身
鉢　大貝

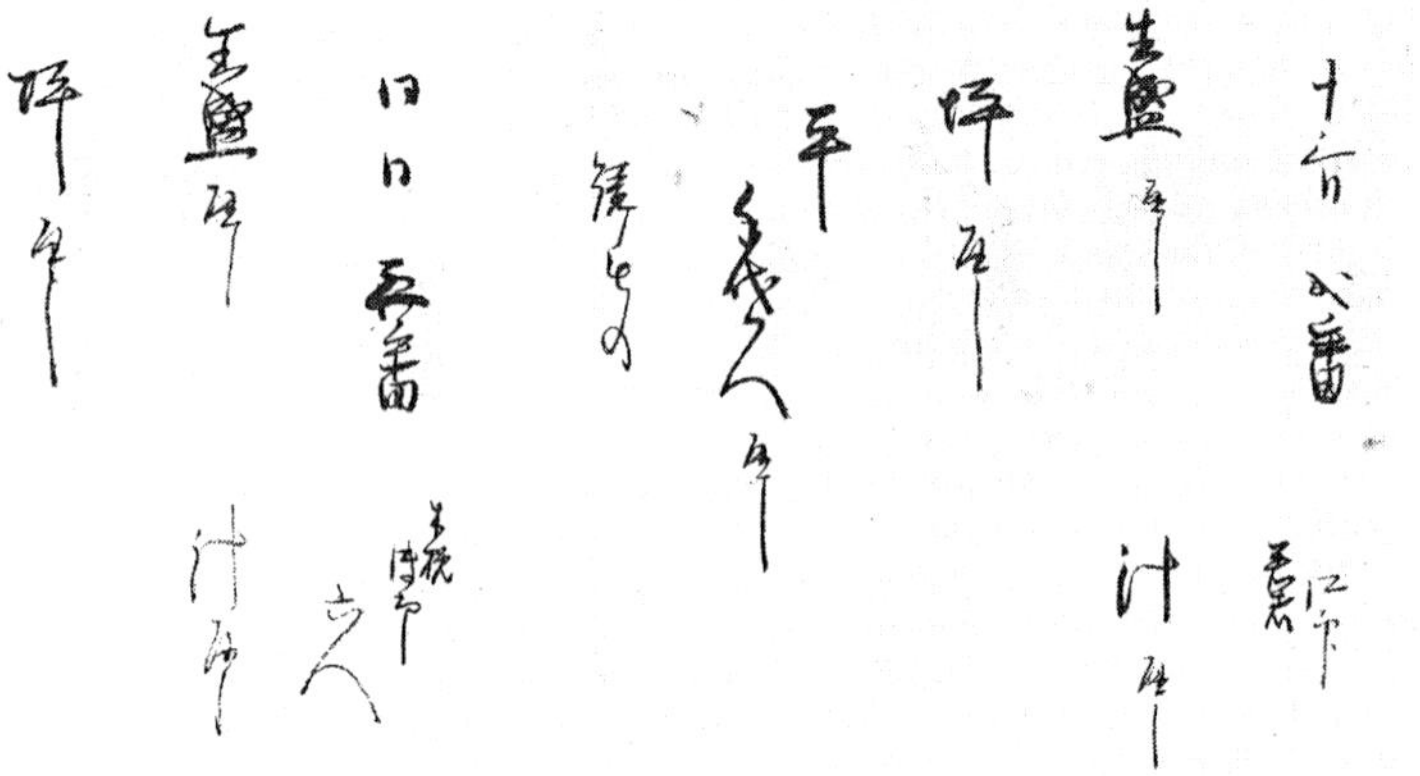

十三日　弐番　に印
若者
生盛　通し　　汁　通し
坪　通し
平
千代久　通し
焼もの
同日　参番　木挽
ほ印
六人
生盛　通し　汁　通し
坪　通し

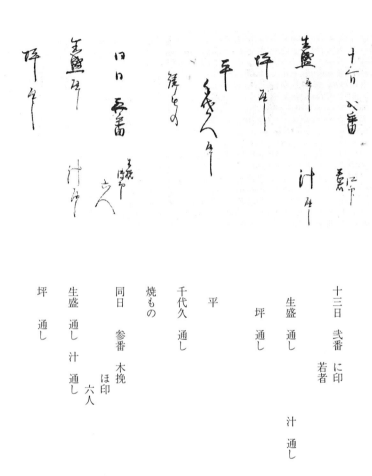

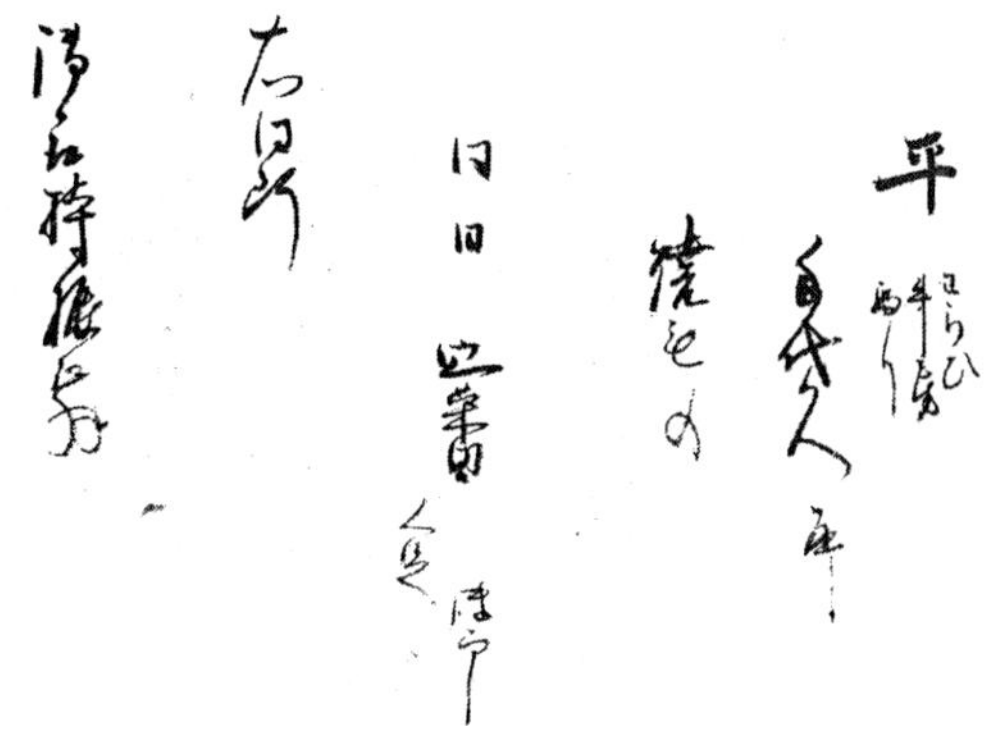

平
わらひ
牛房
ふり
千代久　通し
焼もの
同日　四番　ほ印
人足
右同断
御取持振舞

二　婚礼献立にみる山間地域の食事形態の変遷
―江戸期から大正期の家文書の分析を通して―

増田真祐美　江原絢子

1　目的

人生儀礼には誕生祝い、婚礼、葬儀などがある。それらの儀礼のうち最も盛大に行われている一つに婚礼があり、都市・地方に関係なく家によっては、多額の財産を消費する各家でもっとも大きな儀礼である。婚礼が他の式典と異なって豪華なものとなるのは、それが一家のみではなく、両家をはじめとする親類などの縁組となる点で対外関係においても重要なためである(1)。

近世・近代における儀礼食の代表的な食事形態は本膳料理を中心とし、その前後に酒とその酒肴を伴っていた。本膳料理は室町時代に成立し、江戸時代を通して、武家の饗応料理としてとりおこなわれてきたが、江戸後期になると本膳の形式が各地域に広がりを見せ、その多くが本膳のみか二〜三つの膳程度に簡略化されて、各地域での儀礼食となり、昭和初期まで使われた(2)。しかし、本膳料理の形式は各地域で必ずしも同じ形をとっているとは限らず、地域に伝わったおりにも形を変えている可能性もあり、その伝播の過程も明らかにされていない。そこで本研究では、各地域の家で実際に行われた儀礼食のうち婚礼の献立をとりあげ、その献立からその様式、食材、料理の特徴を明らかにすることで、料理形式の特徴と変化について解明することを目的とした。

日本の食事形態についての研究は、これまでは武家などの上流階層の研究が主流であり、その中でも本膳料理の献立の系譜については詳細な研究がある。[(3)(4)]また特定の地域に限定した家文書を分析し、婚礼の献立の実態を扱った研究もみられる。[(5)~(12)]しかし、管見の限り、江戸期に農村地域にも広まったとされる儀礼食の献立の実態その変化について複数の異なる地域を比較検討した研究はほとんど見られないため本研究を行うこととした。

2　方法

献立の実態とその変化について検討するためには、江戸期から明治期以降までに行われた婚礼とその献立の記録が各家に複数残されていることが必要であるが、そうした史料を得ることは必ずしも簡単ではない。そこで筆者らが一〇数年にわたり調査を継続している三河国古橋家文書を中心とし、家、地域、環境が類似の家文書を掘りおこし史料とした。

また、国文学研究資料館史料館（現国文学研究資料館以下資料館とする）及び各県の図書館、文書館の蔵書目録調査及び現地調査より検討した結果古橋家と同様、名主クラスで年代の記載のある婚礼献立を多く所蔵した、美濃国千秋家、飛騨国大前家を古橋家との比較史料とした。

また献立の転換期ともみられる明治以降の史料として、甲斐国市川家、甲斐国依田家、信濃国水野家を加え、地方自治体史の資料編などを補足史料として検討した。

なおこれらの史料は古橋家、大前家についてはは各家に所蔵しているものを用い、千秋家については、資料館所蔵のものを用いた。この三家は、隣接した地域で都市から離れた山間部に位置している。また、農業の他に酒屋や油店などを行って発展した家であり、国学者との交流があるなど類似した点が多く比較する上で適当であると考えた（表1）。

調査年は、享保一四年（一七二九）～大正六年（一九一七）までの約一九〇年間を対象とした。特に天保、嘉永、安政、明治、大正期には三家ともに史料が残されているため比較する上で適当であると考えた。なおこれらの史料は、本客または上分と書かれた献立が記載されている史料で、身分的には同レベルと考え比較した。その他家内、女中、子どもなどの献立も見られたが、今回の調査では含めなかった。またこれらの婚礼は当主の婚礼とそれ以外のものも含まれるが、献立の形態の特徴はほぼ類似していたためこれらを一緒に扱った。

なおこれらの史料は、和紙に墨書きされている家文書を翻刻して用いた。各家の詳細は次の通りである。古橋家は現愛知県稲武町に位置している。古橋家に関しては、古橋茂人氏の『古橋家の歴史』に詳しいが、古橋家は江戸時代豪農として名主役をつとめながら植林事業、製茶、養蚕など家の殖産経営に尽力した。とりわけ六代源六郎暉皃は、家政改革をすすめ、天保の飢饉では人々に米を分け与え村を飢えから救い、備荒のため、天保一四年（一八四三）に籾四三俵を出して各家に備荒貯穀を勧誘した。また、暉皃は平田門国学を学び、尊王攘夷を主張し草莽尊攘派との交流もあった。

千秋家は現岐阜県養老町に位置する。この史料を所蔵する資料館の解題によれば、千秋家は一八世紀末から一九世紀にかけて、急速に土地集積を行い、幕末期には二〇〇石以上もあった地主であった。質店、油店、

表1　婚礼献立記載文書中心史料三家の所在年表および家の特徴

	古橋家	千秋家	大前家
	三河国	美濃国	飛騨国
家の特徴	・名主 ・植林事業、製茶、養蚕、酒屋 ・平田門国学を学び、草莽尊攘派 との交流 ・6代暉皃が家政改革を行う	・地主、庄屋 ・貸店、油店、貸家 ・笙峰は国学を学び、茶人であった	・肝煎 ・蚕種製造 ・9代久左衛門は国学者、浪士、志士との交流
享保 ・宝暦 ・安永期		享保14年（1729） 宝暦4年（1754） 安永5年（1776）	
文化期	文化4年（1807）	文化11年（1814）	
天保期	天保6年（1835） 天保15年（1844） 弘化5年（1848）	天保12年（1841） 天保14年（1843）	天保13年（1842） 天保14年（1843）
嘉永期	嘉永2年（1849） 嘉永5年（1852）	嘉永4年（1851）	嘉永6年（1853）
安政期	安政3年（1856） 安政4年（1857） 安政5年（1858） 万延2年（1861）	安政7年（1860）	安政4年（1857）
明治期	明治2年（1869） 明治6年（1873） 明治31年（1898） 明治36年（1903）	明治20年（1887） 明治26年（1893） 明治35年（1902） 明治39年（1906） 明治41年（1908） 明治42年（1909）	明治22年（1889）
大正期	大正5年（1916）	大正6年（1917）	大正2年（1913）

貸家などを経営していた。近世では百姓代をつとめ、近代になると庄屋、戸長、島田屯所御用係をつとめたほか、明治六年（一八七三）藍田学校創立にあたりその御用係もつとめた。

幕末から大正期に至るまで在世した千秋笙峰は、国学を学び、また絵画にも長じ、茶人として遊芸方面に広く活躍した人である。

大前家は、現岐阜県萩原町に位置している。大前家は当地の土豪として勢力をもっていた。寛永二〇年（一六四三）正月に領主金森氏から中呂村の肝煎を申し付けられて以来、代々肝煎を勤めている。九代久左衛門は、二〇歳の頃江戸へ渡り、国学者丸山金陵らと知り合い、時事を論じるなど、尊王攘夷の思想を受け、徳島藩浪士・中島錫胤、近江国の浪士・豊田美緒などの志士とも交流があるなど、飛騨には珍しい草莽の志士であった(10)。

市川家の史料は、山梨県立図書館に所蔵されている。市川家は中巨摩郡莿沢に位置し、村高四一九石一斗九升四合である。鰍沢宿と韮崎宿間の宿駅の一つである。明治期の市川庄右衛門は菓子営業、煙草、金銭出入などを経営していた。

依田家の史料は資料館に所蔵されている。同館の解題では、山梨県井尻村の依田家は信州依田氏の出と伝わっている。元禄頃から元文期頃まで、名主、長百姓を勤めていた。幕末期の当主依田道長は明治維新の際に護国隊に参加している。明治五年（一八七二）に戸長となり、以後山梨県学区取締役総理、議員、小学校組合長、地方森林会議員など多数の公職を歴任している。

水野家の史料も資料館に所蔵されている。水野家は長野県五荷村（現飯山市）に位置し、名主役として村政を中心とし、地主、酒造などを経営していた。与兵衛・市右衛門の二名が和紙製造を行っていた。

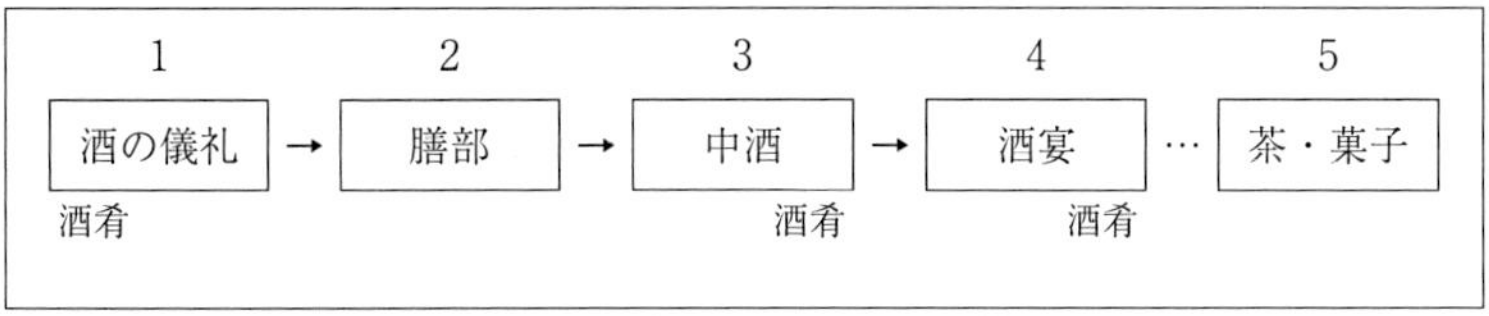

図1　本膳料理を中心とした形態

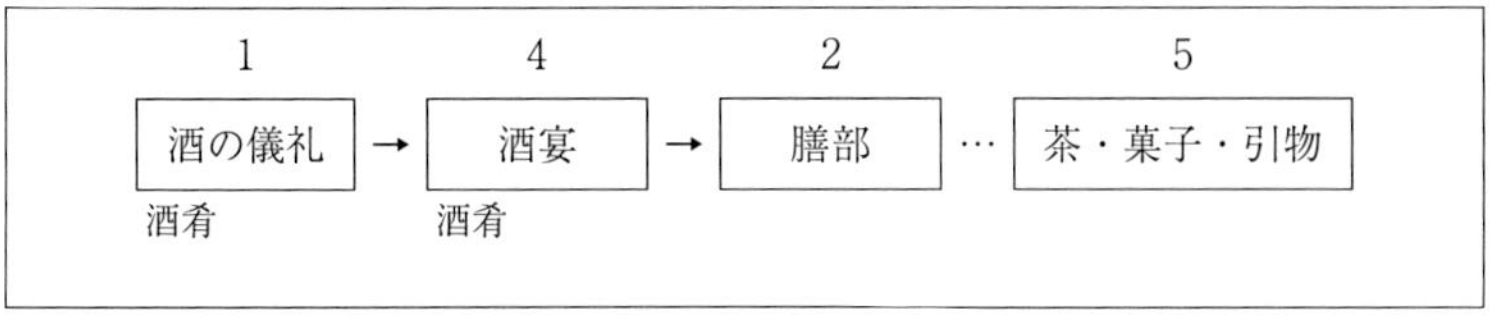

図2　酒宴を中心とした形態

3　結果及び考察

（1）食事形態の変遷

献立の系譜についての研究は熊倉功夫氏の詳細な研究が見られる。熊倉氏によれば、献立とは現在使われているメニューとは異なり、献立の全体をみるためには饗宴全体の構造と料理の組み立て方を考えなければならないと述べている[3]。

本膳料理形式を中心とした武士階級の代表的な饗応の流れは、式三献とよばれる酒の儀礼があり、それに伴う酒肴が出される。次に膳の部と呼ばれる本膳料理形式の食事である飯、汁、菜、香の物がだされる。これは上客ほど膳の数が多くなり、例えば、「永禄四年三好亭御成記」の将軍の御成などのように最大七つの膳が出されることもある。途中で酒とその酒肴がだされこれを中酒と呼ぶ。膳の部が終わると、酒宴の部となり各種の酒肴と酒が供され、酒肴数は二〇数種にのぼることもあった。

今回の調査の結果、婚礼献立の形態には、酒の儀礼の次に本膳料理が供され、その後に酒宴とその酒肴が続く武家の饗宴と同様の形態と、酒宴とその酒肴が本膳料理などの食事の前に供される形態の

表２　三家における食事形態の変遷

<table>
<tr><th></th><th>和暦</th><th>西暦</th><th>古橋家</th><th>千秋家</th><th>大前家</th></tr>
<tr><td rowspan="19">江戸期</td><td>享保 14 年</td><td>1729</td><td rowspan="19">1→2→3→4
(10 史料)</td><td rowspan="19">(1) →2→4→ (5)
(8 史料)</td><td rowspan="19">1→2→3→4
(3 史料)</td></tr>
<tr><td>宝暦 4 年</td><td>1754</td></tr>
<tr><td>安永 5 年</td><td>1776</td></tr>
<tr><td>文化 4 年</td><td>1807</td></tr>
<tr><td>文化 11 年</td><td>1814</td></tr>
<tr><td>天保 6 年</td><td>1835</td></tr>
<tr><td>天保 12 年</td><td>1841</td></tr>
<tr><td>天保 13 年</td><td>1842</td></tr>
<tr><td>天保 14 年</td><td>1843</td></tr>
<tr><td>天保 15 年</td><td>1844</td></tr>
<tr><td>弘化 5 年</td><td>1848</td></tr>
<tr><td>嘉永 2 年</td><td>1849</td></tr>
<tr><td>嘉永 4 年</td><td>1851</td></tr>
<tr><td>嘉永 5 年</td><td>1852</td></tr>
<tr><td>安政 3 年</td><td>1856</td></tr>
<tr><td>安政 4 年</td><td>1857</td></tr>
<tr><td>安政 5 年</td><td>1858</td></tr>
<tr><td>安政 7 年</td><td>1860</td></tr>
<tr><td>万延 2 年</td><td>1861</td></tr>
<tr><td rowspan="12">明治期</td><td>明治 2 年</td><td>1869</td><td rowspan="12">1→2→ (3) →4</td><td rowspan="5">2→3→4→ (5)</td><td rowspan="12">1→2→3→4</td></tr>
<tr><td>明治 14 年</td><td>1881</td></tr>
<tr><td>明治 20 年</td><td>1887</td></tr>
<tr><td>明治 22 年</td><td>1889</td></tr>
<tr><td>明治 26 年</td><td>1893</td></tr>
<tr><td>明治 27 年</td><td>1894</td><td>1→4→2→5</td></tr>
<tr><td>明治 31 年</td><td>1898</td><td rowspan="4">(1)→2→(3)
→4→5</td></tr>
<tr><td>明治 35 年</td><td>1902</td></tr>
<tr><td>明治 36 年</td><td>1903</td></tr>
<tr><td>明治 39 年</td><td>1906</td></tr>
<tr><td>明治 41 年</td><td>1908</td><td>1→4→2→5</td></tr>
<tr><td>明治 42 年</td><td>1909</td><td>2→4→5</td></tr>
<tr><td rowspan="3">大正期</td><td>大正 2 年</td><td>1913</td><td></td><td rowspan="2"></td><td rowspan="3">1→2→3→5→4</td></tr>
<tr><td>大正 5 年</td><td>1916</td><td>1→4→2→5</td></tr>
<tr><td>大正 6 年</td><td>1917</td><td></td><td>1→4→2→5</td></tr>
</table>

1：酒の儀礼　2：膳部　3：中酒　4：酒宴　5：茶・菓子

二つがみられる。すなわち前者の饗応は、1（酒の儀礼）→2（膳部）→3（中酒）→4（酒宴）→5（茶・菓子）の流れをとる形が多くみられた。前者を本膳料理を中心とする形態（図1）、後者を酒宴を中心とした形態（図2）と称することとする。三家の食事形態を表2に示した。

古橋家では図2と同様の形態である1→2→3→4が江戸期（文化期~万延期）から明治期まで続いている。しかし大正五年（一九一六）には、膳部と酒宴の順序が逆転している。また千秋家では、1→2→4→5（茶・菓子）または、2→3→4→5の形態が明治期まで行われ、明治二七年（一八九四）、四一年、大正六年の史料は膳部と酒宴の順序が逆転し、酒宴が膳部の前に行われる4（酒宴）→2（膳部）の流れでとりおこなわれおり、酒宴中心の形態がみられる。一方、大前家では、1→2→3→4の形態が江戸期から大正期まで変わらず継承されており、他家に比べ前代の形態を堅持している。

このような「本膳料理を中心とした形態」は、農村部においても少なくとも一八世紀半ばには行われ、明治期まで婚礼の饗応の形態として定着し、継承されてきたといえる。しかし、明治後期になると膳部と酒宴が逆転した食事形態が見られるようになる。

（2）本膳料理を中心とした食事形態

酒の儀礼の内容（表3）をみると、千秋家の宝暦・文化期の史料に、武家の儀礼にも使われたと類似の式三献の儀礼がとりおこなわれている。天保期以降の史料によれば、初献、二献、三献という記述は見られないが、酒の儀礼とその酒肴が出され、式三献と同様の形が見られる。その酒肴を見ると、吸物が三家ともに共通に見られ、酒肴の代表として定着しているといえよう。また武家の式三献の酒肴に多く見られる雑煮は、

表３　酒の儀礼の構成

	古橋家	大前家	千秋家
宝暦・文化期 宝暦４年・文化 11 年 （1754・1814）		初献 熨斗（昆布・勝栗） 二献 雑（田作・数の子） 三献　吸物　巻鯣	
天保期 天保 12 年～ 15 年 （1841~1844）	雑煮 吸物 （冷酒）	吸物 三種肴	吸物 取肴 八寸 御吸物 硯蓋
明治期 明治 22 年～ 39 年 （1889~1906）	八寸 貝吸物	吸物膳	坪肴 取肴 御吸物 八寸

古橋家に見られたが、大前家では天保期から明治期まで見られなかった。

　このことから酒の儀礼の酒肴は地域、時代で必ずしも定まっていたとはいえないものの式三献の酒肴として用いられる代表的な吸物、雑煮が本史料でも用いられており、式三献の酒肴が農村の名主クラスでも定型化していく様子がうかがえる。膳部の内容をみると、一汁二菜～二汁八菜の献立が見られた。武家社会では、膳の数によって饗応の程度を示していたために、食べきれないほどの料理がだされるが、史料中の農村部では二の膳までしかみられなかった。しかし形式は武家社会の饗応である本膳料理の形式を採用し、それを簡略化したと考えられる。古橋家、千秋家では二の膳つきのものも見られたが、大前家では本膳のみとなっており、地域差あるいは家による差が認められた。讃岐（現香川県）の庄屋における婚礼献立では、[11] 三の膳の献立もみられ、越後（現新潟県）の庄屋[※1]でも、三の膳は見られるため、それらと比べると山間部におけるこれらの三家の本膳料理はやや質素なものといえよう。本膳の内容を表４にまとめた。本膳には、原則として鱠、坪、汁、飯、香の物が置かれている。二の膳には、刺身、二の汁を基本とし、それに平や猪口がつく形態が見られた。本膳のみの場合にも、平、

表4　膳部の構成

和暦	西暦	古橋家		千秋家		大前家	
		膳数		膳数		膳数	
享保14年	1729			二の膳	大煮物、焼煮		
宝暦4年	1754			二の膳	ちょく、向詰、平皿		
安永5年	1776			本膳	ちょく、焼物		
文化4年	1807	二の膳	さざえ貝焼、向詰、平、千代久				
文化11年	1814			本膳	焼物		
天保6年	1835	本膳	平、焼物				
天保12年	1841			二の膳	小猪口、平皿、大猪口、向詰		
天保13年	1842					本膳	千代久、平、炙物
天保14年	1843			二の膳	焼物、千代久、手塩皿	本膳	千代久、平、炙物
天保15年	1844	本膳	平、千代久				
弘化5年	1848	本膳	平、千代久、焼物				
嘉永2年	1849	本膳	平、千代久、焼物				
嘉永4年	1851			本膳	焼物		
嘉永5年	1852	二の膳	香の物、向詰、平、千代久				
安政3年	1856	本膳	平、千代久、焼物				
安政4年	1857	本膳	平、千代久、焼物			本膳	千代久、平、炙物
安政5年	1858	二の膳	平、猪口、向詰				
安政7年	1860	本膳	千代久、平、炙物				
万延2年	1861	本膳	平、千代久				
明治2年	1869	本膳	焼物				
明治14年	1881			本膳	平、猪口、焼物		
明治20年	1887			本膳			
明治22年	1889					本膳	千代久、平、炙物
明治26年	1893			本膳	平、猪口、焼物		
明治27年	1894			本膳	平		
明治31年	1898	本膳	猪口				
明治35年	1902			本膳	平、猪口、焼物		
明治36年	1903	本膳	猪口				
明治39年	1906			本膳			
明治41年	1908			本膳			
明治42年	1909			本膳			
大正2年	1913					本膳	千代久、中平、炙物
大正5年	1916	本膳	猪口、平				
大正6年	1917			本膳	平		

表5　酒宴の酒肴の構成

家	年代	吸物	丼	鉢	硯蓋	水の物	その他
古橋家	天保15年（1844）	○（5）	○（1）	○（大鉢）	○	○	蛤型肴入、焙烙焼
千秋家	天保14年（1843）	○（2）	○（3）	2	○		大平、香の物
大前家	天保14年（1843）	○ （3）	○ （三ッ丼）	○（2） （大鉢1）	○	○	
古橋家	安政5年（1858）	○（5）		○	○	○	蓋物、味噌瓶
千秋家	安政7年（1860）	○（1）	○（3）	○	○		
大前家	安政4年（1857）	○ （3）	○（1） （三ッ丼）	○		○	広蓋、指味
古橋家	明治31年（1898）	○（3）	○（2）	○		○	大平、指身
千秋家	明治26年（1893）	○（1）	○（4）	○（2）	○		茶碗、香の物
大前家	明治22年（1889）	○（3）	○（1）	○ （大鉢1）	○	○	大平、指味

（　）内の数は酒宴中の出現数

猪口が供される場合が多かった。

※1新潟県中蒲原郡横越町にある伊藤家の明治二五年の婚礼の事例は、角田夏夫氏の『三角邸物語』に詳しい。伊藤家は、現在「北方文化博物館」として公開されており、宝暦六年（一七五六）年初代文吉により分家して藍の商売をして次第に豊かになり、七代文吉の頃大地主として発展した家である。

次に酒宴の酒肴の内容を三家に共通した史料が残されている天保、安政、明治期について、表5に示した。どの家、年代についても必ず吸物が供されており、吸物が酒宴の酒肴として定着していたことがうかがえる。また丼、鉢、硯蓋については、どの婚礼にもいずれかが供されており、酒肴の構成要素として一般化していたことがうかがえる。水の物については、千秋家には見られなかった。水の物には主になし、大根、りんごなどが盛られ、硯蓋には、主に蒲鉾（板と呼ばれている）、九年母、漬鳥、かんてんなどの料理が盛られている。丼、鉢に盛られた料理については後述する。

（3）酒宴を中心とした食事形態

明治後期になると表2にもみられた2（膳部）と4（酒宴）が逆転

表6　酒宴を中心とした食事形態の事例

和暦	西暦	家	国名	食事形態
天保3年	1832	依田家	甲斐国	1→4→2
明治5年	1872	依田家	甲斐国	1→4→2→5
明治12年	1879	古谷家	武蔵国	4→2
明治26年	1893	水野家	信濃国	1→4→2→5
明治27年	1894	千秋家	美濃国	1→4→2→5
明治31年	1898	市川家	甲斐国	1→4→2→5
明治33年	1900	水野家	信濃国	1→4→2→5
明治34年	1901	水野家	信濃国	4→2→5
明治34年	1901	市川家	甲斐国	1→4→2→5
明治39年	1906	中富家	石見国	1→4→2
明治41年	1908	千秋家	美濃国	1→4→2→5
大正5年	1916	古橋家	三河国	1→4→2→5
大正6年	1917	千秋家	美濃国	1→4→2→5

1：酒の儀礼　2：膳部　3：中酒　4：酒宴　5：酒・菓子

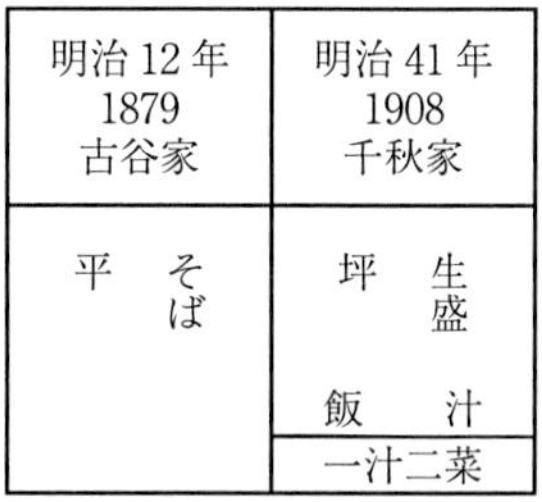

図3　膳部の簡略化の事例

した食事形態（4↓2）がみられるようになる。この食事形態は江戸時代に成立した料理屋の形態である会席料理に類似している。会席料理の流れを記した『守貞謾稿』によれば[13]、「先にみそ吸物・・・（中略）酒肴備り、次に一汁一菜の飯、或は一汁二菜の飯なり（句読点打筆者）」の流れである。史料中の饗宴の流れは、会席料理と同様であるが最後に供される食事の一汁一菜～三菜の料理に「本膳」と記されている点が異なっている。

酒宴の酒肴についてみると、後に述べるように、酒肴は、平均八種類ぐらいが出され、多様な料理、食材が見られた。これに対し、膳部は江戸期に比べ、武蔵の国の名主、古谷家のようにそばと平のみの膳や千秋家の例にある生盛、坪、汁、飯の一汁二菜のように、明治期以降になると簡略化した本膳が各地で見られ、酒宴中心の儀礼食が用いられる様子がうかがえるようになるが、この点を明らかにするためにはさらに史料を掘り起こす必要がある。（図3）

表7　酒宴を中心とした食事形態の酒肴の構成

年代	家	吸物	丼	鉢	硯蓋	茶碗	口取・取肴	刺身	その他
天保3年（1832）	依田家（甲斐国）	○（2）		○（2）	○	○			さかな、平引、中皿
明治5年（1872）	依田家				○	○	○	○	煮肴、坪、平引、手塩引
明治12年（1879）	古谷家（武蔵国）	○（3）	○（2）	○（2）	○				大皿 中皿、二つもの
明治26年（1893）	水野家（信濃国）	○（2）		○（2）	○	○		○	手塩
明治27年（1984）	千秋家（美濃国）	○	○（3）	○（2）					香の物
明治31年（1898）	市川家（甲斐国）	○（2）		○	○	○	○		こち身、寿し
明治33年（1900）	水野家	○	○	○	○	○	○	○	台重、橋洗
明治34年（1901）	水野家	○	○	○	○	○	○	○	附合（2）
明治34年（1901）	市川家	○				○	○		かずの子、こち身、おしたし、酢の物、寿し折〆
明治39年（1906）	中富屋（石見国）	○			○				
明治41年（1908）	千秋家		○（3）	○（2）	○				
大正5年（1916）	古橋家（三河国）	○（4）	○（2）三ッ丼（1）		○		○（2）	○	大平、水の物
大正6年（1917）	千秋家	○				○			皿（4）水物、箱

（　）中の数は酒宴中の出現数

このように膳部と酒宴が逆転した、酒宴を中心とした形態は、古橋家、千秋家の他、甲斐国依田家、市川家、信濃国水野家などの史料でも見られたため、それらを加えて時代ごとに流れを示したものを表6にまとめた。

甲斐国依田家では、天保三年（一八三二）にすでに酒宴を中心とした形態の事例が見られるが、多くの事例ではこの形態は明治後期からみられる。

そこで、酒宴の酒肴

の構成についてみると丼、鉢、硯蓋は、江戸期から酒肴の構成要素として確立し、継承されていることがうかがえる（表7）。これらは、大きな器に全体に盛られたものを小皿で各自に取り分けるもので、酒肴の中心であったが、明治期以降の酒宴の酒肴には、茶碗、手塩、坪など個人盛になる料理が増加してきていることが特徴である。また、江戸期までは本膳料理の構成要素であった茶碗、手塩、坪、刺身などが酒肴として位置づけられる点も特徴的な変化である。本膳料理が簡略化されることに伴い、それらの要素が酒肴に移ったとも考えられる。

江戸期の鉢、丼の多くは酢の物、煮付け、塩焼き、魚のあしらいであったものが、明治以降の鉢、丼には、すし、船盛、ひたしものが供されるようになる。また丼、鉢の内容についてみると、古橋家ではすしが鉢に盛られているのに対し、千秋家では丼にすしが盛られる事例が多く、家により丼、鉢の位置づけが異なることがうかがえた。

（4）史料中にみられた材料と料理

さらに材料の細かな記載のあった古橋家、千秋家の両史料を用い、婚礼料理と食材について検討したところ、山間部にもかかわらず、海魚の使用が多く、いか、たこ、貝類など、その他の魚介類を合わせると海産物は魚介類のうちわけの約六割をしめていた（図4）。また練りもの類では蒲鉾、竹輪が多くみられた。古橋家の史料中には魚の注文数が書かれており、一一〇人前と記載されているものもあった。このように大量の海産物を傷をつけずに山間部に運ぶことは容易ではなかったと思われるが、すでに流通路が確立されていたといえよう。

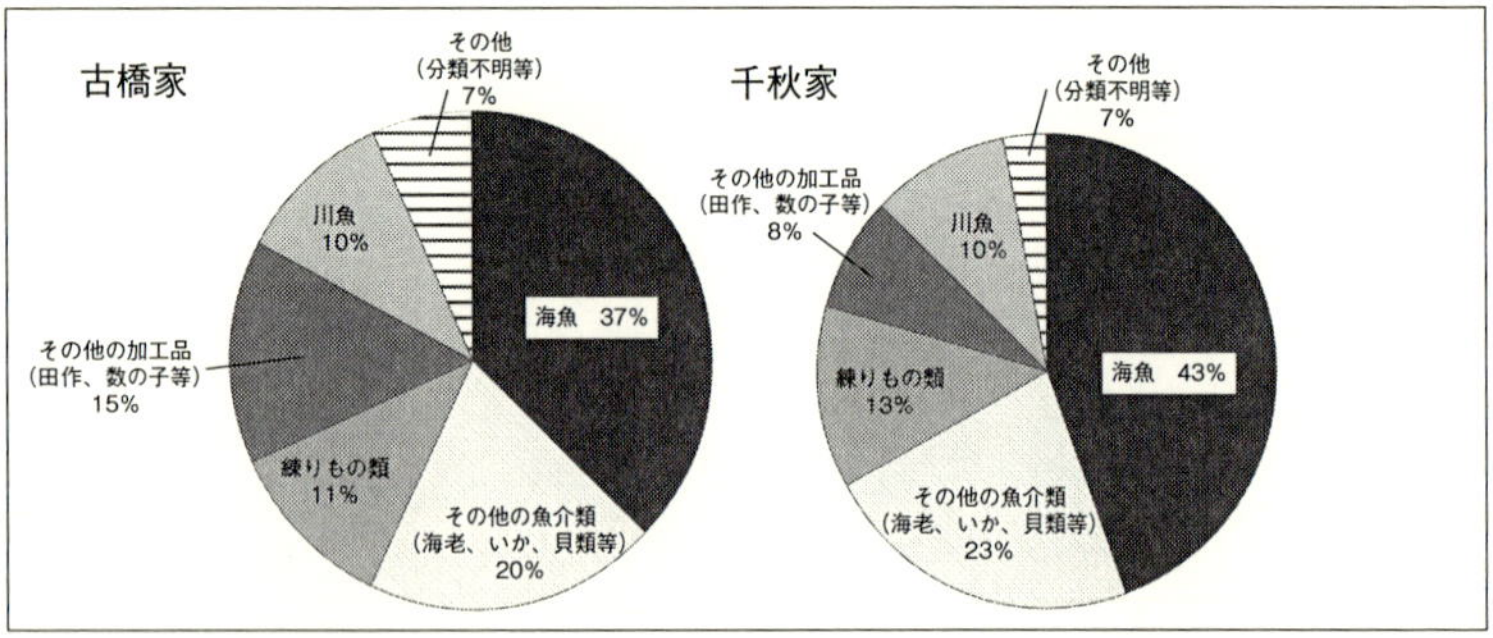

図4　魚介類の内訳

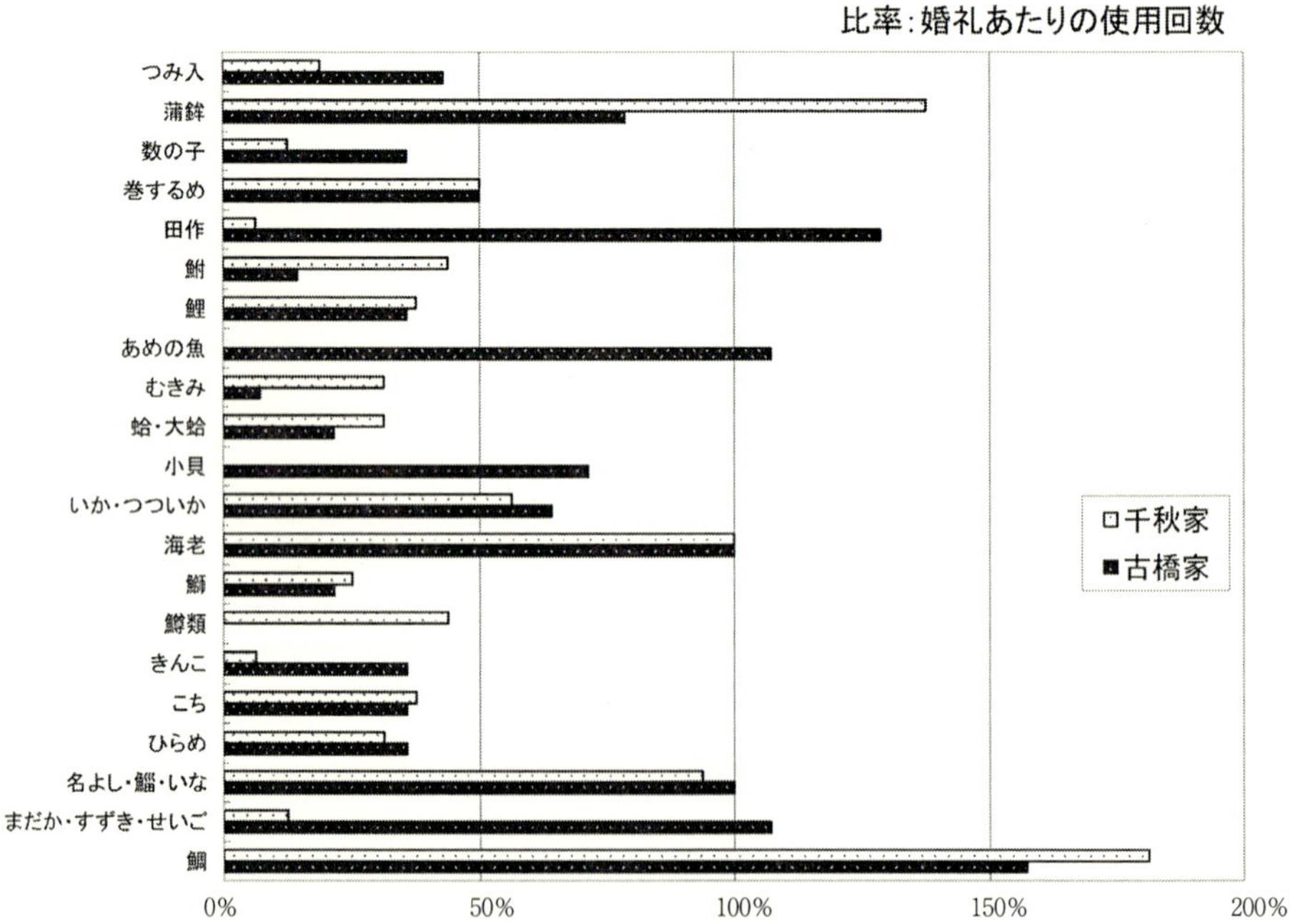

図5　婚礼あたりの魚介類の使用頻度

表８　古橋家の料理と料理書の料理の関係

婚礼献立に記載された料理名	婚礼献立記載年	料理の位置づけ	掲載料理書 ※	出版年
中華玉子	1849・1857	坪	料理通	1822 ～ 1835
沖の石蒲鉾	1852	坪		
巻鯛	1844	坪		
胡麻塩せん	1844	硯蓋		
琥珀胡桃	1844	硯蓋		
衣白魚	1858・1861	丼		
ぎせい豆腐	1852・1856・1858　1861	硯蓋、丼、鉢	料理通 料理早指南	1822 ～ 1835 1801 ～ 1804
漬鳥	1844・1856	硯蓋	当流節用料理大全	1714
巻玉子	1861	大平	当流節用料理大全	1714
玉すだれ	1857	硯蓋	蒟蒻百珍	1846
吹わけ玉子	1857	吸物	料理調菜 四季献立集	1836

＊同じ料理名の作り方が掲載されている江戸時代の料理書

魚介類の使用頻度を見るために、古橋家一四回、千秋家一六回のそれぞれの婚礼あたりの使用率を図5にまとめた。これによると食材の中で多くの料理に使われた魚介類は鯛であり、一回の婚礼の複数の料理に使用されるほど欠かせない食材であった。鯛は江戸時代以前から上魚とされており、武家の中でも儀礼としてかかせない食材として重視され、山間部の名主の儀礼食の中でも重要な食材として、一回の婚礼に重複してつかわれている。海老、名よしについても、両家とも同様に供されており婚礼には必需の海産物であったと考えられる。一方、川魚では古橋家のみにあめの魚が供され、千秋家のみに、鱒が供されており地域的特徴が見られた。

料理の特徴についてみると、表8にまとめた通り古橋家においては、「中華玉子」、「胡麻塩せん」などがみられるが、これは江戸時代の料理書中の、特に『料理通』（一八二二～一八三五、四編）に掲載されたものと名称が一致する。例えば、「中華玉子」は、鯛の身を摺りたまごをいれて、よくやき編み笠のかたちにあわせたものであるが、史料中の婚礼では坪の料理として、供されている。このことから料理書が農村部で

事例1
千秋家
明治三五年（一九〇二）
膳部一人前　膳部　金1円　焼物　〆外鉢肴
引菓子　金35銭
但　柏屋製杉折まき角切箱

事例2
千秋家
明治三九年（一九〇六）
料理　永楽屋　壱人前　金1円25銭
菓子　板屋製　杉箱　金25銭

も利用されていたことがうかがえる。また『料理通』の出版元の一つは尾州名古屋の永楽屋であり、この料理書の利用と関連しているとも考えられる。

（5）婚礼料理の料理屋への委託

明治後期の婚礼献立には、料理を料理屋、仕出し屋に発注する傾向がみられる。事例1は一人前の価格が示され、膳部金1円、引菓子35銭と記されており、膳部をセットで、その他に鉢肴、焼物を注文している。引菓子は料理屋とは別に菓子屋から注文しており、柏屋製の杉折箱で届けられたことを示している。事例2では永楽屋の料理屋の名前が記され、一人前の料理がセットで注文され、菓子は板屋製、杉箱を注文していることがうかがえる。事例3によると、料理ごとに価格が定まっていることが特徴である。膳の部は、皿、汁、坪、香の物のセット料金であるのに対し、酒肴は料理ごとになっており選択が可能だったのではないかと思われる。

事例3
市川家
明治三一年（一八九八）
吸物　62銭5分
口取　87銭5分
魥身　87銭5分
鉢肴　75銭
すし　45銭
酢の物　75銭
茶碗すまし　70銭2分
硯蓋　3円75銭
膳の部　50銭
平　62銭5分
焼物　3円25銭
臺引　5円75銭
25人前　〆8円90銭
伊勢屋

石川氏は、明治中期から婚礼の饗膳も本膳料理ではなく、料理屋の形態である会席料理ないし料亭料理がもちいられるようになり、少なくとも都市部では明治の中期に、伝統的な婚礼のパターンが、急速に崩壊しつつあったと指摘している(14)。

本史料によれば、山間部の農村部においても、明治期中期～後期には料理屋の形態による婚礼が行われた様子がうかがえる。

5　まとめ

本膳料理を中心とした形態は、少なくとも一八世紀半ばには今回調査したような農村部においても定着し、明治期まで婚礼などの饗応の形態として継承されてきたといえる。しかし、特に明治後期には、膳部と酒宴が逆転した酒宴を中心とした形態に変化していったといえる。婚礼料理を料理屋に依存するようになったことで、酒宴を中心とした料理形式をもつ、会席料理形式が婚礼料理にも適用されたと考えられる。本膳料理のように儀礼的なものから、料理数によって調整できる酒宴を中心とした形態への変化は、今回の調査により明治後期には山間地域にもこの形態が広まっていったと思われるので、今後も他地域の事例についても、検討をしていきたい。

文献

(1) 江馬務『結婚の歴史』雄山閣　一九七一
(2) 石川寛子・江原絢子『近現代の食文化』弘学出版　二〇〇二
(3) 熊倉功夫「献立構造論」『献立学』建帛社　一九九七
(4) 熊倉功夫「日本料理における献立の系譜」『全集日本の食文化』第七巻　雄山閣　一九九八
(5) 高正晴子『朝鮮通信使の饗応』明石書店　二〇〇一
(6) 大坪藤代・秋山照子「朝鮮通信使饗応食（第2報）七五三本膳料理と引替」『全集日本の食文化』第七巻　雄山閣　一九九八
(7) 原田信男『全集　日本の食文化』第七巻　雄山閣　一九九八
(8) 東郷富規子「江戸後期における京都商家の生活文化―婚礼のしきたり」『園田学園女子大学論文集』二六　一九九二
(9) 江後迪子・高正晴子「古典資料について―島津家の婚礼規式と饗膳―」『日本家政誌』五〇　一九九九
(10) 江原絢子「益田郡中呂の大前家の儀礼食」『山の民の民俗と文化』雄山閣　一九九一
(11) 秋山照子「讃岐の「晴れ食」　婚礼用・葬儀用（仏事）の食事を中心に」『全集　日本の食文化』第十二巻　雄山閣　一九九九

(12) 秋山照子「香川県域・明治期から昭和期の婚礼における饗応の形態」『日本家政誌』四七　一九九六
(13) 喜田川守貞『近世風俗志』第四編　名著刊行会　一九八九
(14) 石川松太郎「婚礼料理の知識」『日本料理技術選集　婚礼料理』柴田書店　一九八〇

『日本調理科学会誌』三八―四（二〇〇五）を加筆・修正した

おわりに

本書は、多くの人との出会いの中によって形になったものである。主な構成は、古橋研究会での目録作成と修士論文で使用した史料、研究などがもとになっている。

研究のスタートは、卒論で同著者である指導教員の江原絢子先生との出会いから始まった。大学三年後期から大学図書館に収蔵されている江戸時代の料理書の翻刻を一緒に行う中で、そこに書かれている史料からその時代の生活を想像して読み解いていく楽しさを教えていただいた。そして、夏期集中講義の古文書演習に誘われ、後に副査としてお世話になった熊井保先生の授業を受講した。料理書のきれいなくずし字とは違い、墨で書かれたものは、翻刻するのには大変な作業であった。しかし、そこで得たくずし字に慣れる作業は、根気よく教えていただいたおかげで婚礼献立も翻刻できた。

料理書とは違い、その当時の人々が実際に食している史料に出会えることは少なく、それに加え献立などの史料が年代を継続して残っていることは珍しい。『古橋懐古館だより』16号に古橋会の常務理事の古橋真人氏が「歴史資料を伝えてきたのは家制度でしたし、自分のルーツを振り返ることで、今ここに自分が存在している理由や自分のユニークさを再認識できるという効果」として記されている。このように家で大切に守り続けられたおかげで、史料を使用して研究できることに感謝申し上げる。

芳賀先生・木槻先生が立ち上げた「古橋家文書研究会」では、お二人はもちろんの事、文字が読めずに質問にいくと、高木俊輔先生、西海賢二先生、尾崎安啓先生をはじめ、研究会に参加の先生方にご一緒に読んでいただけた。多くの大家の先生方にアドバイスをいただき、江原先生と確認作業ができたことは本書の刊行にも影響を与えている。

また、刊行のご許可、史料をご提供いただいた古橋茂人、千嘉子ご夫妻にも深く感謝申し上げる。今秋に研究会解散後に、久しぶりに史料の確認を含め稲武の地を訪れた。山々に囲まれた景色は変わりなく、懐古館には、千嘉子館長の「いえはとくにさかゆ」の文字が残っており夏の合宿を思いだした。いつも温かくお迎えいただいたご主人、また奥様がお食事係の休暇日にその土地のものを活かした美味しい料理を振る舞ってくださり、中でも煮干しのかき揚げが絶品だったことがつい先ほどのことのように思い起こされる。

また、『古橋懐古館だより』に連載された藤井智鶴氏の転載をご許可いただいた一般財団法人古橋会に感謝申し上げる。懐古館だよりが届くたびに、楽しみであった藤井先生のご研究について、直接お会いしてお話をうかがう機会が得られなかったことが悔やまれる。今回の史料の閲覧や撮影などに、迅速かつ丁寧にご対応いただいた古橋懐古館の学芸員、張艶様に深く感謝申し上げる。また、刊行にあたり快諾いただきましたクレス出版柴田様にも感謝申し上げる。加えて毎夏、研究会への参加を快く送りだし、支えてくれた家族にも感謝する。この研究に出会えたことは著者にとって財産である。

古橋家の文書は、現在は資料収蔵庫で丁寧に管理されている。貴重な史料を保管していただける環境があることに感謝し、研究の発展の一助にもつながることを期待し、著者自身も邁進したい。

二〇二四年一〇月

増田　真祐美

三　古文書で読み解く古橋家の婚礼

藤井智鶴

(1) 古橋家に残る婚礼の記録

古橋家の古文書

古橋懐古館には古橋家初代義次が美濃国中津川から稲橋村に定住した享保期（1716~1735）以降の古文書2万5000点余が所蔵されている。昭和35年（1960）12月の（財）古橋会初代理事長川村貞四郎氏と芳賀登氏（当時東京教育大学講師）・木槻哲夫氏（当時東京教育大学大学院生）との出会いが、古橋家本倉に納められていた莫大な量の古文書の調査・整理を始める端緒となった。翌36年に芳賀氏を代表とする古橋家文書研究会が発足し、以来五十余年営々と基礎調査が行われ、その成果は数十冊の著作と百本を超える論文として結実し、『古橋家文書目録』4冊が刊行された。第1集・第2集には明治5,6年を下限とする近世文書が、第3集には村の公文書・古橋家経営関係文書をのぞく私文書が、第4集には近代文書が収録された。古橋家文書研究会は平成24年に終了されたが、未整理の古文書が残され、現在、懐古館による調査の途上にある。また莫大かつ多岐にわたる古橋家文書に基づく研究の深化が図られている。

古橋家には第3集目録によると、2343点の私文書が残されている。古橋家文書研究会の会員諸氏の研究成果を見てもわかるように、近世史研究において私文書を分析対象とするものは少ない。『古橋懐古館だより』の発刊を機に、その研究ノートとして古橋家の私文書、なかでも婚礼に関する古文書の分析を通して、古橋家の婚礼披露や祝儀贈答の儀礼と、その変様を明らかにすることを目指したい。

婚礼に関する古文書

『古橋家文書目録』第3集には文化4年（1807）から大正8年（1919）にいたる婚礼に関する古文書182点が収録されている。記載されている年月日や名前から確認できた婚姻数は22件、婚姻当事者が判明したものは20件である。下記の通りである。

①文化4年（1807）　5代義教
②文政3年（1820）　清四郎（義教弟）
③天保6年（1835）　6代暉皃（久迩）
④天保15年（1844）　暉皃（奈加）
⑤弘化5年（1848）　信四郎（暉皃弟）
⑥嘉永2年（1849）　津し（続柄不詳）
⑦嘉永5年（1852）　暉皃長女ひさ
⑧嘉永5年（1852）　兼蔵（続柄不詳）
⑨安政3年（1856）　当事者不詳
⑩安政4年（1857）　当事者不詳
⑪安政5年（1858）　暉皃長女ひさ
⑫万延2年（1861）　暉皃（伊知）

⑬明治２年（1869）　古橋浦四郎（続柄不詳）
⑭明治５年（1872）　７代義眞（都留）
⑮明治12年（1879）　古橋清興
⑯明治15年（1882）　佐藤家（続柄不詳）
⑰明治31年（1898）　義眞長女加乃
⑱明治36年（1903）　義眞次女志う
⑲明治43年（1910）　義眞長男道紀《ちのり》
⑳大正５年（1916）　義眞四女しげ
㉑大正６年（1917）　義眞次男卓四郎
㉒大正８年（1919）　義眞三男川村貞四郎

明治５年以前の婚礼14件のうち、⑤信四郎と⑧兼蔵以外の婚礼では「婚禮料理献立帳」・「婚禮御祝儀受納帳」・「婚禮御客座敷割控帳」（以下「献立帳」、「祝儀受納帳」、「座敷割控帳」と略記）の３種類の文書が作成されている。このほかに「清四郎婚姻小入用帳」や「慶事諸入用控」等と題される婚礼に関わる費用の記録がある。

⑥津し以降は、祝儀・献立・座敷割・入用以外の詳しい記録も残され、時代が下るに従い、作成される文書の数は増えている。最も多いのが⑰加乃の26点、次いで⑭義眞・⑱志うの21点が続く。なお加乃・志うの文書にのみ「門出」と記されているものがあり、注目される。

「献立帳」・「座敷割控帳」・「祝儀受納帳」

明治５年までの婚礼12件で作成された「献立帳」・「座敷割控帳」・「祝儀受納帳」について詳しく見ていこう。

「献立帳」は婚礼披露のさいに供された料理の献立を、「座敷割控帳」は婚礼披露出席者の名前を、「祝儀受納帳」は婚礼祝儀の贈与者および品目・数量を記録したものである。文政３年（1820）結婚を機に別家油屋を興した②清四郎の「献立帳」は次のようなものである。

「献立帳」

三月廿六日　い印　二拾四人
本膳
生酢
木くらけ　竹輪
小皿
角にんぐん　薬　焼豆腐
名よし紬身　小椎茸
つとふ
まさより
ふき
二ノ膳
にんじん　こせう
岩茸　汁　名よし
海さうめん　かしこんぶ
指身
名よし
かぶらつね
青みしま　以利酒
大こん　（後略）

（注）紬身は「ひきみ」紬は「引」の当て字

この「献立帳」には３月26日「い印」から27日「ぬ印」まで古橋家本家と油屋で催された10回の宴の献立４種が記されている。最初の「い印」は二の膳付きの本膳料理、さらに鉢・取肴など酒肴が続く。供される相手によって料理の内容には差がつけられている。

その相手の名前を記したのが「座敷割控帳」である。「い印」から「ぬ印」のグループ分けの仕方から、婚礼披露の有様が推測される。「座敷割控帳」の「い印」は次のような記載から始まる。

「座敷割控帳」

義助様
兵助様
〆十八人
当日五番い印座舗
一　伝三郎様
一　与蔵様
一　彦蔵様
一　助右衛門様
一　善太郎様
一　平次郎様
一　市右衛門様
一　不参　次郎兵衛様
一　伝左衛門様
一　不参　伝吉様
一　三十様

しかし、この帳面には名前のみであるため、古橋家との関係や人物像がつかめない。それを補うことができるの

が「祝儀受納帳」の記述である。

下記のような名字や居住地の記載によって、古橋家との関係が特定できる者がある。

「祝儀受納帳」

尾形元碩様
一　哥賃
　　御酒壱樽
町
半四郎様
良介様
一　御酒壱樽
古橋与蔵様
一　哥賃
　　御酒壱樽
　　肴クロ鯛三本
林彦蔵様
一　御酒壱樽
　　肴ツト
勝次様
一　配符壱升
熊谷伝三郎様
一　小豆飯
　　御酒壱樽

「献立帳」・「座敷割控帳」・「祝儀受納帳」があり、婚姻当事者・続柄が判明した8件の婚礼は、(1)兄弟（①②）、(2)暉皃の3度の婚礼（③④⑫）、(3)暉皃の子ども（⑦⑪⑭）に分類される。婚姻当事者の立場の違いによって、披露の出席者や供される料理の献立、また贈与される祝儀の品目・品数に相違があるのか否かを検討することによって、古橋家の婚礼披露・祝儀贈与の儀礼や交際関係の実態とその変様を明らかにできよう。次号は5代義教と弟清四郎の婚礼を比較・検討することとする。

【参考文献】

古橋茂人『古橋家の歴史』（1977年、（財）古橋会）

古橋家文書研究会編『古橋家文書目録』第1~4集（1997・2003・2010・2013年、（財）古橋会）

古橋懐古館『稲武をこよなく愛した芳賀登と古橋家文書研究会の五十年』企画展図録（2015年）

(2) 五代義教と清四郎の祝品

はじめに

古橋家には婚礼を記録した古文書が文化4年（1807）から大正8年（1919）まで212年間に182点、その記録から確認できた婚礼は22件である。その内14件で「婚礼祝儀受納帳」・「婚礼御客座敷割控帳」・「婚礼料理献立帳」（以下「受納帳」・「座敷割控帳」・「献立帳」と略記）の3帳が残されている。この3帳を使って古橋家の婚礼を考える1回目として、古橋家五代義教と弟清四郎の婚礼のさい贈られた祝儀一祝品について検討する。

まず、『古橋家の歴史』を参考に、この兄弟の人となりを見ていく。五代義教は四代義陳と別家三河屋古橋六左衛門娘天琉との間に安永8年（1779）に生まれた。幼名は弁治郎、後に兵蔵と改めた。結婚7年で義陳は天琉を離別し、美濃国恵那郡岩村の長谷川九郎兵衛養女（実父長谷川五兵衛）知可を後妻に迎えた。義陳は知可との間に二男三女を設け、清四郎はその初子である。世の常として知可は我が子清四郎を溺愛し、長男である義教を廃し清四郎の家督相続を強く望んだため、義教は義叔父中津川の古橋源蔵のもとで独立を目指したということである。紆余曲折の末に、父義陳は義教を後継者とし、文化4年に義教に恵那郡大野村伊藤常吉娘加乃（変体仮名表記。「かの」と読む。「受納帳」では賀能と表記されているが、『古橋家の歴史』の表

記に従った）を娶せた。一方、清四郎は文政3年（1820）に結婚し、別家油屋を興したが、経営に失敗、江戸へ出奔した。清四郎の妻については名前が津賀という以外、詳細は不明である。

婚礼披露の概要

「座敷割控帳」・「献立帳」により婚礼披露の概要を表1にまとめた。義教・加乃および清四郎・津賀の新郎新婦、新郎の両親・兄弟姉妹など親族も御客として名が記されている。

義教の婚礼披露は、文化4年（1807）2月28日から3月2日まで5日間に及び、客数253人、12回の祝宴が催された。清四郎の場合は、文政3年（1820）3月26・27日の両日午前と午後に分けて10回197人の客であった。

義教と清四郎を比較すると、義教のほうが客数で56人、祝宴は2回多いだけであるが、日数は倍である。義教のほうが、それだけ時間をかけた祝宴だったといえる。この点は献立の内容からも窺える。義教の本客（28日弐番い印）の饗応は雑煮→本膳・二の膳→酒肴→後段という流れであるが、清四郎の場合（26日五番い印）は本膳・二の膳→酒肴であり、二の膳が供された客も少なく、義教に比べると全般に簡略といえる。義教と清四郎の立場の違いが端的に表れたと考えられる。

招待客と古橋家との関係やそれに伴う料理の内容の差異については名前のみ記された招待客との関係性の多くが不明であるため、述べるには至らな

表1「座敷割控帳」と「献立帳」による披露の概要

義教		献立の種類	人数	献立
	28日	壱番は印	27	本膳、二の膳、中酒、酒肴3種
		弐番い印	22	雑煮、本膳、二の膳、中酒、酒肴24種、後段
		小計	49	
	29日	壱番ろ印	27	本膳、二の膳、中酒、酒肴7種
		弐番ろ印	26	本膳、二の膳、中酒、酒肴3種
		（後筆分）	6	不明
		小計	59	
	晦日	壱番は印	12	一汁三菜、中酒、酒肴3種
		弐番は印	21	一汁六菜
		三番ろ印	22	本膳、二の膳、中酒、酒肴3種
		（後筆分）	2	不明
		小計	57	
	朔日	壱番は印	12	一汁六菜
		弐番は印	15	一汁三菜、中酒、酒肴3種
		小計	27	
	2日	壱番ろ印	22	6人：一汁三菜、中酒、酒肴3種
				16人：一汁六菜、うち9人部屋にて
		弐番ろ印	25	本膳、二の膳、中酒、酒肴3種
		下人下女	14	一汁三菜、酒肴3種
		小計	61	
	計		253	

清四郎		献立の種類	人数	献立
	26日	壱番へ印	20	一汁六菜、吸物
		弐番と印	16	一汁六菜
		三番ち印	14	一汁六菜
		四番に印	18	本膳、吸物2、硯蓋、鉢
		五番い印	21	本膳、二の膳、酒肴16種
		五番は印	17	本膳、吸物2、硯蓋、鉢
		小計	106	
	27日	壱番ぬ印	13	一汁三菜、酒肴13種
		弐番ろ印	29	一汁三菜、酒肴13種
		三番ほ印	18	本膳、吸物2、硯蓋、鉢
		り　印	31	一汁六菜
		小計	91	
	計		197	

表2　村別祝品贈呈者数

郡	村　名	義教	清四郎
設楽郡	稲橋	61	32
	武節	29	31
	桑原	23	10
	中当	22	9
	夏焼	16	7
	御所貝津	12	6
	野入	7	2
	黒田	3	1
	名倉	3	1
	大野瀬	2	0
	小田木	2	1
	押山	2	1
	貝津田	2	1
	川手	2	3
	その他	3	0
	小 計	189	105
加茂郡	下山	4	0
	足助	2	0
	連谷	2	0
	その他	2	0
	小 計	10	0
恵那郡	中津川	23	12
	大野	9	8
	岩村	7	5
	明知	4	0
	下村	3	1
	その他	12	4
	小 計	58	30
	そ の 他	13	20
	記載なし	1	44
	計	271	199

かった。個々の人物のデータを蓄積したうえで検討を加えることにする。

祝品数と贈呈者

祝品は、義教には271人から525点、清四郎には199人から306点が贈られている。義教の贈呈者数は清四郎の約1.4倍、また品数は1.7倍である。贈呈者を村別に分類したものが表2である。清四郎の場合は村名が記載されていない者が多い点に注意を要するが、広範囲にわたる村々から祝品が贈られていることがわかる。美濃国恵那郡の贈呈者が多いのが目を引く。これは中津川村が初代義次の、岩村が母知可の、大野村が加乃の出身地であることによる。義教へ中津川村からの祝品がかなり多いのは、当地で一時期暮らしてきたことも一因と推察される。

図1　品数別贈呈者数

外円：義教　内円：清四郎

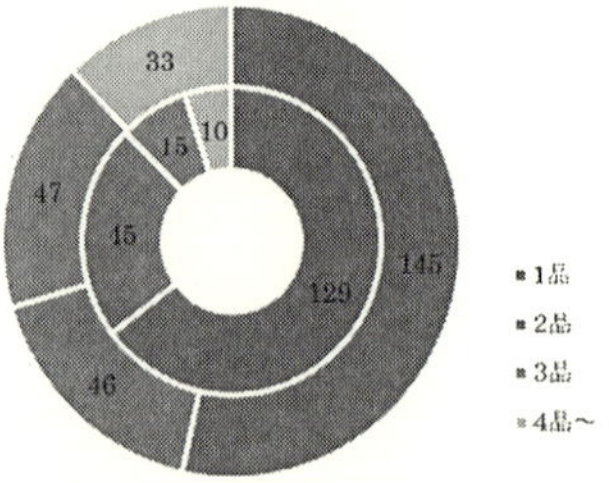

贈る品数は1品とは限らない。品数別で贈呈者を分けると図1のようになる。外円が義教、内円が清四郎である（以下、同）。2品までの贈呈者が大半を占める清四郎に対し、義教の3品以上の贈呈者は3割近くある点、また、桟留·紬などの反物や帯といった衣料が多く贈られた点に際立った違いが見られる。両者に共通していることであるが、衣料など懇ろな祝品の贈呈者は母の実家、大叔母·叔母の嫁ぎ先、中津川古橋家、別家といった近親者が占めている。

祝品の種類

祝品の種類を見ていこう。品数の多い順に、酒、紙類、さかな、御櫃·哥賃、扇子、反物·帯、書状、小豆飯、その他の9種に分類した。図2は品数別に、図3はその割合を、図4は1品の贈呈者の祝品の種類を示したものである。義教·清四郎に共通しているのは、祝品として一般的な酒が一番多く贈呈されていることである。義教の場合、1品のみの贈呈者の8割以上が酒

である。次いで、生産量の少なかった古来より貴重品として贈り物とされた伝統がある紙類が続く。半紙・中折・杉原・料紙など多彩である。義教にのみ贈られたものとして、美濃紙・「小紙」・「紙」がある。

「さかな」は、清四郎の場合は「肴」と記載されているが、義教のひらがな表記に従った。具体的に何が贈られたのかは明記されていなかった。黒鯛・名よし・いな・川魚など魚名が記されていた場合もさかなに含めた。

3番目に多いのは、義教で「御櫃壱ツ」と記載されたものである。御櫃は桶のような形で蓋があるご飯を入れる木製の容器を指すが、祝品として贈られたのはその中身であろう。小豆飯は別にあげられていることから、清四郎に贈られた哥賃（餅）と同等のものと判断した。

扇子は「扇子壱」・「扇子箱壱」・「扇子一対」などいろいろな形で贈られていたが、扇子としてまとめた。18世紀の中頃から、庶民の間で祝儀贈答品の一つとして扇子も贈られるようになったといわれている。

「その他」に分類したのは、金銭、風呂敷・足袋・煙草入れ・箸・筆・履物などの雑貨、つぐみ・山鳥・あさり・海老・芋などの食材、菓子である。

祝儀贈答品として広く遣り取りされる酒、紙類、さかな、餅、扇子が上位を占めている。これらの品が祝儀贈答品の主要な品々であることは、4品以上贈呈した32名のうち26名の祝品に

図2　贈呈品種類別品数

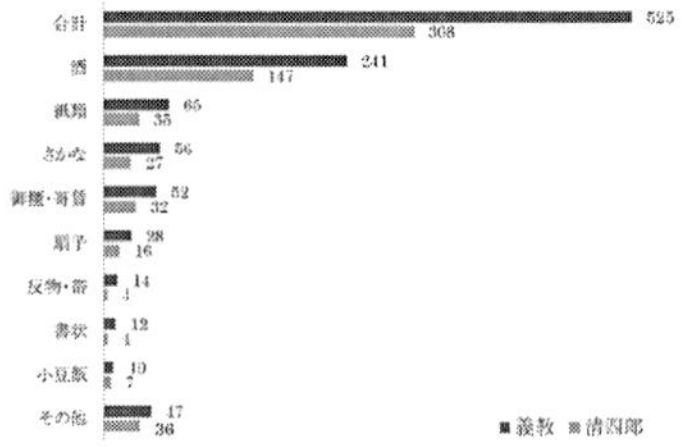

図3　種類別割合　　外円：義教　内円：清四郎

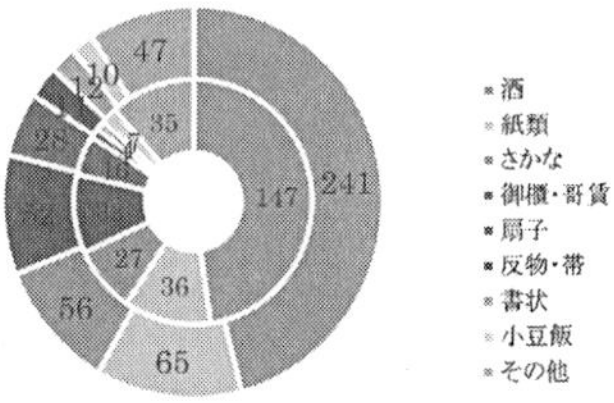

図4　1品贈呈者の祝品
外円：義教　内円：清四郎

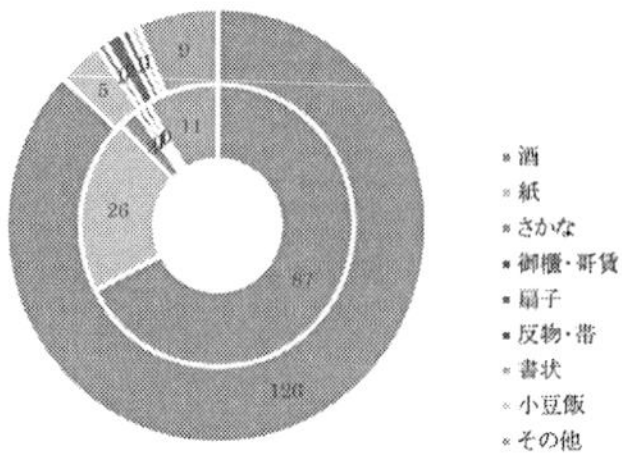

3種以上が含まれていることによく表れている。逆に、現代、婚礼の祝いの品としてよく知られるスルメは、義教5点・清四郎6点と少なく、鰹節に至っては1点ずつであった。また、祝品として金銭が贈られることは少なく、義教7点、清四郎6点に過ぎず、金銭のみ贈呈した者は義教3名、清四郎1名とさらに少なくなり、品物を贈る傾

向が顕著である。

次に、相違点として挙げられるのは、清四郎には帯と袴地が4点贈られたに過ぎないが、義教には桟留・紬縞・羽二重・太織などの反物や帯が近親者から14点贈られていることである。また、義教の場合、披露に不参の贈呈者11名からは書状が贈られており、より懇ろな関係が窺える。

さらに義教と清四郎とでは婚礼に関する記録のあり方も違っている。祝品を記録した古文書は「婚礼祝儀受納帳」である。義教はこれ1冊であるが、清四郎には「清四郎御祝儀受納帳」と題されるものがある。Bと呼ぶことにする。図1~4を作成するさいはBの内容も含め、図5はBを除いて作成した。図3では2人の間で祝品の種類別割合にあまり違いはないが、図5をみると清四郎の紙類が極端に少なくなっている。婚礼を機に別家する清四郎に渡された物か。今後、贈呈者を検討し考えていきたい。

一方、義教の「受納帳」の裏表紙には「古橋義陳控」とあり、村ごとに贈呈者の名が整理されている。婚礼を始め祝儀・不祝儀があったさいに「受納帳」のような記録が作成されるのは、他家で祝儀・不祝儀があったさいに、その家からどの程度の金品が贈られたかという先例をみて、相応のものを返すためである。家督を継ぐことを約束された義教の「受納帳」が整備されているのは当然であろう。

図5　Ⓑ帳を除く種類別割合

外円：義教　内円：清四郎

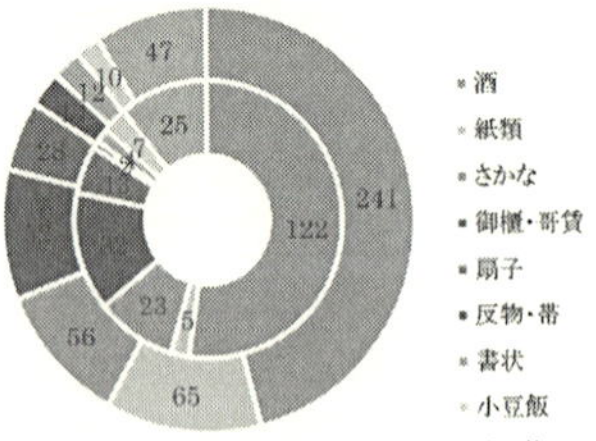

おわりに

義教・清四郎兄弟の婚礼について、贈呈された祝品を中心に見てきた。他村・近隣から多数の祝品が贈られたこと、酒・紙類・さかな・餅という代表的な祝儀贈答品で占められていたこと、祝品の数や種類に兄と弟、家を相続する者と別家する者という立場の違いが表れていたことがわかった。祝品の量や種類が年とともに、婚礼当事者の立場によって如何に変化していったのか、引き続き検討していきたい。次回は六代暉皃を取り上げる。

【参考文献】

古橋茂人『古橋家の歴史』(1977年、(財)古橋会)

森田登代子『近世商家の儀礼と贈答』(岩田書院、2001年)

林英夫「諸事祝儀覚帳の一分析―尾張国A家の婚姻帳より―」(「國學院雑誌」第63巻第10・11号、1962年)

増田真祐美・江原絢子「婚礼献立にみる山間地域の食事形態の変化―江戸期から大正期の家文書の分析を通して―」(『日本調理科学会誌』Vol.38、No.4、2005年)

(3) 6代暉皃の婚礼 (1)
―披露の概要と祝品の数・贈呈者数―

はじめに

古文書を通して古橋家の婚礼を明らかにする3回目は6代暉皃を取り上げる。暉皃は文化10年(1813)5代義教の次男として生を受けた。幼名は唯四郎。兄徳四郎が文政11年(1828)に亡くなり、唯四郎が後嗣となった。

古橋家は酒･味噌の醸造に質業(利貸業)を加え、地主として土地を集積しながら、鍋･釜･鍬･鎌などを商う鉄店や油実を集めて絞油して油と油粕を販売する油店など商業活動を展開してきた。天明の凶作を経て、利貸金や売掛金の焦げつきが嵩み、火災によって焼失した蔵･馬屋の再建の支出も加わり、借金は膨大な額に及び、義教のときに家産経営は破産寸前に追い込まれていた。この危機的状況を打開するための策として、天保2年(1831)に義教は隠居し、数え19歳の暉皃が家督を相続した。以降、暉皃は破産寸前の家計の立て直しに奮闘することになった。

暉皃の婚礼

暉皃は3度婚礼を挙げているため、祝儀受納帳(表題は略記、以下同)･御客座敷割帳･献立帳など婚礼の記録は天保6年4冊、同15年4冊、万延2年(1861年、2月18日に文久に改元、婚礼は2月16日に行われたので万延を用いた)3冊、合計11冊残されている。

最初の結婚は天保6年である。暉皃が美濃国恵那郡大井村勝野長右衛門娘久迹と結婚したときには、暉皃の経営立直し策が功を奏し、増え続けいた借金が減少に転じ、安定的な家計を手に入れつつあった。暉皃が自家の経営のみに没頭する姿勢を改め、村や社会に目を向けるようになったのもこの頃である。折しも凶作や米価高騰により隣の加茂郡で引き起こされた打ちこわしや一揆の際には稲橋村の村民に呼応しないように説得し、領主である赤坂代官所に救済のための夫食を要求するなど村のために尽力し、同9年には稲橋村の名主になった。久迹との間に志奈･武四郎の一男一女を得るも、同11年に久迹は亡くなり、さらに同14年に武四郎を失った。

久迹の没後、暉皃はしばらく後妻を迎えなかった。4代義陳の後妻知可と義教の確執に悩まされた経験が主たる理由と思われる。しかし後嗣を失ったことに促され、暉皃は天保15年に恵那郡中津川村市川益吉娘奈加と再婚した。嘉永3年(1850)英四郎(7代義真)を授かるも、奈加は安政2年(1855)に没した。

弘化年間(1844-48)以降、古橋家の経営は安定し、暉皃の活動の場は稲橋村に留まらず周辺の村々へ広がった。弘化4年に暉皃は赤坂代官所から祭礼･芝居･狂言など風俗取り締まりや農業不精取り締まりを、さらに嘉永4年に設楽郡桑平新田の、万延元年に加茂郡閑羅瀬村の村方再建仕法を命じられた。

家を空けることが多くなったためか、同２年美濃国土岐郡神尾村小栗代治郎娘伊知との結婚を決めている。

以上見てきたように3回の婚礼が行われた時期により古橋家の状況は異なる。この状況の違いが婚礼のあり方に影響を与えたのか否かを明らかにすることに主眼を置いて、暉皃の婚礼史料を分析する。その際、古橋家後嗣と立場を同じくする父義教の婚礼と比較することで世代間の差違も併せて検討することになる。

婚礼披露

まず、婚礼披露の概略に触れることにする。暉皃の婚礼については、妻の名前に依らず、年次で表すことにする

義教の婚礼に招かれた客は253人、披露に要した日数は5日間である。それに対して暉皃の場合、披露は2日間、人数は118人で、減少率は53.4％である。天保15年は91人、万延２年は77人と減少しているが、その減少率は29.7％、14.1％と抑えられている。天保6年の招待客の半減は古橋家の家計の状況を反映したものであるが、家計再建後の人数の減少は再婚･再々婚によるものと思われる。

暉皃の御客座敷割帳および供された料理の種類･内容別に記した献立帳の記載は、回を重ねるごとに大雑把になり、御客座敷割帳の人数と献立帳の人数は一致しない。これは再婚･再々婚を前例とする事例が出現する可能性が低いという判断があって記載の精緻や正確さに欠けたと考えられる。明確に記されていた本客の献立を表にまとめた。

表 本客の献立

		義教	暉皃		
		文化4年	天保6年	天保15年	万延2年
三宝					○
雑煮		○	○	○	○
吸物		○	○	○	○
小皿			○		○
八寸					○
冷酒		○	○	○	
本膳	鱠	○	○	○	○
	坪	○	○	○	○
	汁	羹	○	○	○
	飯	○	○	○	
	香の物		○	○	
	平				○
	猪口				○
二の膳	刺身･いり酒	○			
	二汁	○			
	貝焼	○			
	香の物	○			
中酒		○	○	○	○
酒肴		24種	11種	16種	9種
後段		4種	9種	8種	13種※

※万延２年の本客の披露は２日間を要した。２日目朝食には皿・平・汁､昼の盛方・蕎麦に続き後段のうち２種､夕から残り９種が供された。

この表から、①二の膳は暉皃のときには出されなかった、②料理の品数は天保6年が一番少ない、③万延２年は他の3回と異なり、披露が二日にわたり、雑煮の前に「三宝」･「八寸」(会席料理で杯事の酒肴〈『日本国語大辞典』による〉)が供されたことが読み取れる。①の二の膳の省略や羹が単に汁となったのは本膳料理の簡略化を表し、②は古橋家の経済状態を如実に反映したものと考える。家計が安定するにつれて料理の数は増えている。③であげた三宝は二つあり、一つにはのし･根引松･やぶ柑

子・勝栗・昆布、もう一つには盃が載せられ、八寸には祝儀のときに出される巻するめ（するめを巻いて輪切りにし、渦のようなかたちにしたもの〈『日本国語大辞典』による〉）が盛られている。いずれも今までの献立には見られないものである。暉皃の活動が一家一村から近隣の村々へ広がり、たびたび江戸に赴くなかで知見を広めた結果、献立の内容をはじめ本客への披露自体も2日間にわたるなど、新規の点が多くなったものと思われる。

祝品の数と贈呈者数

次に祝儀受納帳に記録された祝儀として贈られた祝品についてみていく。贈られた祝品と贈呈者の総数は、

義　教	525品	271人
天保6年	460品	226人
天保15年	207品	123人
万延2年	95品	65人

である。品数・贈呈者数ともに減少しているが、義教と天保6年の数値に大きな変化はない。古橋家の経済状態により披露の招待客の数は半減したが、祝品の贈与にはさしたる影響を与えなかったと言える。しかし天保15年は207品（減少率55.0%）・123人（同38.0%）、万延2年になると95品（同52.2%）65人（同47.2%）と減少し、天保6年と比べると万延2年の減少率は品数81.9%・人数76.0%と減少の度合いは大きい。天保6年は初婚ということで古橋家の経済状態に関わらず祝品を義教のときと同じように贈ったが、再婚・再々婚となると事情が異なるということであろう。特に万延2年の場合は贈られた祝品は天保6年の約2割に過ぎない。既に英四郎という後嗣の存在が妻の役割や位置づけを変え、それが祝品の贈与のあり様を変えたと推測される。

天保6年の祝儀受納帳は、「当村」、「武節町村」、「桑原・御所貝津・笹平」（Aとする、以下同）、「夏焼・野入・小栃・根羽・押山・峯山」(B)、「下村・岩村・中津川・上村・大野・横道・大井・高波」（美濃国）、「中当・清水・名倉」(C)、「黒田・小田木・川手・所々」(D、設楽郡以外は「その他」とした）という見出しが付けられて、7グループに分けて記載されている。以下A、Bと表記する。図1はグループごとに祝品の品数の割合を、図2は贈呈者数の割合を年度順にまとめ、その推移を示した。データバー内の数字は実数である。なお、グラフを作成する際、設楽郡以外の地区・居住地不詳は除外した。

図1·2から居住地ごとの割合の推移が総数の推移と一致しない地域があることがわかる。稲橋村・武節町村・Cの占める割合は品数人数とも大きくなっている。

それに対して、A·B·美濃国は品数人数ともに約52%から約12%に大きく減少している。中でも美濃国の変化は著しく、全体に占める割合は品数が28.4%から7.4%に、人数も21.0%から4.6%に減少している。ここで美濃国とした村のうち、中津川は初代義次と暉皃2番目の妻の出身地、岩村は4代義陳後妻の出身地、大野は義教妻の出身

図１　居住地別祝品贈呈者数の割合

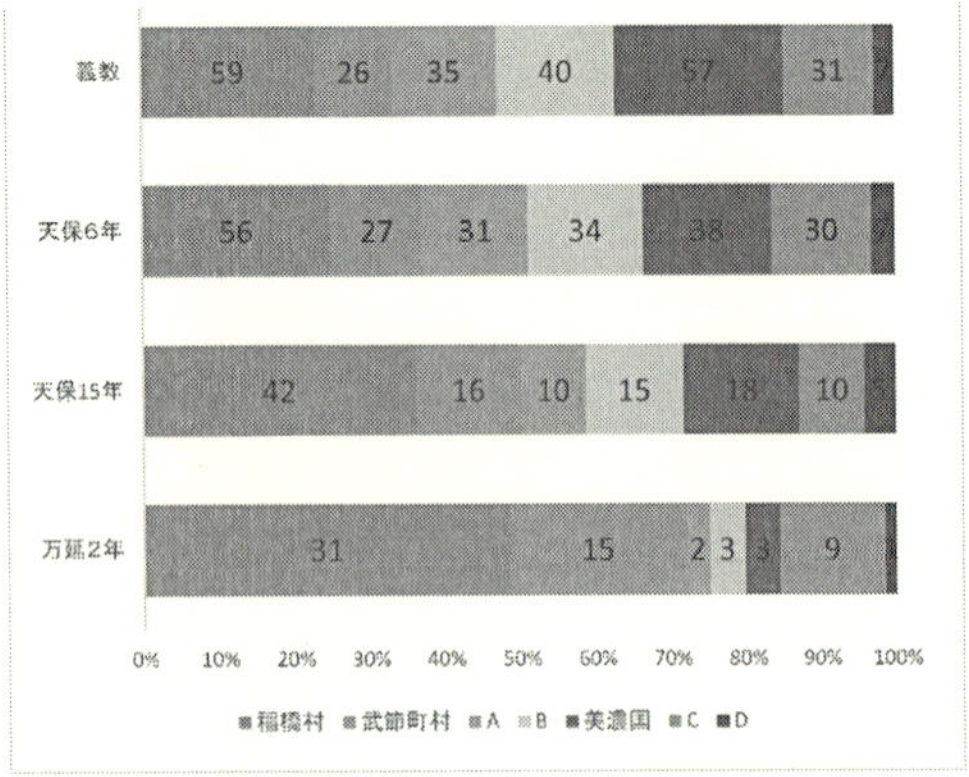

図２　居住地別祝品数の割合

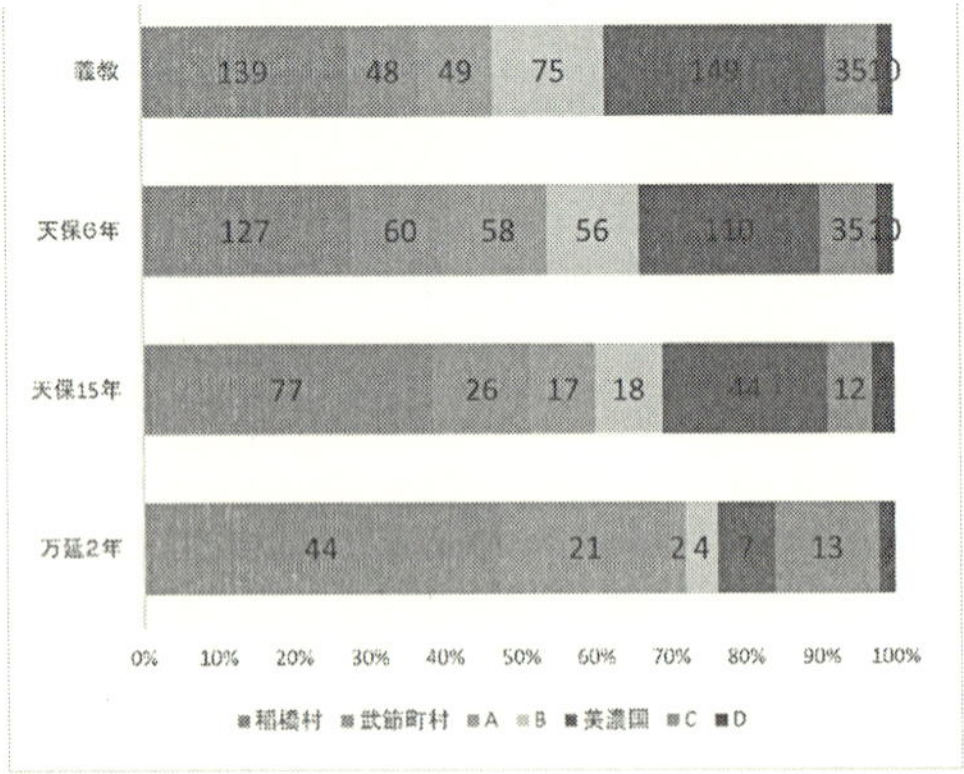

地、大井は暉兒最初の妻の出身地である。美濃から稲橋村へ移住して６代目、年月を経て、濃い親戚付き合いからの転換を意味すると思われるが、万延２年に嫁いできた伊知が美濃国でも土岐郡出身であることも考慮する必要がある。この点については暉兒の子女の婚礼で検討を加えたい。

ＡからＤのうち、笹平・小栃・峯山は小字、Ｂの根羽は信濃国伊那郡である。Ｂの見出しにあげられていないが、大野村の贈呈者がいる。稲橋・武節町・桑原・御所貝津・夏焼・野入・押山・黒田・川手・小田木・大野瀬の11か村は組合村として年貢減免などの訴願等で行動を共にした村々である。この11か村に中当・清水を加えて６グループに分けた意図は現状明瞭ではなく、各村との関係の変化が贈呈者数・品数の変化に対応しているかは次回さらに祝品の種類の分析を通して検討したい。

【参考文献】

古橋茂人『古橋家の歴史』（1977年、（財）古橋会）
高木俊輔『明治維新と豪農　古橋暉兒の生涯』（2011年、吉川弘文館）

(4) 6代暉皃の婚礼 (2)
—祝品の種類・数量およびその変化—

はじめに

「古文書で読み解く古橋家の婚礼」の4回目は、前回に引き続き6代暉皃の婚礼を取り上げ、婚礼に際して贈呈された祝品について検討する。暉皃は、天保6(1835)年に久迹、天保15年に奈加、万延2年(1861)に伊知を娶り、その度に婚礼の祝品を贈られている。天保15年は前年に嫡子武四郎を失ったことにより、万延2年は安政2年(1854)より奈加亡き後の家政を預かっていた長女志那の死亡により再婚したものである。

祝品について分析するに当たり、⑴文化4年(1807)に婚礼を挙げた5代義教も併せて取り上げ、世代間の差違を比較した、⑵天保6年の祝儀受納帳の記載に基づき贈呈者を稲橋村・武節町村・A地区(桑原・御所貝津)・B地区(夏焼・野入・根羽・押山)・美濃国(下村・岩村・中津川・上村・大野・横道・大井・高波)・C地区(中当・清水・名倉)・D地区(黒田・小田木・川手)の7地区に分類した、⑶上記以外の地区および居住地不詳は除外して分析した、⑷連名で贈呈した場合は1人と数えた。なお前号では設楽郡Aというように設楽郡を冠したが、信濃国伊奈郡根羽村が含まれていることから設楽郡を外した。

今回の分析の対象とした贈呈者数と祝品数は以下の通りである。

義　教	255人	505品
天保6年	223人	456品
天保15年	117人	200品
万延2年	64人	93品

各年次の祝儀受納帳により、居住地別に贈呈者数と種類別祝品数を表に、また祝品の種類別割合をグラフにまとめた。これらの図表に基づき贈呈者・祝品について検討していく。

贈呈者

贈呈者の人数の変化を居住地別に見ると、全体に減少傾向であるが、天保6年に武節町村・A地区・C地区では増加している。万延2年ではA・B・D地区および美濃国の減少率は60%以上であるが、武節町村は19.2%、C地区は変化なしである。自村の稲橋村は40.0%の減少である。天保15年から万延2年の間に古橋家と武節町村・C地区との関係の変化の表れと思われる。

義教および暉皃の3回の婚礼に祝品を贈った贈呈者延べ659人のうち、すべての婚礼に祝品を贈った者は6人過ぎない。稲橋村が2人、武節町村が3人、A地区が1人である。また暉皃の3回すべてに祝品を贈った者は5人、内訳は稲橋村1人、武節町村3人、C地区1人である。3回4回と贈答を重ねるほど深い交際関係にあったことを意味している。この中に古橋姓の者はいない。古橋姓の贈答者は、義教のとき7人、天保6年6人、天保15年3人、万延2年1人と減少しており、贈答者数の変化と一致している。親族の

表　居住地別祝品の種類・数量および贈呈者数

地区名	年　次	酒	紙	さかな	餅	扇子	反物	小豆飯	風呂敷	金銭	書状	その他	合計	贈呈者数
稲橋村	義　教	52	30	10	20	6	0	8	2	9	0	2	139	59
	天 保6	50	11	3	7	9	4	8	16	5	0	14	127	56
	天保15	39	1	2	9	5	0	5	0	1	0	12	74	40
	万 延2	9	5	0	0	3	0	0	1	19	0	7	44	31
武節町村	義　教	26	5	3	7	1	4	0	0	0	0	2	48	26
	天 保6	27	4	1	5	4	2	0	7	9	0	1	60	27
	天保15	16	1	0	3	0	0	0	3	1	0	2	26	16
	万 延2	14	0	1	0	0	0	0	3	2	0	1	21	15
A	義　教	33	6	0	4	3	0	0	0	2	0	1	49	35
	天 保6	30	5	2	4	4	1	0	7	2	0	2	57	31
	天保15	8	2	0	2	2	0	0	1	1	0	3	19	11
	万 延2	2	0	0	0	0	0	0	0	0	0	0	2	2
B	義　教	38	9	8	5	4	2	2	0	2	1	4	75	40
	天 保6	32	0	1	3	6	1	0	7	4	0	2	56	34
	天保15	13	0	0	1	0	0	0	0	2	0	2	18	15
	万 延2	2	0	0	0	0	0	0	0	1	0	1	4	3
美濃国	義　教	38	8	35	13	12	8	0	2	0	10	23	149	57
	天 保6	23	5	21	11	14	4	0	3	1	5	23	110	38
	天保15	7	0	9	2	12	2	0	2	6	0	4	44	18
	万 延2	0	0	1	0	2	0	0	2	2	0	0	7	3
C	義　教	30	1	1	1	1	0	0	0	0	0	1	35	31
	天 保6	29	1	0	1	0	0	0	1	2	0	3	37	30
	天保15	8	0	0	0	0	0	0	1	3	0	1	13	11
	万 延2	5	0	0	0	2	0	0	1	3	0	2	13	9
D	義　教	7	1	0	1	0	0	0	0	0	0	1	10	7
	天 保6	6	0	0	0	0	0	0	1	1	0	1	9	7
	天保15	5	0	0	1	0	0	0	0	0	0	0	6	6
	万 延2	1	0	0	0	0	0	0	1	0	0	0	2	1

図　年次別祝品の種類別割合

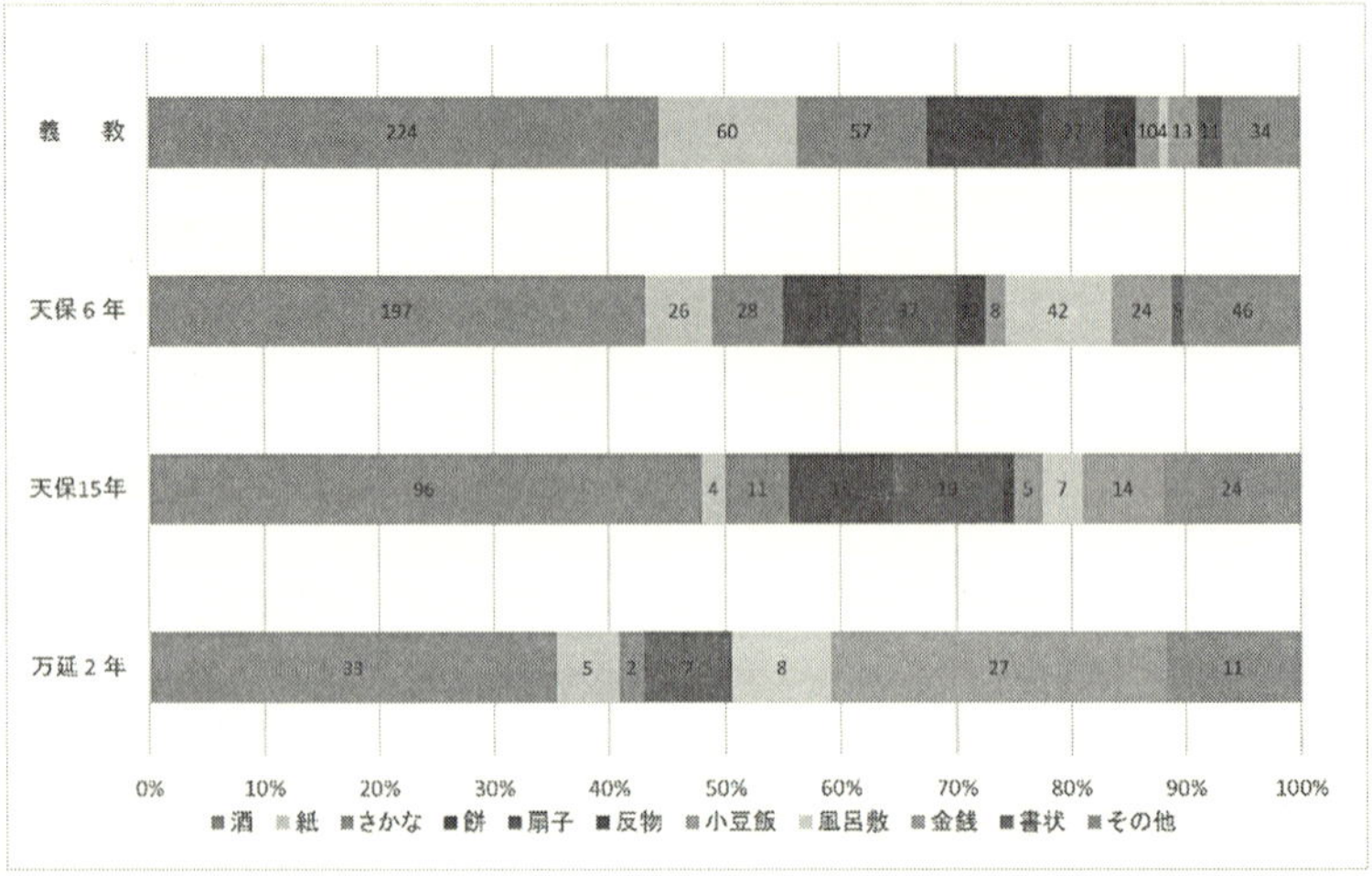

祝品贈答のあり方を詳細に検討する必要があろう。

祝品の種類

祝品は、①酒②紙③さかな④餅⑤扇子⑥反物⑦小豆飯⑧風呂敷⑨金銭⑩書状⑪その他に分類した。先ず、それぞれの祝品を具体的に見ていくことにする。

①酒と③さかなは「酒肴」として結納・婚礼など祝いの席に持参する代表的な祝品である。「さかな」は「さかな壱苞」「肴ツト」と表記されたものである。具体体にどのような形で贈られたかは不明であるが、儀礼的な祝品として捉え、「名よし」「さわら」「あめの魚」(鯇魚。ビワマスの別称)など魚名を具体的に記載してある場合は「その他」に入れた。①酒は万延2年を除いて祝品の40%以上を占める。万延2年はたとえば「御酒料百文」というように現金が贈られた例が22品あり、これを①酒に入れると59.1%となり、一貫して主要な祝儀贈答品であったことがわかる。一方③さかなは、減少の一途をたどり、万延2年は2品に過ぎない。

①酒を贈答しなかった贈答者数は義教32人、天保6年25人、天保15年20人、万延2年31人である。各年次ともに一程数存在するが、酒の代わりに②紙③さかな⑤扇子や⑦その他に入れたスルメという祝儀を表す贈答品が添えられていることが多い。

②紙が贈答品として用いられるようになったのは、杉原紙一束(10帖)の上に末広添えたいわゆる「一束一本」を代表的な贈答品とした風習が広まった12世紀初めごろといわれている。今考えられる以上に、紙類が高価・貴重であったことによる。贈られた紙の種類は、料紙・美濃紙・杉原・半紙・中折(半紙の一種。鼻紙などに使う粗末なもの)と多岐にわたる。

④餅は「御櫃壱ツ」「哥賃壱櫃」「餅壱櫃」と記されている。④餅と⑦小豆飯(赤飯)は現代でも種々の祝いの席に供される代表的な食品である。なお⑦小豆飯の贈呈者の居住地は稲橋村とB地区に限られている。

⑥反物には、帯地・太織・上田嶋・白紬・桟留・小袖綿・白絹・結城桟留・紬縞・山繭入絹・さらさ小紋など多種多様である。贈呈者の居住地は美濃国14品、武節町村6品、稲橋村4品、B地区3品、C地区1品と続く。

⑧風呂敷は、有賀喜左衛門が分析された信濃国上伊那郡旭村や林英夫が分析された尾張国中島都起村でも祝品として贈呈されており、代表的な祝儀贈答品である。天保6年に42品と突出して多く贈られているのが目を引く。実用品として贈られたにしては数が多過ぎるように思われ、当時古橋家では家政立て直しの最中であることから、その用途には疑問が残る。引き続き検討していきたい。

⑨金銭は、文字どおり現金を贈ったものである。「鳥目弐拾四銅」「青銅拾疋」「南鐐(二朱銀)弐片」等と記載されており、金額は24文から金1両まで幅がある。

⑩の書状は、B地区の1品以外はすべて美濃国からで祝品に添えられたものである。

その他は、名よし・鰹節・たたみいわし・いか・つぐみ・芽うど・栗・小鳥・いわし・あさり・田作・小豆などの食品、雪駄・下駄などの履物、箸・筆・手拭・煙草盆・煙草入れ・楊枝差などの雑貨である。実用的な品物を贈答し合う親しい関係性が想起され、各年次ともに10％程度占められている。この中には「頓肩籠」「大平面」「ひげこ」（ひげご）という用途不詳の祝品が美濃国から贈られていることが注目される。

祝品の変化

贈答された祝品の種類別割合を年次ごとに見ていくと、②紙③さかな④餅⑥反物⑦小豆飯⑩書状が減少傾向にあることがわかる。増加傾向が見られるのは⑨金銭である。義教のときには13人内半紙・中折代として5人、天保6年には24人内餅料・肴料として12人、天保15年には14人内酒料・餅取代として11人、万延2年には27人内酒料として22人、それぞれ金銭を贈っており、物品の現金化の進展が窺える。天保6年の餅料は金1朱であり、万延2年の500文に比べて過分である。これは古橋家の経営状態を考慮したものと推測される。

義教と天保6年を比較すると②③④の減少が大きく、逆に⑤扇子⑧風呂敷が増加している。

万延2年になると、④⑤⑥⑦⑩は全く贈られなくなり、祝品の種類別割合が大きく変化している。特に近親者から贈られる⑥反物⑩書状が含まれている点が注目される。なお④餅⑦小豆飯に関しては、前述の旭村や起村の祝品の中に餅・小豆飯の類は見られず、祝儀贈答品としての位置付けについて検討を加える必要があろう。

紙の贈答の減少は天保15年から見られる。この点について有賀喜左衛門は旭村では婚礼祝儀として紙が用いられる風習は少なくとも明治中期まで存続していたと述べられており、様相が異なる。

結び

天保15年までは美濃国が祝品の質量ともに抜きん出ている。酒・紙・さかな・扇子という儀礼的な祝儀贈答品がバランスよく贈られている。③さかなは美濃国が66品67.3％と突出しており、⑥反物と⑩書状はほとんど美濃国から贈られている。また③さかな同様に上位者への年賀挨拶や祝儀献上品の際に添えられる⑤扇子は4回90品のうち40品（44.4％）が美濃国から贈られている。美濃国は古橋家の出身地であり、2代から6代古橋家当主の妻は美濃国から嫁いできており、古橋家の娘たちも美濃国に嫁いでいる。深い親戚関係を築き、家格も高いことから伝統的な儀礼を重視した祝品になったものと思われる。それが万延2年になると大きく変化し、贈呈者数・品数ともに激減している。

この変化はA地区·B地区にも見られ、減少率は祝品数が70%以上、贈呈者数は80%と大きい。それに対して、自村である稲橋村のそれは40.5%と22.5%、武節町村は19.2%と6.3%、C地区は同数と18.2%と大きな変化は見られない。

万延2年になると、居住地による祝品の種類·数量の変化に大きな差異が見られる。これは後嗣を得た後の再縁であることによるとも考えられる。暉皃の子女の事例の分析を通して検討していきたい。

(5) 6代暉皃娘志奈の婚礼 (1)
—縁談成立・結納—

志奈について

古文書で読み解く古橋家の婚礼の5回目は、暉皃の長女志奈《しな》を取り上げる。長女の名前を志奈としたのは『古橋家の歴史』の記述に基づく。志奈の婚礼の記録である「嘉永五年四月仁三郎縁談相整候記録」(以降「嘉永五年記録」と略記)には「ひさ」とある。安政5年(1858)1月「婚礼御祝儀受納帳」にも「古橋ひさ」とある。同6年の人別帳に記載されていた「ひさ」は付箋で消されているという(『古橋家文書目録』第3集解説)。ひさは婚礼を機に志奈と改名したものと推察されるが、『古橋家の歴史』の表記に従った。

志奈は天保9年(1838)古橋家6代暉皃と妻久迹《くに》との間に生まれた。久迹は翌10年に長男武四郎を出産したものの産後の肥立ちが悪く、翌年死亡した。その武四郎も同14年に死亡し、暉皃は後嗣を失った。そこで嘉永元年(1848)に奈加《なか》と再婚、同3年に次男英四郎(7代義真)が誕生した。

英四郎は生まれつき虚弱と言われ、同5年には罹患した乳幼児の4割が命を落とすとされた疱瘡《ほうそう》にかかり、暉皃の心配は絶えなかったと推察される。

古橋家は文政年間(1818-30)5代義教の義弟清四郎·周四郎の出店元手金や焼失した馬屋蔵の普請費用などで借金がかさみ、破産寸前まで追い詰められ

ていた。天保2年暉皃が家督を継ぎ、家政改革を断行、弘化4年(1847)には借金の返済を終えた。これに伴い、暉皃は赤坂代官所より支配地最寄り村々取調べを、また嘉永4年には「極難渋村」とされていた設楽郡桑平新田の再建仕法を命じられ、活動の場は周辺の村々に拡がっていった。このようなとき、数え15歳になった志奈の婚礼が行われたのである。

婚礼の記録

志奈の婚礼に関する古文書は嘉永5年(1852)と安政5年がある。これは最初の結婚が何らかの事情で破綻し、その後再婚したことを示すものである。嘉永5年は「嘉永五年記録」、「料理献立帳　料理方」、「仁三郎引取祝儀入用控」、「御祝儀受納帳」の4冊、安政5年は「婚礼諸入用控」・「結納入用」・「婚礼御客帳」・「御客座鋪割帳」各1冊、「婚礼御祝儀受納帳」2冊、「新客献立帳」など献立に関するもの8冊、合計14冊の古文書が残されている。「嘉永五年記録」には「七代《ママ》暉皃一女ひさえ養子仁三郎縁談相整候記録」とあり、志奈は他家へ嫁いだのではなく、養子を迎えたことがわかる。安政5年の場合も「御客座鋪割帳」の「本客」に「聟」とあること、さらに「婚礼御祝儀受納帳」のうちの1冊の表紙に「古橋ひさ」とあることから、嘉永5年と同様に養子を迎えたものと思われる。暉皃は後嗣英四郎が幼く病弱であることから、志奈に養子を迎えることを決断したのであろう。しかし『古橋家の歴史』には志奈は仁三郎を婿として迎えたが縁がなく離縁し、その後万延元年(1860)2月23歳で死亡したとあるのみで、安政5年に再び養子を迎えたという記述はない。また仁三郎および安政5年に迎えた養子について詳細も不明である。おそらくともに短期間の婚姻関係であったため、記録が失われたものと推察される。

前出の「嘉永五年記録」は、3月20日付中津川菅井嘉兵衛の書状から始まり、暉皃の中津川訪問(縁談の相談)、結納そして婚礼当日の献立や掛かった費用・出席者および今後の心得まで記録したものである。順次書き留められて作成された「料理献立帳」と「仁三郎引取祝儀入用控」の内容を後日整理し、改めて記録としてまとめ直したものと思われる。これまで取り上げた5代義教とその弟清四郎・6代暉皃の婚礼に関する古文書は祝儀受納帳・献立帳・御客座鋪割帳の3種であり、婚姻に至る経緯や結納について触れたものはなく、いずれも嫁を迎えるものであった。家付き娘として婿を迎える婚礼は志奈が初めてであり、結納の記録が残されているのも初めてである。今回は、この「嘉永五年記録」を通して志奈と仁三郎の縁談成立の経緯と結納について明らかにしたい。なお史料引用に際しては書き下し文に改めた。

縁談を受ける

「嘉永五年記録」は嘉永5年早春から菅井嘉兵衛の世話により志奈の縁談が

進められたことから書き始められている。菅井家は初代義次が稲橋村に移り醸造業を始めた際の盟友であり、3代義伯妻伊志《いし》の実家、義教・暉皃・清四郎の婚礼の際には丁重な祝品を贈るなど親しい交際を続けてきた親類として、志奈の縁談に尽力したものと思われる。

暉皃と嘉兵衛は文通により意思疎通を図りつつ縁談を進め、3月20日に暉皃が嘉兵衛へ書状を出したという記述の後に、嘉兵衛の返書(3月22日付)全文が記載されている。その内容は、

⑴3月21日に羽崎村(現岐阜県可児市)前田次郎兵衛が養子の件で来訪し、話し合いが持たれた、

⑵今回の縁談について次郎兵衛は「御大家の儀にもこれ有り候間、何れにも手代同様の思召しにて御引取り下され候」と述べた、

⑶婚礼の日取りについて、嘉兵衛は「暦」により4月11日を提示し、次郎兵衛は11日より後ならば18日か19日、それ以降となると羽崎の田植えが終わる5月末なるので、なるべく11日引き取りにしたいという意向を示した、

の3点である。この内容から3月20日付の書状で暉皃がこの縁談を受ける意思を示したことが窺える。前田次郎兵衛は仁三郎の親族—父親ないし兄と思われる。

⑴の次郎兵衛の言葉にある「大家」は「富んだ家。金持ちの家。また、貴い家柄。由緒ある家。社会的地位の高い家」、また「手代」は「商家で番頭と丁稚の間に位する使用人」という意味である(『日本国語大辞典』)。つまり次郎兵衛は、古橋家を「大「家」であるので仁三郎を婿ではなく奉公人として迎えてほしいと述べているのである。文化2年(1805)京都の商家の事例であるが、婿入れに際し103枚の衣装類や寝具などの生活調度品、掛物・屏風など工芸品、書物など、嫁入り同様の婚礼荷物を持たせている(森田2001)。次郎兵衛は羽崎村の庄屋であり(可児市2008)、家柄としては古橋家と遜色ないものの経済的な面で逡巡するものがあり、このような発言になったと思われる。つまり「手代同様」というのは婿としての体裁を整えなくてもよいという条件を示したと言えよう。この点について嘉兵衛は「先方にては殊の外貴家御大家につきひげ《(卑下)》遊ばされ候事に御座候」と説明している。

嘉兵衛は話合いの結果を伝え、暉皃に4月11日の日取りで差支えがないかを問い、さらに「何れ今般仁三郎殿御同伴には林伊兵衛殿御壱人供壱人都合三人参られ候筈候間、何れにも右につき御相談相立て羽崎にも申し遣わしたく」と述べ、今回の縁談を決めるために26日頃までに中津川へ来るように求めている。仁三郎に同伴する林伊兵衛は後述する結納に立ち会っていることから仲人であろう。なお伊兵衛は次郎兵衛と同様に羽崎村の庄屋である。

縁談が整う

暉皃は嘉兵衛の書状を読み、その求

めに応じ3月26日に中津川に向け稲橋村を出立し、28日まで滞在した。嘉兵衛宅で行われた志奈の縁談を決める相談には、古橋家と所縁深い市川升七と河村伊八が同席した。升七は縁談が持ち上がった当初に羽崎村まで仁三郎を見に出かけ、一方の伊八は羽崎村まで結納品を持参して結納を交わす役を担った人物である。

この相談の場で暉皃は

手続きは文通の通り承知申し候は客人の振りと申しても親類並びに近村迄も養子の吹聴致さず候は名代にも出でず候、ついては結納遣わし然るべし

と述べている。ここの「手続きは文通の通り」とは、嘉兵衛の書状にある通り仁三郎は「手代同様の思召し」で迎え、その婚礼披露は4月11日に行うことを指し、志奈と仁三郎の縁談が整えられたことを意味する。ただ暉皃は「客人の振り」と言っても、仁三郎は志奈の夫となり、行く行くは古橋家の当主として家政を担い、また村役人として稲橋村内外で行動する立場であることを考え、養子の披露をしなければ名代にも立つことができないので結納を取り交わしたいと話したのである。

結納は婚約が成立したしるしに、婿嫁両家が互いに金銭･品物を取りかわすことをいう（『日本国語大辞典』）。古橋家が仁三郎を正式に婿として迎えることを世に周知させるために結納を持ち出したものと考えられる。稲武では縁談がまとまるとサケイレが行われ婿方から嫁方へ酒1升と肴を持っていき、嫁方では嫁の両親、嫁方の仲人、本人が立ち会ったと述べられている（西海2015）。暉皃のいう結納とは、このサケイレをいうのであろう。結納は婿方から嫁方へ贈るのが一般的であるが、養子であるので古橋家から仁三郎へ贈られたのである。

相談の結果に従い、4月2日に伊八が結納品を羽崎村に持参、伊八の都合で前田家まで行かず、仁三郎を伊兵衛宅に招き、そこで「祝儀」即ち結納が執り行われた。婚約の成立である。

結納品の支度は阿波屋がすることが決められ、阿波屋は大嶋屋卯兵衛に依頼し取り揃えられた。結納品は表の通りである。

表 結納費用

品名		数量	値段		
結納品	末広	1箱		2匁5分	
	扇子	3本			24文
	昆布	1折			100文
	するめ	1折			372文
	麻苧[1]	1折			
	裃	1具	1両		
	小袖地	1疋	1両1分2朱		
	家内喜樽	1荷			200文
その他	酒札[2]	2枚			216文
	扇子[3]	4対		1匁6分	
	酒札1升[4]	3枚			336文
合計			2両1分2朱	4匁1分	1248文[5]

注

[1] 麻苧の値段は記載されていなかった
[2] 升七および升七を案内した可児郡久々利村庄屋市兵衛への礼
[3] 前田・林・庄兵衛（関係等不詳）・市兵衛への土産
[4] 前田・林・庄兵衛への土産
[5] 「記録」32丁裏「結納諸入用」では錢1252文である

暉皃は中津川へ向かう、そして帰る

道すがら親類はじめ好誼を結んでいる者へ志奈の結婚を伝えている。御所貝津村笹平の甚吉（2代経仲三女計武の嫁ぎ先）、阿木村（現中津川市）惣吉（暉皃母加乃の姉の嫁ぎ先）・大野村（現中津川市）金右衛門（暉皃母の実家）、東野村（現恵那市）辰治郎、大井村高木善右衛門らである。帰村後、暉皃は平組別家もの・平左衛門・武節村清六へ、弟信四郎は村組頭衆・百姓代・弥次右衛門・浅吉組内隣家・夏焼村源之助・伊左衛門・治七へ、奈加は清之丞へ、嘉兵衛・伊八は久迹の実家である大井村（現恵那市）勝野家はじめ中津川の親類へ、それぞれ手分けをして志奈の婚約を触れ回わった。そして4月5日から婚礼披露の準備が始められたのである。

［参考資料］

可児市『可児市史』資料編第5巻（2008年）

高木俊輔『明治維新と豪農―古橋暉皃の生涯―』（吉川弘文館、2011年）

西海賢二『山村の生活史と民俗―古橋懐古館所蔵資料からみる―」（（財）古橋会、2015年）

古橋茂人『古橋家の歴史』（（財）古橋会、1977年）

森田登代子『近世商家の儀礼と贈答』（岩田書院、2001年）

(6) 6代皃娘志奈の婚礼 (2)
―披露の祝宴の準備―

買い物―熱田

「6代暉皃娘志奈の婚礼」の第2回目は「仁三郎縁談相整候記録」（以下、「記録」）に記されている披露の祝宴のために購入された品々について具体的に見ていく。

婚礼の準備は「村伝三郎殿熱田岩井屋えさかな・ひきてもの《（引出物）》・青物買五つ時出立にて遣し」という4月5日の記述から始まる。暉皃は伝三郎を買い物のため熱田まで派遣したというのである。暉皃が「殿」という敬称を付けて記した伝三郎は、文政3年（1820）から同7年まで4代義陳に代わり稲橋村の名主を務めた人物である[1]。伝三郎と古橋家との深い交際関係は、古橋家へ贈られた婚礼祝儀から窺える。5代義教・6代暉皃の3度の婚礼に祝儀を贈答した者は延べ659人であるが、4回の婚礼すべてに祝儀を贈ったのは6人に過ぎない。稲橋村の住人はわずか2人、その内の1人が伝三郎である。暉皃は信頼を寄せていた伝三郎に多岐かつ高価な品々の購入を託したものと思われる。

伝三郎が向かった「熱田」は現在の名古屋市熱田区。嘉永5年当時は愛知郡宮宿《みやのしゅく》を中心とする熱田社の門前町であり、熱田35町のうちの木之免《きのめ》・大瀬《おおせ》子《こ》両町に名古屋を最大の消費地とする魚市場があった。市場には問屋のほか仲買・小座（小売）があり、その数は数千人に達したという。その後明治時代に

入り尾張藩の保護を失っても、昭和初期に至るまで有数の魚市場として繁盛していたが、昭和19年（1944）熱田西町（現川並町）に開設された名古屋市営卸売市場へ移転された[2]。

『尾張名所図会』によると、織田信長が清須在城のころには熱田にすでに数戸の問屋があって清須へ魚を運送していたという。さらに寛永年間（1624~44）に問屋が置かれ、年中朝と夕に2回市が立ち、尾張国産は勿論のこと近国遠国から船積みで、また三河国吉田（現豊橋市）辺りからも陸路徒歩で運送された海魚が尾張国内だけでなく美濃（岐阜県）・信濃（長野県）まで送られ、諸国の商人で賑わったとある。伝三郎の熱田行きは稲橋近隣では入手できない品々の購入が目的だったと言えよう。

伝三郎が買い物をした岩井屋は小座の一軒と思われる。岩井屋のほかに松前屋でも買い物をしており、その購入品は次のとおりである。

岩田屋における購入品は29品、代金は8貫389文（「記録」に記載されている金額は8貫376文）に及ぶ。魚介類は、祝宴に供される魚の定番である鯛を始め、ひらめ・こち・すずきなどの海魚、特別に誂えた大板（板蒲鉾）、上等な鰹節、新ぶし（その年につくった鰹節*）、若芽など12品。野菜類は、茄子、新午房、新人参、新生姜、木瓜、じゅんさい、茗荷竹（茗荷の宿根から伸びた茎のわかいもの*）、天冬豆（詳細不詳）など14品。そのほかに備州柚餅子《ゆべし》、干菓子、煎茶、大なし。備州柚餅子は備中国高梁・矢掛（現岡山県）の名産で、銘菓としてその名が広く知られていた[3]。

熱田岩井屋購入品			
鯛1枚	900文	煎茶折鷹代	219文
鯛小10枚	1600文	たで・しそ	25文
ひらめ2枚	932文	大根・えんと豆	38文
こち2本	350文	若芽代	24文
中すずき4本	700文	天門冬	200文
あいなめ8本	350文	**合計**	8389文
別製上々大板1枚	200文		
上々鰹節7つ390目	830文		
新ぶし10	580文	**松前屋購入品**	
茄子5つ	337文	川越平袴代	47匁3分
若午房3把	150文	袴仕立代	2匁7分
若人参3把	24文	龍門羽織地	60匁8分
若生姜大1	50文	同紋付代	7分
竹の子2	124文	玉紬1反	46匁8分
大なし2	150文	結城1反	24匁5分
じゅんさい	50文	**合計**	182匁8分
木瓜10	114文		
花目柚	18文		
茗荷竹	8文	**伝三郎道中費用**	
のし2	76文	小揚代ほか	979文
備州柚餅子1本	140文	樽取替代・莫蓙	200文
干菓子代	200文	**合計**	1179文

松前屋で購入した「川越平《かわごえひら》」は現在の埼玉県川越市付近で初めて作られた絹織物の袴地*、「龍門」は龍紋《りゅうもん》とも記され、羽二重に次ぐ上等な絹織物で礼服に用いられた[4]。玉紬は2匹の蚕がいっしょに作った玉繭を紡いだ糸で織られた絹織物*である。紋付きの羽織・袴は暉皃からの、玉紬は暉皃の妻奈加からの仁三郎への引出物である。表中の合計は182匁8分であるが、「記録」では182匁9分と記されている。なお、結城1反は信四郎用である。

伝三郎が熱田までの道中の費用は小揚代（荷物を運搬する人夫代*）を含めて一貫179文である。内200文は持参した樽が弱かったため取り換えた費用およ

び莫蓙《ござ》代である。

熱田における買い物の代金の総計は4両1分余。暉皃は4泊5日(現在の距離75km余)という手間と大金をかけて熱田まで祝宴に用いる珍しい材料を手に入れたのである。

「入用仕上」—熱田以外での買い物

「記録」に志奈の婚礼に要した費用が「入用仕上」と題され、①「結納諸入用」②「手前奈加引出物代」③「諸入用」の3項目に分類されて記載されている。①については前回に述べたとおりである。②は熱田松前屋購入分であるが、結城1反の代金が差し引かれているため前出の表中の金額と一致しない。③「諸入用」は「いろいろな必要の費用」*という意味で、結納と仁三郎への引出物以外に要した費用である。37項目書き上げられており、総額は金3両2分137文。このうち熱田岩井屋支払いや伝三郎の熱田行きの費用、婚礼当日婿仁三郎一行が昼食を取った下村孫左衛門への礼・供への祝儀、以上5項目の合計は1両2朱3貫648文である。岩井屋支払いの金額も前出の表と一致しない。おそらく婚礼で用いなかった品物の分を差し引いたためと思われる。残り1両1分2朱余(当時の銭相場不詳のため概数となった)は何に使われたのか、具体的に見ていこう。

出費全体の約25%に当たる2分2朱680文は白米(5斗1升)である。次いで2朱2貫902文の酒、以下うどん粉(660文)と続く。味醂・酢・白味噌・砂糖・ごま油(天ぷらを調理するために使用[4])といった調味料(計738文)、あめの魚(ヤマメ*)・豆腐・玉子・漬鳥(詳細不詳)・田作(カタクチイワシの幼魚の乾燥品*)・湯葉氷こんにゃく(寒気にさらして凍らせたこんにゃく*)・ごま・餅米・蕎麦などの食材(計822文)、蝋燭・炭・箸・直紙《なおしかみ》(美濃国で産出した紙。書状・目録などに用い、祭祀にも使われた*)・水引など(計1貫857文)。このほかに、うどん打ち賃・蕎麦打ち賃356文がある。自家製で賄われたと思われる白米と酒が計上されているのが目を引く。婚礼にかかった費用を記録するために計上したのであろう。

祝宴の費用

祝宴に要した費用は3両2分余である。披露の本客に対して供された雑煮、二の膳つき本膳、中酒、酒肴19種という豪華な料理の材料、そして祝宴の体裁を整えるために用いられた。金3両2分余がどれほどの価値になるのか。「石一両《こくいちりょう》」という言葉がある。江戸時代の米相場の常識として、1石の値段を金1両としたという意味である*。1石は約150kg、愛知県の代表的な銘柄米「あいちのかおり」の値段10kg4480円(Amazon調べ)で換算すると1両は6万7200円、3両2分余は25万円ほどとなる。それほど高額と思われないかもしれないが、江戸時代後期の中間《ちゅうげん》(武士に仕えて雑務に従った者*)の年給は2両2分~3両、下男は2両2分~3分、下女は1両2分~3分という金額から当時の価値が窺えよう[5]。

「記録」の記述から、暉皃は志奈の婚礼に多額の費用をかけたことが明らかになった。今まで検討してきた古橋家の婚礼記録には費用については断片的な記載しか残されていないため比較は難しいが、嘉永5年当時3両2分余という高額な費用の支出は古橋家の経済状態の好転を示し、さらに志奈夫婦に後事を託そうという暉皃の意気込みの表れと思われる。

次回は祝宴の場の準備と婚礼披露当日の様子について検討したい。

注

1 古橋茂人『古橋家の歴史』（財）古橋会、1977年

2 50年誌編集委員会『名古屋市中央卸売市場50年誌』名古屋市、1999年

3 太田健一『図説　新見・高梁・真庭の歴史』郷土出版社、2009年

4 喜田川守貞『近世風俗志（守貞謾稿）』（三）岩波書店、1999年

5 岡田稔「銭の歴史」大陸書房、1971年

*を付したものは『日本国語大辞典』による。

(7) 6代暉皃娘志奈の婚礼 (3)
―祝宴の場の設え―

はじめに

6代暉皃《てるのり》が娘志奈《しな》の婚礼の経緯を記した「嘉永五子年四月仁三郎縁談相整候記録」（以下「記録」と略記）には、当日の婚礼披露の祝宴の場の設《しつら》えについて詳述されている。5代義教《よしのり》・義教弟清四郎・6代暉皃の婚礼の記録には記述がなかったので、具体的に検討していくことにする。

『記録』に残る祝宴の場の設え

志奈と尾張国可児郡羽崎村（現岐阜県可児市）前田次郎兵衛方仁三郎（続柄不詳）の婚礼は嘉永5年（1852）4月11日に催された。祝宴の場の設えなどの準備は前日から始められ、その手伝いとして前日に利左衛門（義教弟）てい（利左衛門妻）・文治・乙八・伝三郎、当日に浅吉・佐平太・栄吉が古橋家に参集した。このほかに源左衛門と角蔵も手伝いをする予定であったが、子どもの疱瘡《ほうそう》罹患・自身の病気を理由に断りを入れている。

祝宴の場の設えについて「記録」には次のように記されている。

> 当日座敷次第、表座敷玄関にいたし、屛風土佐家画絵合四、八畳掛物岸良①墨竹、花は竹次□杜若弐枚折蕙斎②、奥間掛物探幽③寿老人、花は松額□所慎独、屛風似弘山水夏半双、四畳え小童琴河弐枚

折、袋戸桑海廿四孝、扇子椿年④遊亀、短冊弘訓⑤鶴顔、刀掛障子附楯《(カ)》口、八畳額梧堂⑥竹下園

この記述から、間に4畳の廊下を挟んだ現在「旧座敷」と呼ばれる8畳2間が祝宴の場となり、屏風や掛軸・扇子・短冊ほか種々の書画を用いて祝宴の場にふさわしい装飾が施されたことがわかる。屏風・掛軸・扇子・短冊のほかに、どのようなものが用いられたか、見ていくことにする。先ず「花」。「花」のうち一つに「弐枚折」とあり、二つに折りの屏風が考えられるが、それを「花」と称する理由などは不明である。「額」は江戸時代後期から文人画の発展により盛んになった室内用の書や画の横額を指す。「袋戸」は袋棚(床の間の脇、違い棚の上部に壁から張り出して設けられた戸棚)の戸を指すが、特別に誂えた襖《ふすま》障子のことであろうか。刀掛は刀を横にして掛けておく道具であるが、「刀掛障子附」の詳細はわからない。

「記録」では「八畳掛物岸良墨竹」というように、場所・種類・作者・題材の順に概ね記載されている。文中に名前が挙がっている作者のうち詳細が明らかになった者(番号を付した)は以下の通りである。

①岸良《がんりょう》は、岸駒《がんく》を始祖とし、円山応挙の円山四条派と対立した京都の日本画二大流派の一派岸派《きしは》の画家*。

②蕙斎《けいさい》は北尾政美《きたおまさとし》(1761~1824)の別号。浮世絵派の中で北尾重正を祖とする北尾派の画家。狩野派・光琳派も学び、寛政9年(1797)に鍬形氏を名乗り津山藩のお抱絵師となった*。

③探幽(1602~1674)は、江戸初期の狩野派の画家。江戸幕府御用絵師となり、二条城をはじめ多くの寺社・大名屋敷の障壁画・掛軸を描き、狩野派隆盛の基礎を築いた*。

④椿年《ちんねん》は大西椿年(1792~1851)、浅草にあった幕府の御米蔵を管理する役人。渡辺南岳に円山派の画法を学び、谷文晁の影響を受け、江戸における円山派の画家として活躍。特に亀の画で人気を得た。

⑤弘訓《ひろのり》は足代《あじろ》弘訓(1785~1856)のこと。伊勢下宮の神宮、賀茂真淵《かものまぶち》門下荒《あら》木田久老《きだひさおゆ》や本居大平《もとおりおおひら》らに国学を、芝山持豊《しばやまもちとよ》から和歌を学んだ[2]。

⑥梧堂《ごどう》は旗本石川総朋《ふさとも》(1778~1852)、火事場見廻り・火消役を務めた。明の董其昌《とうきしょう》の書を学び、多くの門人を晩年は抱えたという[3]。

懐古館の収蔵品の中に…

懐古館には、暉皃・義真《よしざね》・道紀《ちのり》3代にわたり収集された膨大な書画が収蔵されている。この収蔵品の中に「記録」に記されていた書画と一致するものの存在が学芸員張艶氏により確認された。次の3点である。

・「屏風土佐家画絵合四」= 無銘「大和絵人物図」六曲一双
・「掛物探幽寿老人」= 狩野探幽「寿老人図」
・「扇子椿年遊亀」= 大西椿年・扇面画

「亀図」

このほかに、足代弘訓の短冊は2点あったが、題材が異なっていた。また、石川梧堂のものは額ではなく軸装であった。

祝宴の座を彩った書画のうち今に伝わるものは少ないが、「記録」に記された書画等は京都・江戸の著名な作者が多くを占めている。

天保2年(1831)7月24日から1週間にわたり破産寸前の家計を立て直すために、暉皃は家財道具類や当時経営していた鍋・釜・鍬・鎌などを商う鉄店の在庫商品の競売を断行した。この競売から21年、暉皃の家政改革は成功し、志奈の祝宴の設えはその結実といえよう。

注

1 朝日新聞社『朝日日本歴史人物事典』(1994年)

2 株式会社思文閣美術人名事典．シブンカク ビジユツジンメイジテン http://www.shibunkaku.co.jp/biography/

3 森潤三郎「書家石川梧堂」(『伝記』第2巻第12号、伝記学会、1935年)

＊は『国史大辞典』による。

［参考資料］
高木俊輔『明治維新と豪農古橋暉皃の生涯』(吉川弘文館、2011年)

(8) 6代暉皃娘志奈の婚礼(4)
—婿迎えと「祝盃」—

はじめに

『稲武町史』民俗資料編(以下、『町史』と略記)には「結婚式は、婿方より仲人夫婦・婿、婿の近親の者が嫁を迎えに行くことから始まった。これをウチアゲとよんでいた。このときはハンメで行って、チョウメで帰る。といって奇数で行って偶数で帰ってくるのが普通であった」とあり、嫁迎えから結婚式は始り、さらに嫁が家に入るときの儀礼、杯事と続くと報告されている。

ここで報告されている婚礼は嫁入婚である。婚礼に関する資料は文献資料・民俗資料ともに嫁入婚の事例が大半を占め、志奈と仁三郎のような婿養子婚は珍しい。そこで志奈の婚礼の5回目は「嘉永五子年四月仁三郎縁談相整候記録」(以下、「記録」と略記)に基づき婚礼当日の儀礼がどのような手順で行われたのか、「嫁迎え」ならぬ「婿迎え」と「祝盃」についてみていく。『町史』は平成5~9年聞き取り調査によるもので、一概に比較することはできないが、167年前に行われた婚礼を理解する手がかりとした。

婿迎え

婿仁三郎は、婚礼が行われる当日の4月11日に初めて稲橋村を訪れており、婚礼前に古橋家・前田家との間に交流がなかったことが伺える。仁三郎は、

婚礼当日に着くために前日羽崎村（現岐阜県可児市）を出立したものと思われる。当初の約束どおり、仁三郎本人に実家当主と推測される前田治郎兵衛、「御同伴」は根崎村庄屋林伊兵衛のみ、それに供１人と少人数の一行である。御同伴の林伊兵衛は結納に立ち会っていることから、婿方の仲人であろう。

暉皃は婿仁三郎一行を迎えるために、弟信四郎を婚礼当日五つ時前（午前８時頃）に出立させた。婿迎えである。供は、熱田で求めた鯛・新節《しんぶし》・竹の子・茄子などを用いて調理した弁当を持たせた伊兵衛および先方の供人足を助ける三治郎・安治の３人である。それぞれの供を員数外にすると、婿一行は３人、下村（現恵那市下原田）で信四郎が合流して４人となり、婿迎えは奇数で行って、偶数で帰ってきたことになる。

下村で仁三郎一行と信四郎は出会い、東尾通に到着した知らせは八つ時（午後２時）に先発した伊兵衛から古橋家にもたらされた。古橋家方の仲人である中津川村菅井嘉兵衛と利左衛門（５代義教四男）が「袴羽織」（原文まま。一般には羽織袴）姿で武節町村三十郎宅前まで出迎え、仁三郎は２人の案内で玄関から家に入った。これは、『町史』にある、婿方の仲人の妻などが嫁を相手方の仲人から受け取り嫁の手をひいて連れて家に入ったという入家儀礼に近い。

祝盃の場での服装

古橋家に到着した仁三郎は「上風呂」で身なりを裃《かみしも》に改め、同じく裃姿の暉皃や暉皃妻奈加・文蔵と挨拶を交わしたあと、「祝盃」に臨んでいる。上風呂について、「今日は上風呂」と記し、婚礼の翌日にも「風呂勝」手にて相済む、上風呂には致さず」とある。「風呂」には「客を招いて風呂を馳走すること。また、その時の酒宴」*という意味があるが、詳細はわからない。

祝盃における服装は暉皃と仁三郎のみが裃で、他の者は袴羽織であった。この点について、暉皃は客も自分同様に裃着用の心積もりであったが、客は裃を着るという「引合」（約束）*がなく、また「手代同様」の積もりなので裃の支度をしなかったという客側の事情を記している。ここでいう「挨拶」は人と人との関係が親密になるようにはたらきかけること*、即ち婿の紹介の場と思われる。挨拶で裃を着用することはなく、挨拶からそのまま祝盃へ移行したため、客は着替えずに袴羽織のまま祝盃に臨んだということであろう。暉皃はこの流れを悪しきこととし、今後は一同挨拶を済まし、改めて祝盃に臨むようにと書き残している。

裃は上下とも記し、室町時代末から武家が用いた袖のない肩衣・袴が形式化したものをいう。江戸時代には武家の式服となり、やがて公家侍、寺社に仕える雑士らの公服ともなり、庶民も婚礼や葬礼などに麻裃を礼装として用いるようになった。裃は袴羽織よりも格式が高い。

客の「手代同様」という言葉は、前田治郎兵衛が縁談を受ける際の条件で

あった。手代同様としながらも、古橋家の婿養子の披露の場ということで威儀を正して裃を着用した暉皃と、その言葉を額面どおり受け取った客たちの認識の違いが服装に表れたのであろう。この認識の差は、最終的に破綻に至った志奈と仁三郎の婚姻関係に影を落としたものと思われる。

祝盃

祝盃は一般には「祝いの酒を飲むための杯。祝いの酒杯」*という意味で使われるが、ここでは結婚式で新郎と新婦が三々九度の杯をとりかわし、夫婦のちぎりを結ぶ儀式である杯事を指している。

祝盃で供されたものは以下のとおりである。

(1)雑煮（焼き豆腐・花かつお・青菜・午房・里芋・昆布・餅）、小皿（白賀《ママ》・子附豆）、鉢（田作）、鉢（数の子）を出す。

(2)松鶴模様の三つ組みの盃（木盃）を朱の盃台に乗せ、燗酒を出す。

(3)杉原紙《すぎはらがみ》で包んだ熨斗《のし》を三宝に乗せて出す。

(4)かち栗を入れた土器《かわらけ》、昆布、杉原紙で包み水引をかけた根引松・藪《やぶ》柑子《こうじ》を三宝に乗せて出す。

(5)三つ組みの土器を小三宝に乗せて出す。

(6)八寸（巻きするめ）

(7)吸物（蛤がなかったので殻付きあさり入り）

ここで供されたものは、増田真祐美氏・江原絢子氏が報告された美濃国千秋家で宝暦4年（1754）・文化11年（1814）に行われた式三献の儀礼における酒肴と類似する。千秋家では、初献で熨斗（昆布・勝栗）、二献で雑煮（田作・数の子）、三献で吸物・巻鯣《まきするめ》が出されており、順番こそ違え一致するものが多い。雑煮・吸物は5代義教・暉皃（天保6・15年）の婚礼の際にも出されているが、志奈のときに熨斗・三宝・八寸が加わり、式三献の形式がより整えられたといえる。これは暉皃の3度目（万延2年）の婚礼に踏襲されている。

盃のやり取りは二通り行われた。

(a)婿方の仲人林伊兵衛から古橋家方の仲人菅井嘉兵衛が盃を受け取り暉皃へ渡し、暉皃から仁三郎へ二献遣わし、暉皃が盃を受け取り二献、そのあと奈加・文蔵・信四郎・利左衛門・ていがそれぞれ二献。

(b)仁三郎が帯剣から無刀に改めた後、前田治郎兵衛からの盃を暉皃が受け取り、暉皃・奈加・文蔵へと同様に盃を巡らす。

(a)は仁三郎と暉皃・奈加が親子の縁を結ぶ盃と文蔵以下古橋家の人々との縁を結ぶ盃であり、(b)は前田家と古橋家との縁を結ぶ盃と思われる。(a)(b)ともに二献である。用意された2種類の三つ組みの盃によって盃を取り交わしている。(a)から(b)へ移るときに仁三郎が無刀になった理由は不明であるが、前田家との家格の差と推察される。

新婦志奈は振袖を着てこの場に臨んでいたが、仁三郎との間で夫婦盃は交わしていない。これは夫婦盃が大勢に

見せるような儀礼ではなかったことを示すものである。なお、暉皃嫡男英四郎は前日夜に疱瘡を発症し高熱のため祝盃の場に出られず、奈加に抱かれて後刻仁三郎と盃を交わした。

志奈･仁三郎の婚礼で行われた祝盃は、酒の儀礼である式三献の代表的な酒肴と極めて近いものが用意されおり、武士階級の饗応の流れである式三献を模した古橋家独自の儀礼といえる。「記録」では祝盃の記述のあとに暉皃以下古橋家の人々に婿から贈られた引出物と婿方の御客の土産が続いている。この婿仁三郎からの引出物は『町史』にある杯事の前に嫁方から婿方へ結納のお返しとして出されたシキデユイノウにつながるもので、これまで見てきた古橋家の婚礼記録には見当たらず、新たな婚礼儀礼が加えられたものである。

おわりに

古橋家の婚礼儀礼は、志奈のときに武士階級の式三献を模した杯事にさらに重厚さが増し、新たな儀礼も生じている。この変化は、家政改革を終え、稲橋村の名主として武節郷11か村の惣代として活動の場が広がり、古橋家の経済的･社会的地位の向上がもたらしたものと思われる。それがどのような変遷をたどったのか、注視していきたい。

[参考資料]

鈴木敬三『有職故実大辞典』(吉川弘文館、1996年)
日本風俗史学会『日本風俗史事典』(弘文堂、1979年)
日本風俗史学会『図説江戸時代食生活事典』(雄山閣出版、1989年)
増田真祐美・江原絢子「婚礼献立にみる山間地域の食事形態の変遷―江戸期から大正期の家文書の分析を通して―」(『日本調理学会誌』Vol. 38, No. 4、2005年)
八木透・山崎祐子・服部誠『日本の民俗』7(吉川弘文館、2008年)
稲武町教育委員会『稲武町史』民俗資料編(稲武町、1999年)
＊を付したものは『国史大辞典』による。

⑼ 6代暉皃娘志奈の婚礼 ⑸
—婚礼披露祝宴の後—

はじめに

前回の流れからすると、今回は祝宴における本客の献立や贈られた祝品等について述べるところであるが、祝宴の席に着いた人数は縁談が整う際の「手代同様」という条件（「古文書で読み解く古橋家の婚礼〈1〉参照）によるものか、44人と少なく、義教253人、暉皃118人･98人･77人と比べるとかなり異例といえる。そこで、「手代同様」という条件が外された安政5年の再縁とあわせて次回検討する。

そこで、今回は、義教･暉皃の婚礼記録にはない婚礼披露の祝宴以降の儀礼についてみていくことにする。文中に出てくる諸道具のうち、古橋懐古館に所蔵されているものについては、その写真を掲載した。

4月12日朝

婚礼翌日である4月12日は朝食の献立の記述から始まる。朝食は干マイタケのクルミあえの皿、長芋、角麩･「こふ茸」（革茸）の平、シイタケ･焼き豆腐･芋入り白味噌仕立ての汁という一汁二菜である。胡麻豆腐の坪をつける予定であったが、11日の夜、人手が足りなくて止めたとある。ヒラメの塩出しに失敗し（今号「古文書を読もう」参照）、ヒラメからタイの煮付けに献立を変更するという予想外の出来事によるものと思われる。

朝食の献立に続き、「治郎兵衛殿裃にて御寺より伝三郎まで源左衛門案内にて参られ、御寺へ扇子、平左衛門殿へ風呂敷壱･扇子この方にて取り計らい申し候」（書き下し文に改めた。以下同）と続く。婿仁三郎の親族（続柄不詳）である治郎兵衛が裃姿で旦那寺である瑞龍寺から伝三郎方まで源左衛門の案内で回り、古橋家が調えた扇子･風呂敷を瑞龍寺･平左衛門に持参したということである、仁三郎ではなく、親族の治郎兵衛と記載されている点は疑義が残るが、『稲武町史』民俗資料編にある結婚式の翌日に行われたゴヒロウが想起される。この儀礼は、嫁が仲人の妻や近所の人に案内され、土産の風呂敷を持って親戚などへ挨拶に回るというものである。婿取りの場合も嫁取り同様の挨拶回りが行われたことがうかがえる。

同日午後

挨拶回りのあと、昼食となる。昼食は、吸物･丼3種･「蛤形」･大平･皿の酒肴に続き、前日の披露の祝宴で供するのを止めた後段そばが出された。「蛤形」とは蛤の形をした肴入れに酒肴を入れたということである。

昼食後、暉皃は「酒庫《しゅこ》その外裏向《うらむかい》見たし」という申し出を受ける。この申し出が誰によるものか、その名前が明記されていないが、挨拶回りのところに名前がある治郎兵衛と推測される。『日本国語大辞典』によると、文中の酒

庫は酒蔵、裏向は「ある家の裏手に面していること。また、ある家の裏手に面して建っている家」という意味である。母屋をはじめ酒蔵ほか古橋家の家産が見たいということであろうか。酒庫・裏向を案内したという記述のあとに、次のような文言が続く。

横川入より青た《(カ)》まで、弥次右衛門
乙八文蔵細の口橋の処まで
冷気故や不漁、土堀いたし少々漁
これあり候、弁当持太治郎、栄吉
持参の品へり四枚、大茶鑵《かま》・鉄ひ
ん・酒・弁当その外左に（後略）

文中の「横川入」「青た《(カ)》」「細の口橋」は地名、弥次右衛門・乙八・文蔵はいずれも祝宴出席者である。古橋家に関わる村内の地域・人物を紹介したと推察される。その後、「冷気のためか不漁、土堀をしたら少々漁があり」という文言に続き、会食の様子が記されている。「土堀」という言葉は『日本国語大辞典』に見当たらない。河川で行われた魚法と考えられ、川のほとりで獲った魚を主菜に一席設け、稲橋村ならではの川遊びで遠来の客をもてなしたのであろう。子ども2人を含む総勢16人が集った。茶釜・鉄びん・茶碗という調理道具・食器に、料理を詰めた重箱、茶飯を入れた七つ鉢、魚の調味料と思われる「たで酢」・山椒酢・五杯酢・酢味噌を岡持に入れて運んだ。たで酢（蓼酢）はタデの葉をすって酢ですりのばした調味料、七つ鉢は入れ子になっている七つ一組の鉢のことである。

帰宅後、勝手で風呂を済ませたあとの夕飯は「あんかけ温飩《うどん》」という軽食であった。

4月13日

4月13日に仁三郎の親族前田治郎兵衛、仲人林伊兵衛、古橋家方の仲人菅井嘉兵衛、供2名が帰途についた。出立の朝の献立は、一汁四菜、中酒、酒肴7種。婿迎えのときと異なり荷物がなかったので、古橋家からは人足は出さず、下村孫左衛門宅で食する昼食（二段の弁当箱入り）を持った伊兵衛一人が供となった。

暉皃ら見送りの人々は羽織のみの略礼装であった。この日の出費は、次郎兵衛らの供2人への祝儀1貫文と孫左衛門方で昼食を取る礼として8匁札2枚（代金174文、詳細は不明）である。

手伝いの者に残り物で酒を出して、志奈と仁三郎の婚礼披露は滞りなくお開きとなった。

おわりに

志奈・仁三郎の祝宴に続いて、ゴヒロウと呼ばれる旦那寺をはじめとする近所への挨拶回り、婿入りならではと思われる酒庫・裏向の建物などの披露、婿方の尾張国可児郡羽崎村（可児市）から訪れた客への特別な宴、その客の見送りで志奈・仁三郎の婚礼記録は終わる。婿仁三郎に関する史料は2013年までに刊行された『古橋家文書目録』には見当たらず、あとは暉皃が書き残した日記・雑記類を渉猟していくしかない。今後の課題としたい。

［参考資料］
稲武町教育委員会『稲武町史』民俗資料編（稲武町、1999年）
西海賢二「山村の生活史と民具　古橋懐古館所蔵資料からみる」（一般財団法人古橋会、2015年）

【訂正】前号7ページ参考文献
『国史大辞典』→『日本国語大辞典』

古文書を読もう

仁三郎縁談相整候記録
―嘉永5年（1852）4月、暉皃が書き残した料理心得―

解読文

書き下し文

一かいわり菜・ちよふな豆四月四日の昼時に蒔き、十一日まで丸六日程にて菜少し摘む、豆は漸く十三日朝少し用い候えども、色白く青み少なく候、十二日目旬の菜は十三日目よろしく候、尤も以来は蒔くに苗しろの通りたいら《平》いたし厚く蒔き、莚をきせ萌《きざ》し候ところにて莚をとり候えば早き候申す事

一肴塩出し候節、水へ塩を少し入れ、その水にて塩出し候えばいたみ《痛》これなしと申す事に候、生魚にても水へ入れ候節、海塩加減水へ入れ候えばよろしく候申す事候、このたび塩出し方弁当に遣い候鯛十日四つ時水へ入れ、十一日早朝煮候てよろしく候、十一日遣い十日八つ半頃水へ入れ、十一日朝水を替え候故出すぎ候、外さかなはさしたる儀もこれなきところ、ひらめはよわき《弱》魚へ脊弐枚におろし候様庖丁入れこれあり候故、猶更塩出しすぎ、小ぶりの方壱本二ノ膳さしみ作り候故、とろつき用いがたく、大の方にて漸く間に合わせ、すぐさま煮候ところ、いずれも解け候、形ち《ママ》これなく用いがたく候、

よって十三日朝遣いは十二日夕方塩出し候故差味《さしみ》至極作り能《よ》く、出し塩出たらず、塩気これあり候えども、過ぎ候よりはよろしく候、作にて紙にてもかけ水をかけ出し候えば程能《よ》く相なり候哉存じ候、前文水へ塩を少し入れ候は跡にて承り候故、この後試し申すべき事

解説

今回の古文書は、暉皃娘志奈の婚礼記録である「仁三郎縁談相整候記録」から、祝宴で用いられた食材の取り扱いついて、暉皃が反省を込めて書き残した心得(注意書)の一部分を取り上げます。

1条目は、酒肴の平碗に用いられた「かいわり菜」と後段の汁物に用いられた「ちよふな豆」の種の蒔き時について述べています。「かいわれ菜」は貝割菜、「ちよふな豆」はササゲを指す「長豆《ながまめ》」の「長」を音読みしたかと思われますが、詳しいことはわかりません。ともに4月4日昼に蒔き、婚礼6日前の11日に貝割菜は少し摘むことができましたが、豆は13日になってようやく収穫できたものの青みが少なく満足するものではなかったようです。そこで、種は苗代のように平らに厚く蒔き、莚を掛けて発芽させると成長が早くなると書き残しています。

2条目は魚の塩出しについてです。冷蔵や冷凍といった保存技術がない江戸時代ですので、鮮魚の運搬に際し塩を使い、そのために塩出しが必要だったと思われます。

志奈の祝宴では、タイ・ヒラメ・コチ・スズキ・アイナメの5種類の魚が用いられ、いずれも名古屋の熱田岩井屋で購入されました。『尾張名所図会』に、熱田で取引された海魚は美濃・信濃まで送られたとあります(「古文書で読み解く古橋家の婚礼」〈6〉参照)。また地理学者・田中啓爾は、東日本の広範囲にわたり生魚を運ぶことができる限界点(魚尻《うおじり》)が鉄道開通以前にどこまで達していたかを調べました。名古屋から四季を通じて魚を生で持ちこめるのは中津(現中津川市)としています。名古屋城下と中山道を結んだ下街道大井宿を経て、そこから稲橋村までの道法を考えると、4月の祝宴ということでぎりぎり鮮度が保てたと思われます。

暉皃は、塩出しをするときは水に少し塩を入れるように、生魚でも水に入れるときは海水程度の塩加減がよいと記しています。尤も、このことは今回の婚礼の事後に知ったことであり、今後試すようにと最後に書き加えています。塩出しは3回行われています。

1回目は11日朝出発する婿迎え一行が持参する弁当用で、10日四つ時(午前10時)から塩出しをし、うまく煮付けました。

2回目は11日夜の婚礼披露の祝宴用で、10日八つ時半(午後3時)頃から水に入れ、11日朝に水を入れ替え、午後からの調理に備えたものと思われます。このときは塩を出しすぎてしまいまし

た。小ぶりのヒラメ以外はこれといった支障はなかったとあります。このヒラメは二の膳の刺身用で、背開きに2枚におろす際、身が「とろつき」使えず、すぐに煮たものの煮崩れたとあります。「とろつき」は「蕩《とろ》ける」（とけて形がくずれる）ほどの意味かと思われます。

3回目は13日朝使う分で、12日夕方から塩出し、塩気が残りましたが、刺身は作りやすかったと記しています。塩気は「作」（簀子《すのこ》を意味する簀の当て字）や紙の上から水をかければよくなるかと思われるので、塩の出しすぎよりはましであるという考えが示されています。

暉皃は、農業の傍ら酒・味噌・醤油の醸造業を営む経営者、稲橋村の名主さらに11か村の総代として村民の救済と農村の自力更生に尽力する指導者、志士を援助する勤皇家として多忙な日々を過ごしていたと思われます。今回の古文書から、料理の材料や調理法にも細かく気を配るという暉皃の意外な一面を知ることができます。

［参考資料］

田中啓爾『塩および魚の移入路　鉄道開通前の内陸交通』（古今書院、1957年）

植月学「峠を越えて運ばれた海の幸―山国・甲州における海産物利用の歴史―」『土木技術』第75巻第2号（土木技術社、2020年）

(10) 6代暉皃娘志奈の婚礼 (6)

―婚礼披露の祝宴―

はじめに

今回は志奈の2回の婚礼披露の祝宴を具体的にみていくことにする。『古橋家の歴史』には、志奈の結婚について仁三郎を婿に迎えたが不縁になったことのみで、安政5年（1858）の志奈の再婚については記されていないため、その詳細は不明である。

現在のところ、志那の婿に関しては「御客座舗割帳」本客のところに「婿」と記載があるだけである。嘉永5年（1852）の際、本客には仁三郎とともに親類である前田治郎兵衛、仲人林伊兵衛が着座していた。安政5年の場合、今までの婚礼で馴染みのない苗木町（現中津川市。苗木藩苗木城の城下町）から来た曽我新三郎・井狩七兵衛がいた。仁三郎のときと同様に考えれば、婿は苗木町出身と推測される。

祝宴の客数・回数

婚礼披露の祝宴は客の人数により複数回行われ、日数もそれ相応に要する。そこで、客の人数、祝宴の回数、要した日数を、日程ごとに祝宴に出席した客の名前を記録した「御客帳」「御客座鋪割帳」と呼ばれる史料に基づいてまとめたものが表1である。ただし、嘉永5年は「仁三郎縁談相整候記録」（以後、「記録」と略記）による。その際、比較のために祖父義教・父暉皃の数値も載

せた。なお、暉皃は妻の死去により2人の後妻を迎え、それぞれ披露の祝宴を催したので3回となっている。

志奈と仁三郎の祝宴は4月11日に44人の客を3回に分けて行われた。44人という客数は、暉皃の3回目のときよりも少なく、際立って小規模といえよう。また、仲人林伊兵衛・菅井嘉兵衛と仁三郎の親類である前田治郎兵衛以外は家族と親類など近隣に住む者に限られている。

それに対して、安政5年は212人と暉皃のほぼ2倍の客数を数え、中津・横道・大井など美濃国恵那郡から31人が招かれており、祝宴の回数も10回を数える。披露の祝宴に出席した客を記録した「婚礼御客帳」も義教・暉皃の時と同じように整えられていた。

表1を見てわかるように、最多の義教の253人に次ぐ規模で、養子といえども祖父・父と同じく家を継ぐ嫡子の祝宴にふさわしく、嘉永5年と著しい差がある。嘉永5年は「記録」に記されている「何れにも手代同様の思召しにてお引き取り下されと」いう前田治郎兵衛の意向があって披露の範囲が狭められ、逆に安政5年の場合は婿たる人の出自やその生家との釣り合いを見合わせて、大勢の客を招く披露の祝宴になったものと思われる。この点に関しては、志奈と仁三郎の婚姻が不縁に終わったことへの何らかの思いが暉皃にあり、盛大な祝宴になったとも考えられる。

表1　祝宴の客数・回数

年次	義教	暉皃		志奈		暉皃
	文化4	天保6	天保15	嘉永5	安政5	万延2
日数	6日	3日	2日	1日	2日	1日
回数	16回	12回	6回	3回	10回	7回
人数	253人	117人	104人	44人	212人	76人

注
文化4年「婚禮料利献立帳　料理方」、天保6年「婚礼御客帳　古橋唯四郎」、同15年「披露御客座敷割帳」、嘉永5年「仁三郎縁談相整候記録」、安政5年「婚礼御客帳」、万延2年「いち披露御客座敷割帳」により作成

本客の献立

本客は、現在の主賓に当たる語で、雑煮・吸物・小皿・八寸の酒肴を伴う式三献と呼ばれる酒の儀礼に始まり、本膳・二の膳・中酒・酒肴に至る料理・酒が供される特別な存在である。本客に供された献立をまとめたものが表2である。

表2をみると、出席した客や祝宴の回数が極端に少なかった嘉永5年の献立の内容は他と比べて遜色がないことがわかる。尾張国熱田まで食材を求めて準備していることからも、仁三郎を丁寧に迎えることに心を尽くした暉皃の姿勢がうかがわれる。

なお、表中の「向詰」は向付、すなわち日本料理の膳部の中央より向こう側につける料理のことで、本来は膾仕立てであったが、刺身などを用いることが多い(『日本国語大辞典』)。台引は台引物のことで、膳部に添えて出す肴、菓子の類で、家に持ち帰らせるためのものである(『日本国語大辞典』)。

嫁部屋

安政5年の祝宴の献立帳の本客の次

表2　本客の献立

献立＼年次		義教	暉皃		志奈		暉皃
		文化4年	天保6年	天保15年	嘉永5年	安政5年	万延2年
酒の儀礼	三宝				○	○	○
	雑煮	○	○	○	○	○	○
	吸物	○	○	○	○	○	○
	小皿		○		○	○	○
	八寸				○	○	○
	冷酒	○	○	○			
	鉢				2		
	熨斗				○		
本膳	鱠	○	○	○	○	○	○
	坪	○	○	○	○	○	○
	汁	羹	○	○	○	○	○
	飯	○	○	○	○	○	
	香の物		○	○			
	平						○
	猪口						○
二の膳	刺身・いり酒	○			○	○	
	二汁	○			○	○	
	貝焼	○					
	香の物	○			○		
	平					○	
	猪口					○	
	向詰					○	
	台引					○	
中酒		○	○	○	○	○	○
酒肴		24種	11種	16種	19種	10種	9種
後段		4種	9種	8種	7種*1	17種*2	13種*3

*1　披露は2日間を要した。2日目朝食には皿・平・汁、昼に蕎麦と後段7種が供された。
*2　披露は2日間要した。2日目朝食は手汐・平・飯、昼は皿・平・飯、その後「ひざ直し」（酒肴17種・そば切・茶漬・香の物）が続く。「ひざ直し」という語句は今回が初出。「後段」にあたるものである。
*3　披露は2日間を要した。2日目朝食には皿・平・汁、昼の盛方・蕎麦に続き後段の2種、夕から残り11種が供された。

に「嫁部屋」が続くのが目を引く。「引渡し三宝　蓬萊　御銚子　盃」と記された後、酒の儀礼（雑煮・吸物・八寸）→本膳（膾・汁・坪）→二膳（さしみ・汁・平・猪口・向詰）→中酒→酒肴（10種）と並び、本客並みの献立である。蓬萊は『日本国語大辞典』によると蓬萊山をかたどった台上に、松竹梅、鶴亀、尉姥などを飾って、祝儀や酒宴の飾りものとしたものとある。「嫁部屋」は場所を指し、蓬萊が飾られ、盃が用意された座が設けられたということである。仁三郎のときになかった新たな儀礼が行われたことが想起されるが、詳細は不明である。

おわりに

志奈の2回の婚礼披露の祝宴をみてきた。嘉永5年と安政5年とでは、祝宴の回数や招かれた客数に大きな隔たりがある。その理由については、安政5年に迎えた婿の詳細が不明のため、類推の域を出なかった。暉皃の残した日記や書状の検討を通して明らかにできるやもしれない。今後の課題としたい。

［参考資料］

古橋茂人『古橋家の歴史』（（財）古橋会、1977年）

(11) 6代暉皃娘志奈の婚礼 (7)
―祝品の贈呈者とその種類 (1) ―

はじめに

志奈の婚礼の7回目は、婚礼の祝儀として贈呈された祝品についてみていく。志奈は嘉永5年(1852)の美濃国可児郡羽崎村(現岐阜県可児市)仁三郎と婚姻を結んだが不縁となり、安政5年(1858)に再縁した。嘉永5年の婚儀は婿仁三郎側からの「手代同様」の扱いという要望により簡略なものであったので分析対象から除外した。5代義教・6代暉皃(初婚時のみ)・志奈の婚礼の際には、祝品の贈呈者の居住地別に整理し作成された「婚礼祝儀受納帳」(以下、「受納帳」と略記)がそれぞれ残されている。この「受納帳」に基づき、3人に贈呈された祝品の種類・数量の差異の有無に着目し検討していく。義教は文化4年(1807)に、暉皃は天保6年(1835)にそれぞれ婚姻を結んでいる。

「婚礼祝儀受納帳」

「受納帳」に基づいて、表1居住地区別・種類別祝品数と図1居住地別贈呈者数、図2祝品の種類別割合を作成した。作成にあたり、以下の点に留意した。

(1)祝品は①酒、②紙類、③さかな

表1　居住地区別・種類別祝品数

居住地区	人別	酒	紙類	さかな	餅	扇子	反物	小豆飯	風呂敷	金銭	書状	その他	合計
稲橋村	義教	52	36	10	20	6	0	8	3	2	0	2	139
	暉皃	50	11	3	7	9	4	8	16	5	0	14	127
	志奈	45	13	4	18	6	4	3	17	5	0	12	127
武節町村	義教	26	5	3	7	1	4	0	0	0	0	2	48
	暉皃	27	4	2	12	4	2	0	7	1	0	1	60
	志奈	42	4	1	12	3	0	1	14	2	0	2	81
A地区	義教	33	6	0	4	3	0	0	0	2	0	1	49
	暉皃	30	5	2	5	4	1	0	7	1	0	2	57
	志奈	49	3	0	7	3	2	0	7	0	0	1	72
B地区	義教	38	9	8	5	4	2	2	0	2	1	4	75
	暉皃	32	0	1	4	6	1	0	7	3	0	2	56
	志奈	74	1	0	3	4	0	0	7	3	0	0	92
C地区	義教	30	1	1	1	1	0	0	0	0	0	1	35
	暉皃	29	1	0	2	0	0	0	1	1	0	3	37
	志奈	30	4	0	2	3	0	0	2	0	0	1	42
D地区	義教	7	1	0	1	0	0	0	0	0	0	1	10
	暉皃	6	0	0	1	0	0	0	1	0	0	1	9
	志奈	29	6	0	2	4	0	0	6	1	0	3	51
美濃国	義教	38	8	35	13	12	8	0	2	0	10	23	149
	暉皃	23	5	21	11	14	4	0	3	1	5	23	110
	志奈	17	1	10	6	35	14	0	14	3	0	18	118
志奈(嘉永五年)		19	0	1	0	3	0	0	1	0	0	5	29

図1居住地区別贈呈者数

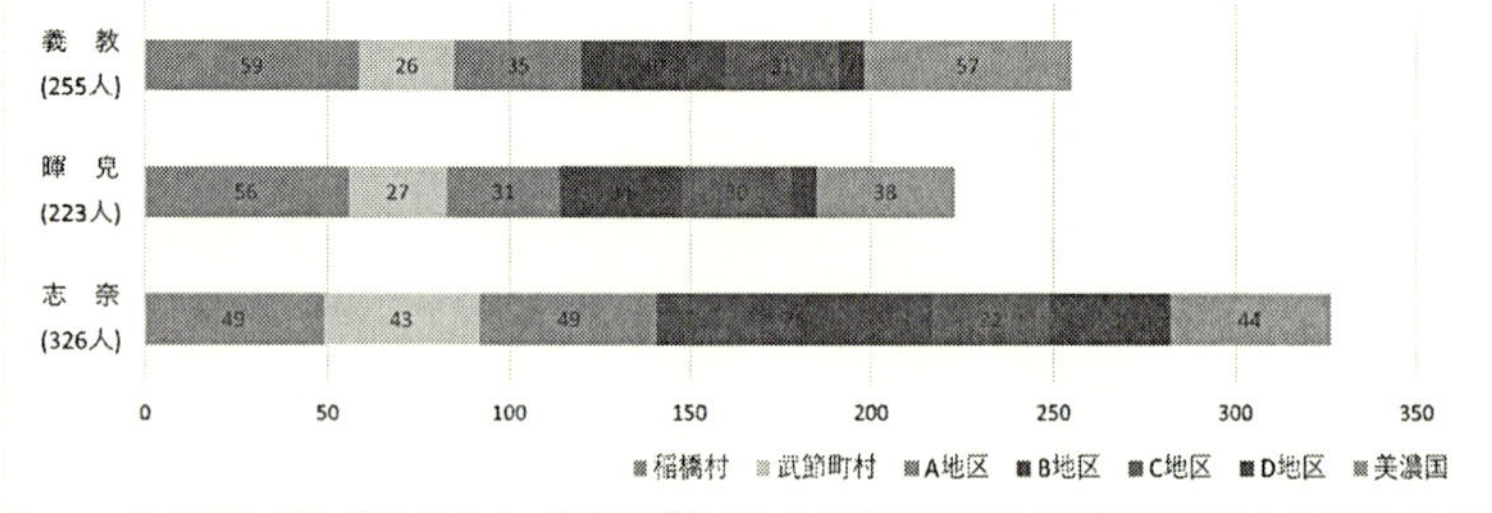

図2人別祝品の種類別割合

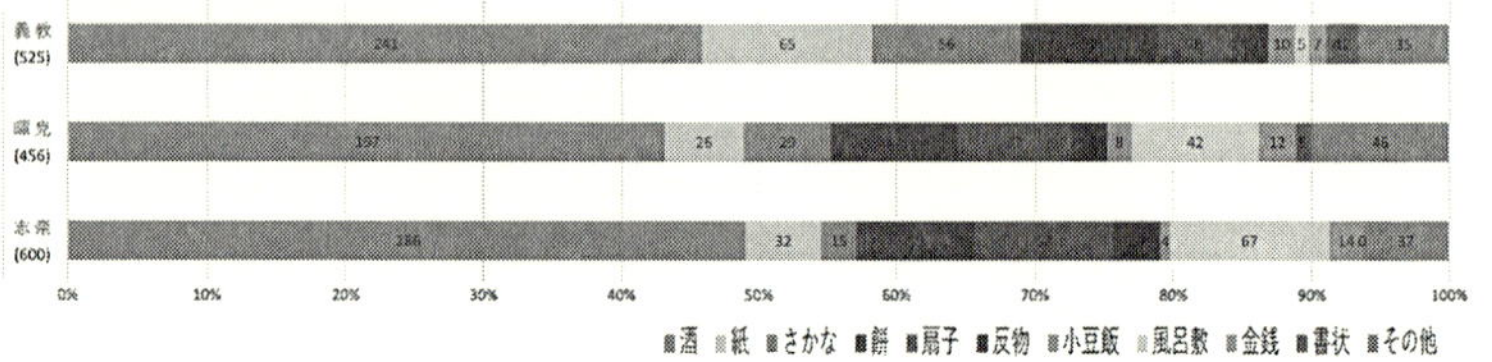

（「肴」とも表記。儀礼的な贈答品と捉え、「名よし」「さわら」など魚名が明記されたものは⑪その他に入れた）、④餅（「歌賃」とも表記）、⑤扇子（志奈の場合は「末広」と表記）、⑥反物（襟・帯など服飾品も含む）、⑦小豆飯（志奈の場合は「赤飯」）、⑧風呂敷、⑨金銭、⑩書状、⑪その他の11項目に分類した。

⑵暉兒・志奈の「受納帳」の記載に基づき贈呈者を居住地区別に稲橋村、武節町村、A地区（桑原、御所貝津、笹平）、B地区（夏焼、野入、大野瀬、根羽［信濃国伊奈郡］、押山、峯山）、C地区（中当、清水、名倉）、D地区（黒田、小田木、川手）、美濃国（下村、岩村、中津川、上村、大野、横道、大井、高波、高須、多治見、苗木、東野、毛呂窪、細久手宿、小川。志奈のときに増えたところには下線を付した）の7地区に分類し、それ以外の地区および居住地不詳は除外した。

⑶連名で贈呈した場合は1人と数えた。

⑷「銭半紙壱束」「金壱朱餅料」「青銅弐拾疋さかな料」「御酒料拾疋」など品物の代わりに金銭が贈られた場合は、金銭ではなく該当する項目に入れた。なお、B地区の根羽村以外はすべて設楽郡である。

贈呈者

贈呈者総数は、義教255人、暉兒223人、志奈326人である。贈呈者数は、暉兒のときに減少し、志奈のときに回復し、減少分の3倍を超える103人増加した。暉兒のときの贈呈者の減少は古橋家の経営状態が悪化し家政改革の最中であったことによるものであり、家政改革成功後の志奈のときに回

復したのは必然の結果であろう。

祝品の贈呈者を居住地区別に分類したのが図1である。志奈のときの贈呈者数は義教を上回り、それはB地区の倍増とD地区の4倍増によるものである。B·D地区に稲橋村と武節町村を加えた設楽郡10か村はともに文久3年(1863)に中山道助郷免除を幕府に願い出ており、その惣代の一人が暉皃であった。それ以前の弘化4年(1847)に暉皃は赤坂代官所から支配地最寄り村々取締りを命じられており、暉皃の活動範囲の広がりに起因するものと思われる。

祝品の種類

贈呈された祝品の総数は、義教505品、暉皃456品、志奈583品である。品数も志奈のときに回復したが、その増加率は贈呈者数に比べる低く、一人当たりの品数の減少がみられる。

祝品の11種のうち、①から⑤、⑦⑧は祝儀品としてよく贈答されるものである。①酒と③さかなは「酒肴」として結納·婚礼の席に持参する代表的な祝品である。②紙類は12世紀初め頃より贈答品として用いられている。④餅や、志奈のときに「赤飯」に名称が変わった⑦小豆飯は現代でも祝いの席に供される食品である。⑤扇子は、武士階級で上位者への年賀挨拶代わりや祝儀献上品に用いられていたが、江戸時代中頃から庶民の間でも贈答するようになったものである。⑥風呂敷は有賀喜左衛門·林英夫の論考により祝品として贈呈されていたことが知られる。

義教·暉皃·志奈の世代間の変化は次のとおりである。

- 3世代で共通して、①酒が一番多く、祝品全体に占める割合も大きい。
- ④餅の割合に変化がみられない。
- ②紙類③さかな⑦小豆飯の減少が著しい。②紙類は義教のときには料紙・美濃紙・杉原・中折・半紙など多種であったが、暉皃・志奈のときには半紙・杉原と種類が減っている。
- ⑤扇子⑧風呂敷が増加しており、特に⑧が著しい。
- ⑨金銭は微増であるが、志奈のときには46品が「御酒料」「餅代」として現金が贈られている点を考慮する必要がある。

義教から志奈までおよそ50年間で、贈呈者の居住地区に大きな変化がみられた一方、祝品の種類自体には大きな変化はない。しかし、個々の贈呈数は、②紙類③さかな⑦小豆飯が減少したのに対し、⑤扇子⑧風呂敷が増加した。酒·餅·扇子·風呂敷が婚礼祝儀として定型化しつつあるといえよう。

[参考資料]

有賀喜左衛門「不幸音信帳から見た村の生活」(『有賀喜左衛門著作集Ⅴ』未来社、2000年初出1934年)

林英夫「「諸事祝儀帳」の一分析—尾張国A家の婚姻帳より—」(「國學院雑誌』63巻10・11号、1962年)

森田登代子『近世商家の儀礼と贈答—京都岡田家の不祝儀・祝儀文書の検討—』(岩田書院、2001年)

(12) 6代源六郎娘志奈の婚礼 (8)
—祝品の贈呈者とその種類 (2)

祝品贈呈数別の人数

贈呈される祝品の数は、古橋家との間柄の親疎によって異なってくる。祝品贈呈数別の人数を表1にまとめた。祝品の贈呈者および祝品の総数は、義教255人505品、暉皃223人456品、志奈325人585品である。祝品を5品以上の贈呈者は義教10人、暉皃7人、志奈5人と減少し、逆に1･2品の贈呈者176人→149人→243人増加傾向にある。

表1 祝品贈呈数別人数

品数＼人別	義教		暉皃		志奈	
1品	132人	51.8％	98人	43.9％	176人	54.2％
2品	44人	17.3％	51人	22.9％	67人	20.6％
3品	46人	18.0％	47人	21.1％	59人	18.2％
4品	23人	9.0％	20人	9.0％	18人	5.5％
5品	6人	2.4％	7人	3.1％	4人	1.2％
6品以上	4人	1.6％	0人	0.0％	1人	0.3％
計	255人	100.0％	223人	100.0％	325人	100.0％

次に、居住地区別に祝品贈呈数別人数を表2-1義教、2-2暉皃、2-3志奈にまとめた。義教と暉皃の場合を比較すると、美濃国からの贈呈者の占める割合が減少した以外には大きな変化はない。暉皃から志奈の変化は、稲橋村と美濃国の贈呈者が大きく減少したことである。義教･暉皃のときには40％を超えていのが、志奈のときには28.3％までになった。それに対して、B地区34人から76人、D地区は7人から33人とその増加率は大きい。B地区は飯田街道の信州方面に、D地区は同じ飯田街道の足助方面に位置しており、街道沿いのつながりが深まったことによるものかと考えられる。

志奈のときに贈呈者数の大きく増加した割に祝品の数が伸びなかったのは、古橋家の交際範囲が広がり、広く浅い交際へと変化したからであろう。

表2-1　文化4年（1807）義教の祝品贈呈数別人数

居住地区	1品	2品	3品	4品	5品	6品	7品	計
稲橋村	20	8	24	4	3	0	0	59
武節町村	16	3	2	5	0	0	0	26
A地区	26	5	3	1	0	0	0	35
B地区	24	7	3	3	2	1	0	40
C地区	29	1	0	1	0	0	0	31
D地区	5	1	1	0	0	0	0	7
美濃国	12	19	13	9	1	2	1	57

表2-2 天保6年（1835）暉皃の祝品贈呈数別人数

居住地区	1品	2品	3品	4品	5品	計
稲橋村	16	18	15	5	2	56
武節町村	12	2	8	5	0	27
A地区	18	4	6	2	1	31
B地区	21	8	2	2	1	34
C地区	24	5	1	0	0	30
D地区	6	0	1	0	0	7
美濃国	1	14	14	6	3	38

表2-3 安政5年（1858）志奈の祝品贈呈数別人数

居住地区	1品	2品	3品	4品	5品	6品	計
稲橋村	8	13	20	7	1	0	49
武節町村	23	6	11	2	1	0	43
A地区	35	5	9	0	0	0	49
B地区	64	8	4	0	0	0	76
C地区	24	6	2	0	0	0	32
D地区	20	9	3	1	0	0	33
美濃国	2	20	10	8	2	1	43
計	176	67	59	18	4	1	325

おわりに

家付き娘である志奈の婚礼について8回にわたり検討してきた。暉皃の詳

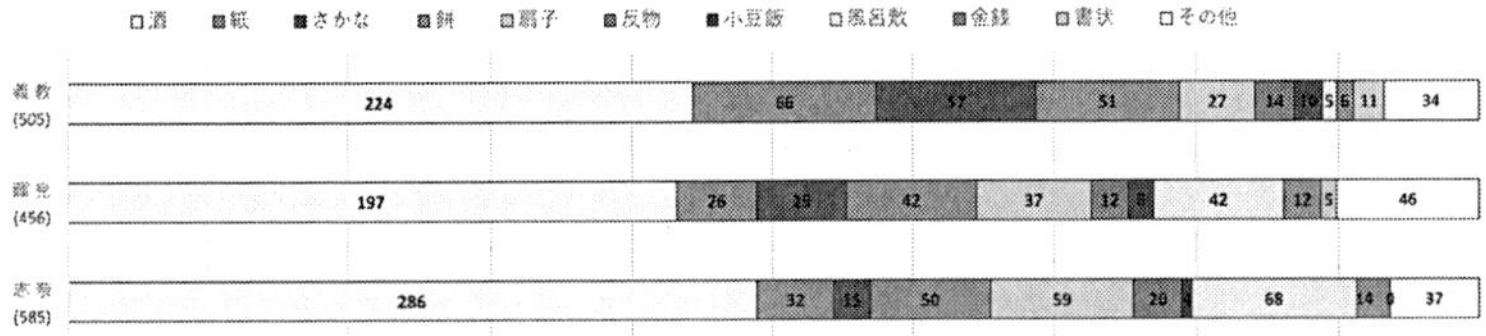

前号本文中および図1の志奈の祝品贈呈者数326人を325人に、図1の美濃国44人を43人に訂正。表1の美濃国志奈の扇子3536、風呂敷14→15、合計118→120にそれぞれ訂正。また、図2は次の図に差し替える。

細な記録により、婿取りの縁談がもたらされ、結納・婚礼披露に至る経緯を知ることができた。しかし、この婚姻は不縁に終わり、安政5年に志奈は再縁した。このときの婚礼は、義教・暉児と同等の盛儀であり、祝品の数量・質とも遜色がなかった。そこで、義教から志奈に至る50年余の間の祝品の種類・数量・贈呈者の居住地区など着目して分析した結果、酒・紙・さかな・餅から酒・餅・扇子(末広)・風呂敷が主たる祝品になったこと、古橋家の交際の範囲の広がりを知ることができた。祝品として贈られた風呂敷に込められた祝意の内容やその用途は解明できていない。今後の課題としたい。

[参考資料]

稲武町『稲武町史　通史編』(2000年)

林英夫「「諸事祝儀帳」の一分析—尾張国A家の婚姻帳より—」(「國學院雑誌」63巻10・11号、1962年)

歴史余話

志奈の名前

『古橋家の歴史』に登場する「志奈」は、本文中では「志那」と、「古橋家家系」では「志奈」と記されており、読みは「しな」です。「志奈」「志那」は変体仮名と呼ばれている現行字体とは異なる仮名文字です。明治33年(1900)の小学校令施行規則によって一音一字に統一されるまでは、志・奈・那のくずし字を仮名として使っていたため、漢字に改めると志奈・志那と表記されるわけです。

「6代暉児娘志奈の婚礼」で用いた古文書「嘉永五子年四月仁三郎縁談相整候記録」では、娘の名前は「飛さ」です。「飛」は変体仮名「ひ」です。これはどういうことなのでしょうか。

江戸時代に毎年作成された宗門人別改帳という帳簿は、家ごとに戸主を筆頭に家族・奉公人などの名前・年齢が記され、所属寺院がキリスト教徒ではないことを証明するもので、戸籍としての役割も果たしました。

古橋家にも宝暦11年(1761)から明治

3年まで69冊の宗門人別改帳が残されています。志奈と仁三郎の婚礼は嘉永5年4月でしたので、翌6年の宗門人別改帳に仁三郎は記載されているはずです。しかし、残念なことに現存する嘉永7年のものは破損のため、源六郎家の部分はありません。再縁した安政5年1月以降では、安政6年のものがありました。それを見ますと、源六郎のところは

　　高四拾五斗九升弐合七勺
一禅宗瑞龍寺旦那　　　源六郎㊞四拾七歳
一同寺旦那　　女子　　飛さ　弐拾弐才
一同寺旦那　　男子　英四郎　拾歳
　　〆3人内弐人男 壱人女　　　女馬五疋　栗毛

と記載されています。志奈ではなく、「飛さ」とあります。『古橋家の歴史』の記述の基となった資料の確認が必要です。前年に結婚した婿の名前はなく、しかも、飛さのところには付箋が貼ってありました。この付箋は記載事項に変更があったこと、すなわち志奈の死亡を示唆するものです。1年にも満たない志奈の結婚生活でした。また婿の名前も年齢も結局わからずじまいでした。

古文書に現れる女性の名前は変体仮名で書かれます。今後の古文書目録の作成に際しては、利用者の便宜を図るために変体仮名をその字源である漢字のま表記せずに、現行の平仮名に改めることを検討しています。

『古橋懐古館だより』
2～13号（2017～2023）から転載した。
ただし、写真・絵図は紙面の都合により省略した。

四　他家の文書にみる婚礼史料

国…国文学研究資料館　山…山梨県立博物館　岐…岐阜県歴史資料館

番号	所蔵先	家文書名		表題	年号	西暦
1	国	林家	岐阜県	文治郎婚礼見舞請帳	元文5年	1740
				御祝儀受納　林弥左衛門娘なみ婚礼之節	文化5年	1808
				婚礼御祝儀受納	文化8年	1811
				婚姻賀儀収納記	天保2年	1831
				縁結収納記	天保6年	1835
				やせ祝儀帳	安政5年	1858
2	国	飯田家	茨城県	祝儀受納帳	弘化2年	1845
				祝儀受納帳	明治26年	1893
				献立	明治30年	1897
				祝儀帳	記載なし	
				献立	記載なし	
				献立	記載なし	
				献立	記載なし	
3	国	中橋家	和歌山県	近藤よりの嫁入記事(弘道婚礼)	(文化12年3月14～18日)	1815
4	国	大滝(直之助)家	山形県	婚礼御祝儀受納帳	寛政8年	1796
				婚礼御祝儀申受控え	寛政12年	1800
				婚礼御祝儀控帳　附文化十五年寅四月おとし婚礼に付御祝儀控え	文化14年	1817
				婚礼御祝儀控	万延元年	1860
5	国	菅沼家	愛知県	婚礼入用帳	昭和5年	1930
				婚礼祝儀帳	天保3年	1832
				婚礼入用帳	嘉永7年	1854
6	国	箭内家	福島県	祝儀請納帳	安政5年	1858
				祝儀請納帳	明治3年	1870
				(献立表)	記載なし	
7	国	山田家	静岡県	御祝儀受納帳	安政2年～明治4年	1855~71
8	国	古沢家	埼玉県	婚姻入用帳	文化6年	1809
				婚礼見舞帳	嘉永6年	1853
				祝儀覚帳	文久2年	1862
				婚礼賀儀受納之控え	明治16年	1883
				婚儀諸用帳	明治16年	1883
9	国	古沢家(その2)	埼玉県	(婚礼礼式伝授書)御府内住師範天田主令源義信		
				秘書〔婚礼之節投石ニ付〕	明治4年12月23日	1871
				目録〔結納〕	明治16年9月28日	1883
				目録〔結納〕男衾郡赤浜村大久保彦左衛門(朱印)	明治16年9月28日	1883
				覚〔結納ニ付〕	子7月	

番号	所蔵先	家文書名		表題	年号	西暦
				結納受納覚	未4月	
				(縁談ニ付書状)	11月11日	
				結納道具請取書類(様式)	記載なし	
				聟引手折紙目録(雛形)	記載なし	
				(祝儀料理目録)〔前欠〕	記載なし	
				覚〔個人別金額書上、祝儀買物ｶ〕	記載なし	
				一札之事〔聟離縁ニ付、写〕	記載なし	
10	国	一関家	秋田県	平蔵婚礼樽肴進物到来受留帳	文化5年	1808
11	国	井尻家	山梨県	婚礼餞別受納並見舞留帳	文化元年	1804
				祝儀見舞控簿	明治15年	1882
				祝儀見舞帳	明治16年	11883
12	国	依田家	山梨県	祝言諸色覚	享保13年	1728
				御禮覚帳	寛延3年	1750
				婚禮式覚	宝暦11年	1761
				祝言諸色帳	安永9年	1780
				婚姻諸色入用覚帳	天明7年	1787
				祝儀諸入用覚帳	寛政11年	1799
				祝儀諸入用覚帳	寛政12年	1800
				祝儀諸色日記帳	文化6年	1809
				依田民蔵祝言入用帳	文化7年	1810
				祝儀買物覚	文政11年	1828
				御祝言村廻帳	文政11年	1828
				祝儀御見舞帳	文政11年	1828
				祝儀買物其外覚帳	天保2年	1831
				婚禮目出度覚	天保3年	1832
				婚禮目出度覚帳	天保7年	1836
				祝言覚帳	嘉永2年	1848
				祝儀萬覚帳	嘉永7年	1854
				祝儀覚帳	安政6年	1859
				買物覚控	安政6年	1859
				(祝宴覚帳)	記載なし	
				(祝儀見舞帳)	記載なし	
				祝儀見舞帳	未2月	
				祝儀献立之覚	明治5年	1872
				婚姻雇人帳	明治5年	1872
				御祝儀魚二乾物之通	明治5年	1872
				御祝儀物呉服通	明治5年	1872
				祝儀買物帳	明治5年	1872
				祝儀道具並目録	明治5年～10年	1872~77
				御祝儀物買上帳	明治6年	1873
				婚姻見舞帳	明治6年	1873
				祝儀買物帳	明治7年	1874
				婚姻買物其外人員記	明治9年	1876
				御婚禮道具	明治10年	1877
				婚姻買物帳　祝儀買物記載簿	明治10年	1877

番号	所蔵先	家文書名		表題	年号	西暦
		依田家		祝儀披露品々目出度	明治10年	1877
13	国	小谷家	大阪府	祝儀引出物覚帳	寛文9年	1669
				冶四郎(婚礼祝品請取)広瀬左仲宜秀書状	記載なし	
				(荷物・人足・祝儀物覚)	記載なし	
				十二月九日・十日献立	記載なし	
				御献立	記載なし	
				十二月廿日引揚三十五日献立	記載なし	
				(祝儀物遣し方覚)	記載なし	
				祝儀遣し覚	記載なし	
				お強婚礼万事祝儀帳	宝暦12年	1762
				(婚礼当日之供廻り並食事覚)	記載なし	
				堀山書古虫状	記載なし	
				結納目録	記載なし	
				(買物代金覚)	嘉永2年	1849
14	国	千秋家	岐阜県	手鏡帳	享保14年11月	1729
				祝言始終儀式覚	宝暦4年2月	1754
				婚礼一式控	宝暦4年11月	1754
				婚礼呼衆覚	宝暦5年11月	1755
				結納饗応料理献立	丙申(安永5年)正月	1776
				喜多尾結納披露呼衆	安永5年3月	1776
				美之婚礼呼衆帳　南側之部	安永5年4月	1776
				美之婚礼呼衆帳　北側之部	安永5年4月	1776
				美之婚礼餞別帳	安永5年2月	1776
				よろつ覚(元治朗おミちへ呉服買物帳)	記載なし	
				祝儀并部屋見廻扣帳	(文化11年)11月	1814
				祝儀并部屋見廻扣帳	(文化11年)11月	1814
				婚礼呼衆帳	(文化11年)11月	1814
				祝儀入来之人扣	(文化11年)11月	1814
				慶事雑費覚帳	文化11年11月	1814
				祝盃之次第	11月14日	
				祝儀献立	11月14日	
				慶事一式扣帳	天保12年正月	1841
				慶事一式当座書	天保12年正月	1841
				おうめ慶事に付くばりもの覚	天保12年正月	1841
				(婚礼)御献立	天保12年3月	1841
				おうめ祝儀受納帳	記載なし	
				於千秋着物入所覚	嘉永元年5月	1848
				婚礼祝儀帳　附雑記	安政2年11月	1855
				(おあい聟養子一件諸色留)	安政7年2月	1860
				慶事祝儀留帳	安政7年2月	1860
				お藍婿慶事記	安政7年2月	1860
				千秋庄六郎長女おふミしうき覚帳	明治14年2月	1881
				千秋庄六郎長女再縁おふミしうき覚帳	明治26年12月	1893
				千秋庄六郎次女おまつ祝儀受納帳	明治20年11月	1887
				おまつ縁談入用書記	明治20年11月	1887

番号	所蔵先	家文書名		表題	年号	西暦
				名古屋買物諸記	明治 20 年 11 月	1887
				千秋庄六郎次女おまつ拵え覚	明治 20 年 11 月	1887
				千秋庄六郎三女おすゑしうき覚帳	明治 34 年 12 月	1901
				おすゑ慶事雑記	（明治 34 年 12 月）	1901
				千秋すゑ子嫁入ニ付およろこひ献歌	記載なし	
				婿土産目録	（明治 34 年 12 月）	1901
				出入方并家内下男下女へ（婚礼土産目録）	（明治 34 年 12 月）	1901
				千秋十三郎結婚披露記	明治 35 年 9 月	1902
				御打会覚書	（明治 35 年）	1902
				婚礼雑記	（明治 35 年）9 月 24 日	1902
				九月廿四日祝儀献立	（明治 35 年）	1902
				（祝儀呼衆并献立記）	（明治 35 年）9 月	1902
				慶事贈答記	明治 43 年	1910
				（はま嫁入一件留）	大正 12 年 10 月	1923
				藤川へ新客ニ付御献立	天保 13 年 6 月	1842
				慶事献立記	明治 39 年 6 月～大正 6 年	1906~17
				結納目録	記載なし	
				婚礼次第書并客人書上	記載なし	
				祝儀引出物帳	記載なし	
				祝盆献立覚	記載なし	
				（祝儀）献立	記載なし	
				祝儀御献立	記載なし	
				婚礼献立	記載なし	
				祝儀到来物書上	記載なし	
				諸買物覚	記載なし	
				納幣饗膳献立	記載なし	
				千秋庄六郎棟載次男十三郎棟重縁談一件諸記	記載なし	
				十三郎棟重衣類其外拵覚	明治 4 年 2 月	1871
				孝三郎養子新客諸事手留帳	嘉永 4 年 11 月	1851
				重次郎養子縁組ニ付来状	9 月	
				名古屋服部氏御見舞家並覚帳	記載なし	
				（御見舞家並覚帳）名古屋客之節	記載なし	
				（御見舞家並覚帳）	記載なし	
				源三郎聟入祝儀呼衆書上	2 月 28 日	
				柏淵氏浦女婚礼之節記録写	天保 14 年 2 月	1843
				西脇哲次迎妻結納目録扣	記載なし	
				日比郡右衛門重信婚礼御祝儀書状	9 月 20 日	
15	国	高頭家	新潟県	お里乃嫁入入用帳〔年 21〕	安永 8 年 5 月吉日	1779
				日溝江おさん嫁入之覚帳	天明 4 年 2 月 3 日	1784
				松之丞婚礼取整帳〔年 18 才、三郎兵衛年 63 才〕	文化 10 年 2 月 29 日	1813
				結納一巻覚書帳	天保 6 年 11 月	1835
				雄次郎縁附一巻留帳〔樋口家へ婿入〕	天保 7 年正月	1836

番号	所蔵先	家文書名		表題	年号	西暦
				雄次郎縁附一巻留帳	天保7年正月	1836
				(雄次郎婚礼覚并雄次郎心得之事)	(天保7年)	1836
				雄次郎引越諸事留書入用帳	天保8年4月8日	1837
				雄次郎表向引越諸入用帳	天保8年4月	1837
				お越し縁付諸品調入用帳	天保10年ヨリ	1839
				結納聟入引越一巻覚帳〔聟池田能之助〕	天保11年4月	1840
				別口諸品調覚帳 〔おきみ縁付諸入用〕	天保13年正月	1842
				おきみ与板縁付相談ニ付茶貰候帳〔縁付先、与板町勘七殿〕	天保13年霜月10日	1842
				おきみ縁付諸入用覚帳	天保14年2月より	1843
				仮引越一巻覚帳	天保14年4月25日	1843
				(仮引越覚帳)	(天保14年)4月25日	1843
				おきみ結納一巻留帳	弘化2年12月16日	1845
				仮引越一巻帳	弘化3年5月19日	1846
				おきみ仮引越諸事覚帳	弘化3年5月26日	1846
				結納一巻覚書	弘化3年	1846
				おきみ引越婚礼一巻覚帳	弘化4年2月8日	1847
				婚礼一巻入用帳	弘化4年2月	1847
				聟入一巻覚帳	弘化4年9月9日	1847
				丈之助縁付茶貰請一巻帖	嘉永元年5月14日	1848
				丈之助結納一巻帳〔53才〕	嘉永元年6月	1848
				丈之助縁付一巻諸入用帳	嘉永元年9月	1848
				おしま仮引越一巻帳〔54才・妻46才おしま14才〕	嘉永2年6月26日	1849
				おしま堀金江縁付結納并ニ引越シ一巻帳	嘉永4年11月4日 結納9日引越	1851
				おつま縁談一巻書杯入(袋一括)〔長井三郎左衛門親類附帳／高頭三郎右衛門親類附帳(彦十郎殿へ渡候控　三郎右衛門宛仁兵衛書状／高頭様宛与板屋喜右衛門・升屋吉兵衛嫁入道具類送状／長持・箪笥図、等〕	嘉永5年2月19日ヨリ	1852
				おつま縁付諸品調留書帳	嘉永5年ヨリ	1852
				於津満戸頭江縁付一巻覚帳	嘉永5年2月	1852
				近藤平次郎殿聟入一巻帳	嘉永5年閏2月9日	1852
				おまつ結納整一巻	嘉永5年9月23日	1852
				おまつ結納整一巻	嘉永5年9月23日	1852
				条右衛門妻縁談一巻留書帖	嘉永6年4月	1853
				覚(条右衛門妻縁談ニ付諸品調留)	嘉永6年4月	1853
				結納聟入一巻留書帳	安政2年6月9日	1855
				縁談取整諸事留書帳	安政3年2月	1856
				(献立覚)	(安政3年2月)	1856
				口上之覚(縁談ニ付引越日・当日人数打ち合せ并三郎右衛門病身ニ付御詫等)	(安政3年2月)	1856

番号	所蔵先	家文書名		表題	年号	西暦
				おまつ佐藤文太夫殿江縁組茶貰請候一巻留帖	安政5年12月朔日	1858
				妹おゑし縁談入用帳	文久2年3月	1862
				おいし縁付一巻	（文久2年）	1862
				一件日記	明治5年4月3日	1872
				縁談一巻	明治19年10月	1886
				祝儀物受納帳	明治21年5月6日	1888
				妻娶候ニ付諸事覚帳〔後妻ニ上田尻村山田修平娘貰受〕	明治26年10月	1893
				長女濱子縁付ニ一巻覚	大正7年4月	1918
				卓次縁談壱巻帳〔倅刈羽郡柏崎町三井田氏ニ婿入〕	昭和2年4月	1927
				（料理献立）	11月15日	
				（料理献立）	記載なし	
				（献立）〔断簡〕	記載なし	
				（婚礼整覚帳）	記載なし	
				（結納整覚帳）	記載なし	
				忠右衛門婚礼取立写	記載なし	
				覚（祝儀引出物覚帳）	記載なし	
				（結納整覚帳）	記載なし	
				結納之部（熨斗・料理目録）	記載なし	
				（婚礼取整帳）	記載なし	
16	国	杉本家	東京都	目録（杉本想太郎結納）	明治20年6月1日	1887
17	国	水野家	長野県	婚姻式料理献立控帳	明治33年子5月12日	1900
				婚姻料理献立帳　五荷　水野執事	明治26年4月	1893
				明治二十六年五月廿二日献立　水野氏	明治26日5月22日	1893
				明治一六年五月四日タヨリ五日朝迄御献立	明治16年5月4日タヨリ5日	1883
				覚	8月	
				見立献立	4月30日	
				九月十日十一日献立	9月10日11日	
				四月廿三日御献立	4月23日	
				（献立）	12月9日	
				（献立と人数）	12月9日	
				（献立）	11日	
				（やねや今治郎）	記載なし	
				記	記載なし	
18	山	市川家	山梨県	祝儀受納控	明治42年3月	1909
				御祝儀客控	明治39年12月	1906
				御祝儀諸入用帳	明治39年12月	1906
				祝儀料理人名帳	明治34年8月	1901
				御祝儀客控	明治31年1月	1898
				婚礼出費記載帳	明治31年2月	1898
				婚礼入費合計簿	明治31年2月	1898
				婚礼花向記載帳	明治31年2月	1898
				御婚礼料理計算帳	明治31年2月	1898

番号	所蔵先	家文書名		表題	年号	西暦
				御婚礼魚入用帳	明治 31 年 2 月	1898
				御祝披露招待人	明治 31 年 2 月	1898
				御婚禮奥入用帳	明治 31 年第 2 月吉辰	1898
				婚禮入用帳	明治 31 年第 2 月吉日	1898
19	山	太田家	山梨県	婚礼御見舞並諸入用帳	文化 6 年 12 月	1809
				婚姻一件附込帳	文化 9 年 2 月	1812
				祝儀入用控	明治 3 年 1 ～ 3 月	1870
				祝儀受納入用控帳	明治 16 年 3 月	1883
				目出度記	4 月 14 日	
				祝儀献立書		
				祝儀立会案内書簡 堀之内村上野粂左衛門	2 月 23 日	
				嫁入証明書	明治 19 年 4 月	1886
20	山	広瀬家	山梨県	祝儀覚帳	天保 2 年 9 月	1831
				御祝儀御見舞覚帳	安政 6 年 1 月	1859
21	岐	大前家	岐阜県	婚姻御祝儀覚帳	天保 13 年寅 2 月吉辰	1842
				婚姻中諸事覚帳	天保 13 年寅 2 月吉祥辰	1842
				婚姻御祝儀受納帳	天保 14 葵夘 11 月吉辰	1843
				うの婚調諸事覚帳	天保 14 葵夘 11 月吉辰	1843
				御祝儀帳　つや縁附	嘉永 6 丑子正月吉祥日	1853
				婚姻諸事覚帳	安政 4 丁已年 2 月晦日吉辰	1857
				大前三寸三　今　津和子結婚御祝儀諸事記	明治 22 年己丑 2 月 17 日吉祥日	1889
				三寸三丑ニ賀宴諸事記	明治 25 年壬辰□ 1 月 14 日	1892
				次女千鶴子縁付キ諸事記　大前三寸三	大正 2 年 1 月 30 日大安吉日	1913
				千素縁談慶事覚帳　大前重秀	嘉永 6 年 11 月 18 日	1853
				ちそ縁付慶事諸事覚帳　大前久左衛門	安政 4 年 2 月 16 日	1857
				ちそ縁付諸事覚帳　大前四郎兵衛	文久 1 年 12 月	1861
				俊造婚姻之節諸事祝記　大前四郎	明治 12 年 5 月 4 日	1879
				於加多縁付御祝儀諸事記　大前四郎	明治 23 年 12 月 13 日	1890
				久三結婚内盃祝記大前三樹三	大正 4 年 5 月	1915
				大前久三・加藤みす子結婚御祝儀諸事記	大正 4 年 9 月 10 日	1915
				（手紙　加藤への結納昨吉日祝納申候）	大正 4 年 7 月 30 日	1915
				（手紙　慶事之式も目出度終了に付御同様奉賀上候・本日よしを帰宅仕候）	(大正 4 年)9 月 12 日	1915
				（手紙　御婚儀御目出度存じ御祝申上候）	大正 4 年 9 月 27 日	1915
				（手紙　新婚披露及米寿賀宴ニ参列・近況・報告祭ノ如キモ如何哉）	(大正 5 年)2 月 14 日	1916

番号	所蔵先	家文書名		表題	年号	西暦
				（手紙　御照会に相成候魚類相場ハ別紙之通・蚕具本日下原馬本挽きニ合計四百枚渡申候）（魚類目下相場）	（大正5年2月15日）	1916
				（はがき　御注文仰付被下候肴来ル廿七日迄ニ貴殿へ着仕候）	（大正5年）2月19日	1916
				（はがき　本日御書面有難、鯛ハ高価、銀行御振込）	（大正5年）3月2日	1916
				定（総鑑・接客外披露宴分担表）	年月日未詳	
				記（弐銭食べ二代、拾八銭のり上壱丈、弐銭青のり外）	年未詳9月20日	
				久三・みす結婚披露并祖母米寿記録　大前三寸三	大正5年2月28日～	1916
				久三結婚披露兼祖母米寿賀宴献立	大正5年3月1日	1916
				祝宴礼式覚（結納ノ式・結婚式・着席・親子盃・祝盃外）	昭和8年2月	1933
				細□氏婚姻件内調（記　献立）	年月日未詳	
				正月八日大吉辰　献立	年未詳1月8日	
				廿六日　献立	年月未詳.26日	
				調もの（田作・数の子・小ゑび外）	年月日未詳	
				（小ゑび、数の子外）	年月日未詳	

第三章　古橋家婚礼史料に関する研究・調査

三　古文書で読み解く古橋家の婚礼

四　他家の文書にみる婚礼史料

江原絢子（えはら・あやこ）

島根県出身。1966年、お茶の水女子大学食物学科卒業。博士（教育学　名古屋大学）。東京家政学院大学教授を経て、現在、同大学名誉教授・客員教授。専門分野：食文化史・食教育史・調理学　2022年第32回南方熊楠賞受賞。
主な著書：『高等女学校における食物教育の形成と展開』(雄山閣)、『家庭料理の近代』（吉川弘文館）、『近代料理書集成』全13巻(編集・解説　クレス出版)、『日本食の文化』（編著　アイ・ケイコーポレーション）、『近代料理書の世界』（共著　ドメス出版）、『食の文明論』（共著　農文協）、『教養としての和食』（監修　山川出版）など。

増田真祐美（ますだ・まゆみ）

静岡県出身。2002年、東京家政学院大学家政学部卒業。同大学院修士課程修了(人間生活学)。現在、成立学園中学高等学校　家庭科教諭。専門分野：食文化
主な著書・論文：『日本文化事典』（分担執筆　丸善）、『総合　調理用語辞典』（分担執筆　全国調理師養成協会）、『伝え継ぐ日本の家庭料理』（分担執筆　農文協）、「翻刻・解説　古橋家の婚礼献立」（会誌　食文化研究）、「婚礼献立にみる山間地域の食事形態の変遷」（共著　日本調理科学会誌）、「家庭科教育の現場にみる食とジェンダー」（vesta）など。

史料　豪農古橋家の婚礼

2025年3月25日　第1版第1刷　発行

著者　江原絢子・増田真祐美

発行者　柴田昌伸

発行所　株式会社クレス出版
東京都中央区日本橋小伝馬町14-5-704
☎ 03-3808-1821　FAX03-3808-1822

印刷・製本　株式会社栄光

ISBN978-4-86670-153-0　C3021